综合卷

上海教育丛书

典藏版

我和愉快教育

倪谷音

著

上海教育出版社
SHANGHAI EDUCATIONAL
PUBLISHING HOUSE

# 《上海教育丛书》历届编委会

# 总　序

建设一流城市，需要一流教育。办好教育，最根本的是要建设好教师队伍和学校管理干部队伍。

在长期的教育实践中，上海市涌现了一大批长期耕耘在教育第一线呕心沥血、努力探索，积累了丰富经验的优秀教师；涌现了一批领导学校卓有成效，有思想、有作为的优秀教育管理工作者。广大优秀教育工作者教育教学和管理工作的经验，凝聚着他们辛勤劳动的心血乃至毕生精力。为了帮助他们在立业、立德的基础上立言，确立他们的学术地位，使他们的经验能成为社会的共同财富，1994年上海市领导决定，委托教育部门负责整理这些经验。为此，上海市教育局、上海市中小学幼儿教师奖励基金会组织成立《上海教育丛书》编辑委员会，并由吕型伟同志任主编，自当年起出版《上海教育丛书》（以下称《丛书》）。1995年上海市教育委员会成立后，要求继续做好《丛书》的编辑出版工作。2008年初，经上海市教育委员会领导同意，调整和充实了《丛书》编委会，并确定夏秀蓉同志任执行主编，协助主编工作。2014年底，经上海市教育委员会领导同意，调整和充实了《丛书》编委会，确定尹后庆同志担任主编。《丛书》的内容涵盖了基础教育和中等职业教育的各个方面，包含有较高理论水平和学术价值的著作，涉及中小学教育、学前教育、师范教育、职业教育、校外教育和特殊教育，以及学校的领导管理与团队工作，还有弘扬祖国优秀文化、促进国际教育交流等方面的著作，体现了上海市中小学教育改革与发展的轨迹，体现了上海市中小学教育办学的水平与质量，体现了优秀教师和教育工作者的先进教育思想与丰富的实践经验。《丛书》出版后，受到广大教师、教育工作者及社会的欢迎。

为进一步搞好《丛书》的出版、宣传和推广工作，对今后继续出版的《丛书》，我们将结合上海教育进入优质均衡、转型发展新时期的特点，更加注重反映教育改革前沿的生动实践，更加注重典型性、实用性和可读性。希望《丛书》反映的教育思想、理念和观点能起到抛砖引玉的作用，引发大家的思考、议论和争鸣；更希望在超前理念、先进思想的统领下创造出的扎实行动和鲜活经验，能引领当前的教育教学改革工作，使《丛书》成为记录上海教育改革历程和成果的历史篇章，成为广大教师和教育工作者的良师益友。限于我们的认识和水平，《丛书》会有疏漏和不尽如人意之处，诚恳地希望广大读者提出宝贵意见，帮助我们共同把《丛书》编好。

《上海教育丛书》编委会

# 目　录

上海第一师范附属小学(以下简称"一师附小")是中国近代著名教育家陈鹤琴先生于 20 世纪 40 年代中期创办的一所实验性学校。

在过去的半个世纪里,一师附小先后进行过多次教育实验课题研究——

40 年代,陈鹤琴先生提出了"活教育"理论,并且身体力行地在学校里开展以"活教育"为中心的教育实验;

50 年代至 60 年代中期,附小在继任校长刘佛年、张文郁等教育专家的带领下,一直致力于"全面贯彻党的教育方针"的研究与实践,50 年代后期起,在上海市教育局的领导下,开始了"让儿童的聪明才智得到充分发展"的课题研究,先后实施过"五年一贯制""五级记分制""小学教学计划""小学生守则"等试验工作,还积极开展课外兴趣小组活动。一师附小逐渐形成了良好的教育科研氛围。

进入 80 年代,党的十一届三中全会的春风吹散了"文化大革命"十年遮盖在教育界上空的寒流乌云。改革开放的春风又一次"绿"了"江南岸"。一师附小按照邓小平同志提出的教育要"面向现代化,面向世界,面向未来"的精神,针对传统教育的观念和单纯的升学教育所带来的弊端,又开始了"愉快教育"的探索与实践。学校为这项实验确立了鲜明的主题——"使每个学生都有幸福的童年"。也就是说,要通过这项实验,使学生的"学习是愉快的,活动是愉快的,生活也是愉快的",一句话,要使学生们的整个童年都是愉快的,并使愉快的童年生活长留在他们的记忆中。

正是怀着这样的办学宗旨,学校的领导和教师们按照邓小平同志"三个面向"的精神,为使每个学生经过五年的小学教育,每个人都有"美好的心灵,创造的才干,健壮的体魄,活泼的个性",他们为自己立下了一个座右铭:

"教孩子五年,为他们想五十年,为国家为民族想五百年。"

经过了整个 80 年代的探索与实践,一师附小逐渐摸索到了愉快教育的一些规律,也逐渐形成了自己的办学特色。

十年的改革,学校改变了"灌输"的传统模式,创设了宽松和谐的教学环境。

如今，整个学校生活已出现了一种新的景象：

　　早晨——朝气蓬勃；课间——轻松愉快；中午——欢乐活泼；下午——丰富多彩；傍晚——自主自动。

　　学校真正成了儿童喜爱的天地。

　　一师附小"愉快教育"的实验，一开始就引起了国内外的普遍关注。早在1986年5月22日，《光明日报》就在头版以《上海一师附小全面实施"愉快教学"》为题，作了大篇幅报道，并配发了《读书乐，乐读书》的评论文章。继而，《解放日报》《文汇报》《上海教育》《北京日报》《人民日报》《中国教育报》《上海法制报》等报刊，都从不同的侧面作了广泛宣传。

　　国家教委领导更是从一师附小的"愉快教育"实验中看到了其在基础教育发展中的价值。教委副主任柳斌同志等先后来一师附小视察、听课。柳斌同志指出：

　　"愉快教育是近年来我国教育改革实践中的一种新探索，已在一些学校取得了显著的成绩。实践表明，实施愉快教育减轻了孩子们过重的课业负担，促进了孩子们在德智体诸方面主动的、生动活泼的发展。是面向21世纪，为造就一代高素质人才而进行的基础性工作，值得大力提倡。"

　　"实施愉快教育对教师也提出了新的、更高的要求，需要他们在教学模式设计、教学组织实施、教学方法改革等方面付出更多的劳动，下更大的功夫，向45分钟要质量。可以说，实施愉快教育的过程是一个艰巨复杂的劳动过程，也是一个创造过程，为此贡献毕生精力是有意义的，有价值的。"

　　为使"愉快教育"经验作为第一批教改经验向全国推广，1990年5月，国家教委召开了"愉快教育"经验汇报会。同年，还在上海一师附小召开了首届"愉快教育"研讨会。

　　一师附小的"愉快教育"也引起了国际教育界的关注。近些年来，美国、英国、法国、德国、俄罗斯、日本、朝鲜、比利时、澳大利亚、圣马力诺等国家的教育工作者和教育官员也先后来访。一时间，"愉快教育"成了教育界的热点。

　　为使更多的读者了解"愉快教育"，本书力图从"愉快教育"指导思想的形成，从目标到内涵，从教育观到实践操作，从要素到特征等方面，向读者作些阐述与介绍，以求能有更多的有志者参与"愉快教育"的研究，把"愉快教育"的实验提高到一个新的水准。

# 一　我与一师附小

1. 历史的足迹

2. 初任校长

3. 从单项实验到整体改革

4. 在新一轮实验的日子里

## 1. 历史的足迹

在人生的道路上，每个人的思想都可以从周围的人和事中找到其运行的轨迹。

回顾我40多年的教育生涯，我的教育思想的形成，我的任何一项教育主张、方案的提出，同样离不开我扎根的土壤，离不开我周围的人和事的影响。

我从20世纪50年代担任少先队辅导员，把满腔的爱倾注在孩子身上开始，到70年代末担任校长，本着"使每个学生都有幸福的童年"而提出"愉快教育"的主张。这中间走过的漫长历程，每一步，每一程，我国近代著名教育家陈鹤琴和后来继任一师附小校长的刘佛年、张文郁，特别是我担任校长后直接指导我们从事教育改革的教育家吕型伟，以及全国优秀辅导员刘元璋、段镇等教育专家，他们为教育、为中国人才的培养而倾注的一切，一直铭刻在我的脑海里，印在我的记忆中。

愉快教育，它作为一种新的教育主张，一种新的教育思潮，同任何一种教育主张、教育思潮一样，从孕育、发展到形成，都有一个从不自觉到自觉，从经验到理论的发展过程。

我从事教育工作，是从1952年开始的。毕业前，我就读的母校——上海第一师范学校,是陈鹤琴先生于 1945 年创办的。他与陶行知先生一样,是我国近代教育的开拓者,尤其是他在儿童教育事业理论和实践方面所取得的成就,在我国可以说至今还没有人能超过他。他赞成陶行知先生对传统教育的弊端的深刻抨击,从而提出了"活教育"的理论,并且在自己创办的一师附小(当时称女师附小)开展以"活教育"为中心的教育实验。

我毕业后,十分荣幸地留在母校的附小工作。那时,陈鹤琴校长虽早已调到南京工作,但他的教育思想、教育经验、治学精神以及高尚的人品,不仅给附小奠定了良好的基础,而且给后来者——我和同事们以深刻的启示与影响。

岁月尽管一刻不停地在流逝,但它并没有抹去人们的记忆。我从前辈那里知道,陈鹤琴先生早年在创办幼专、女师、附小、附幼时倾注了一腔心血,工作是极为艰辛的。

1945 年,也就是抗战胜利后,陈鹤琴先生从江西到上海,着手创办师范及附小、附幼。他说:"我在江西,在抗战时期艰苦的岁月中,曾经办起了幼专、幼师、附小、幼儿园,并且创造了一整套新的教育理论与教育方法,即'活教育'。这项实验,在江西已经生根发芽。我现在回到上海,在上海也要办一所师范、附小、幼儿园,试行'活教育',让'活教育'在上海开花结果。"

怀着这样的崇高目的,陈先生带领四五位老师四处奔波,选择校址。几经周折,最后找到了愚园路 404 号西侨中学的校舍(即现今愚园路 460 号第一师范学校),就开始着手创办幼专、女师。当时,来报考师范的人不多,陈先生想出了一个办法,就是请老师们骑自行车挨家挨户地去找学生,动员他们来上学。学生招来后,经过笔试,还得要口试,陈先生亲自担任主考。口试大多在晚上进行,没有电灯,陈先生就点着蜡烛进行。经过一番艰辛的努力,学校终于在 1945 年 12 月 25 日举行了开学典礼。这就是我校建校的纪念日。

附小和附幼的设立,按照陈鹤琴先生的思想,是把它作为师范生实验及研究"活教育"的场所,希望它能从理论走向实践,更希望它能从一隅一地之实验,发展为普遍推行的教育思想。

陈鹤琴先生在"活教育"的实验中,十分重视教育学生如何做一个真正的人。他亲自制定的"活教育"的三大目标的第一个目标就是:"做人,做中国人,做现代中国人。"(1948年,陈先生出席在捷克举行的"联合国文教会国际儿童教育会议",归来后把"做现代中国人"改为"做世界人"。)

对于课程内容,陈先生说:"大自然、大社会都是活教材。"于是,学校开设了"五指活动"——文学活动、社会活动、艺术活动、健康活动、科学活动。

对于教育方法,陈先生积极倡导:"做中教,做中学,做中求进步。"他也为附小制定了教育目标,即"从各项活动中,发展儿童活力,培养能想、能感、能做的活儿童"。

当年,在附小从教的老教师说:"那时,小学部各年级经常外出参观,到野外去采集标本,进进出出,非常活跃。师范部也推行'活教育',各班学生派代表组成大姐姐服务团,管理学校生活,广泛开展学术、文娱、政治活动,常请知名人士来校作报告……"

陈鹤琴先生倡导的这种生动活泼的教学方法,尤其是他在附小的这种从理论到实践的探索精神,不仅为我们这些后继者树立了榜样,而且为我们后来的教改提供了宝贵的经验。

陈先生在一师附小留下的最为宝贵的一笔财富是,他对教育、对孩子的深切的爱。我虽没有见过陈校长,但我认识他的许多朋友和学生。比如,当年担任过小学部主任的刘于艮老师,他在回忆陈鹤琴先生时说:

"先生一向平等待人,对人从不疾言厉色。他不是虔诚的基督教徒,但确有基督的博爱精神。他爱儿童,爱一切幼小者。他常说,大家都说鸭子丑。我看小鸭子一身茸茸的黄毛,也是很可爱的。喜爱一切幼小者,可以说是出自他的天性。

"他对学生都从爱护出发,从不责罚任何一个学生。在抗日战争最艰苦的时期,学校一再被迫迁徙。当时缺钱少粮,大家生活都很艰苦。他带着全校二三百师生东逃西逃。当时,有些人对此有非议,先生说:'看到人家有危难,我们不能袖手旁观。'"

1982年,当陈先生已是90岁高龄时,他还写下了"一切为儿童,一切为教育,一切为四化"的感人肺腑的话语。可以说,陈先生爱教育、爱学生的思想,一直深深地扎根于一师附小,一直贯穿在每一位教师的教育教学之中。

继陈鹤琴先生之后任一师校长的是刘佛年教授,他也是我国近代教育史上享有盛誉的教育家。我读师范时，就非常喜欢听刘校长讲课、作报告，20世纪80年代初，刘校长担负着华东师范大学校长的重任，还专门抽时间来附小听课，邓小平同志提出"三个面向"以后，他又积极倡导在小学实行整体改革，指导我们开展教育科研的实践。

这两位校长热爱儿童，热爱教育事业，终生为教育事业奋斗的精神，启示我、激励我要努力做个好教师，我当附小的校长，一定要像前辈那样，把学校办好，而且要继承发扬前辈们从实际出发，坚持教学实验、教学改革的好传统，努力办出附小特色。

历史是在继承中发展的，但发展离不开改革与创新。回顾一师附小从20世纪40年代陈鹤琴先生开展以"活教育"为中心的教育实验，到80年代"愉快教育"的创立，这中间离不开众多教育改革家的追求和探索，是他们丰富而有远见的教育思想、教育主张一直在坚持不懈地指导着一师附小的每一项改革，每一项实验。

当代著名教育家吕型伟先生，早在20世纪50年代末就在一师附小指导我们开展"让儿童的聪明才智得到充分发展"的实验研究，使一师附小成了全国文教战线的一面旗帜，出席了全国文教群英会。80年代起，吕型伟任上海市教育局副局长，领导全市教育改革，这时，他又经常把几十所实验性的中小学召集在一起，学习研究教育面临的许多新问题，鼓励我们端正教育思想，出质量，出经验，还要出教育科研成果，要求实验性学校成为教育科研基地。这一时期，在上海市教育局领导杭苇、吕型伟等同志倡导的"加强基础，培养能力，发展智力"的这个总目标下，一师附小曾开展许多单项研究，如"低幼衔接，早期开发儿童智力""循序渐进，进行语文教学""小学语文作业的序""从说话到写话""速读训练""培养儿童探求知识的能力""开辟第二渠道""培养儿童创造精神"等，探索全面培养少年儿童成长的途径，并且制定一师附小的办学宗旨。在这一时期，吕老经常来我校指导工作，帮我们出主意。我们在教改中碰到问题，也经常去找他，不只是教育科研上的，就连"校风"该如何确定，我们也少不了要找他作参谋。

每一次咨询，每一次指点，吕先生都能给我们以启示、以力量。我们逐渐认识到，教育在适应社会发展需要的同时，还必须遵循自身的规律，必须从实际出发。一切成功的教育，最终要能唤起学生的自觉，唤起学生主动积极的追求，愉快地接受教育。于是,我们确定用"愉快教育"作为教育整体改革的主题,课内外的各项教育、教学活动都围绕着研究怎样使孩子们学得愉快,玩得愉快,使他们心情舒畅,主动地、愉快地学习和生活,健康而活泼地成长。从80年代初开始,我校大力开展"愉快教育"综合研究,从酝酿到形成,吕先生一直给予全力关注和悉心指导,还亲自参加了"愉快教育"实验的课题论证工作。特别是在进入90年代,"愉快教育"研究亟待深入与发展之时,他更是在理论上时时给我们以指点。他说:"愉快教育要真正深入下去,一是要有理论指导,二是要从整体上考虑,要形成一个体系。"据此,我们与教育理论工作者取得了紧密联系,把马克思关于人的全面发展的理论和毛泽东同志关于培养学生生动活泼、主动发展的教育思想作为愉快教育的理论依据,同时运用教育心理学中的情感心理学来考察愉快教育的生动实践,以准确地阐明愉快教育的基本特征。我们还结合上海市课程教材改革,对愉快教育的课程设置进行了全面探讨。对于我们在研究中的每一点进展,每一点进步,吕先生都给予了热情的鼓励,并不断以更新更高的要求指导我们前进。

在愉快教育的研究和探索中,我们还注入了多年来少先队工作的活力。这是一师附小的一大特色,也是我从事教育工作的生命起点。我从1952年——也就是在我刚满18岁开始,就担任了少先队辅导员。从那时起,全国优秀辅导员刘元璋和曾担任团市委少年部部长的段镇同志,就一直关注我校的少先队工作,定期指导我们学习,设计和组织少先队的各项活动。他们不仅兴趣盎然地带领孩子们不断求进步,而且启发少先队员们设计创造出各式各样"玩"(活动)的方法。记得1956年,在由团市委主办的上海市少先队夏令营里,我和孩子们一起开展了创造性游戏的设计,引导少先队员们当少先队活动的主人。于是,这年秋天,在一师附小的校园里便设立起了一个从未有过的节日——创造性游戏节。这实际上也是段镇同志在一师附小的一次探索性试验。

1978年,在恢复少先队组织的同时,我校又广泛开展了少先队的创造性活动,并在全国首创了"爱科学月"。接着,我们又创建了队前教育组织——苗苗儿童团,还向全国发起了开展"红领巾告诉我"的教育活动。1983年,为了全面总结一师附小的少先队工作,刘元璋和段镇及团市委少年部的同志一起深入我校蹲点调查,总结一师附小开展创造性活动的经验,积极倡导培养少先队的创造精神。

从此,"创造"被列为一师附小的校风和培养目标,作为愉快教育的四要素之一。由此,我们在学校教育教学等各项工作中,全面注入了"创造"的因素。在课内外、校内外广泛地指导儿童学习创造,把辅导员精心合理的辅导与充分发挥少先队的自主自动的创造精神相结合;把创造性活动与创造性教学结合起来,使"创造"二字在一师附小成为人人皆知、个个追求并努力实践的目标。

愉快教育的真正形成,是在 20 世纪 80 年代党中央提出"三个面向"以后。邓小平同志为景山学校题词:"教育要面向现代化,面向世界,面向未来。"这给了我们极大的启示,使我们思考问题的出发点提高到站在 20 世纪向 21 世纪迈进的时刻,站在世纪的交接处,站在中国看整个人类历史的发展的高度,真正感受到我们从事的教育事业是为着明天的事业,是播种明天的事业。

我把自己从 1978 年起参加的各种会议,都看作一次次极好的学习机会,看作怎样当校长,怎样办学校的培训机会,我极其珍惜这一次次的学习,并且把得到的启示和收获联系学校教育教学实际进行思考。我从 1978 年参加第五届全国人民代表大会,同一年参加筹备和出席共青团全国第十次代表大会,直接参与恢复中国少先队的各项工作,到 1984 年参加第一次全国少先队代表大会。1985 年,我又有幸出席了党中央、国务院召开的教育盛会——全国教育工作会议,有机会聆听邓小平同志和中央领导同志的报告,参与中国教育体制改革决定的讨论。这一次次的学习,帮助我不断加深对教育要三个面向的认识,不断督促我端正教育指导思想。

邓小平同志说:"中央提出要以极大的努力抓教育,并且从中小学抓起,这是有战略眼光的一着。""现在小学一年级的娃娃,经过十几年的学校教育,将成为开创 21 世纪大业的生力军。"我认识到党把学校教育与全党工作重点的转移,与提高整个民族的素质,与国家的兴旺发达联系起来,把今天刚进校门的众多的娃娃与开创 21 世纪大业联系起来。人才是现代化建设成败的关键,但没有教育,就没有人才,我国宏伟的社会主义建设事业,需要数以亿计的各级各类人才,我们把基础教育发展好,为提高各种人才的素质打好基础,一定能推动社会主义现代化加速前进。

站在这样的高度,我明白了全国教育工作会议提出的"传统的教育思想和教学方法必须改革"的重要意义,我们必须以一种新的思路来发展好基础教育,我们在80年代初期进行的种种教育改革,包括以提高学生学习积极性为出发点的愉快教学的雏形,都要从提高整个民族素质的角度重新认识、重新思考与规划,于是,我们开始把愉快教育的实验建立在提高民族素质,进行教育整体改革的基点上。逐步形成了有正确的教育指导思想、有鲜明的培养目标、有实验框架、有基本实施途径的比较完整的教育科研。进一步发挥全校教师的教改积极性,以提高学生的整体素质为工作目标、以充分调动广大学生的学习积极性为出发点,根据小学生的年龄特点,激发学生的学习兴趣和学习自觉性,促使孩子们生动活泼地、主动地得到发展,努力办出中国小学教育的特色。

历史是令人回味的。今天,当我们拂去岁月的风尘,回首历史走过的足迹,我们不能不由衷地感到,在一师附小前进和发展的每一阶段、每一里程中,都蕴含着几代人的努力,蕴含着区、市乃至国家教委各级领导的扶植与指导。陈鹤琴、刘佛年、张文郁、吕型伟、刘元璋、段镇等教育专家的名字,将同他们闪光的业绩一起载入一师附小的史册,我们将从这里开始,继续开辟新的未来。

## 2. 初 任 校 长

1978年,我被任命为校长。过去,我都是在前辈的指导下工作的,自己只是担任一个方面的工作。当校长,意味着要全面考虑、全面设计、全面安排整个学校的教育教学。我开始努力学习前辈对办好学校的论述和经验,认真思考和规划怎样当校长。

记得陶行知先生说过:"国家把整个学校交给你,要你用整个的心去做个整个的校长。""做一个学校的校长,谈何容易,说得小些,他关系千百人的学业前途,说得大些,他关系国家与学术的兴衰。这种事业的责任不值得整个的人去担负吗?"陶行知先生倡导要"做个整个的校长",我理解就是当校长的都要像陶行知先生、陈鹤琴先生那样,全身心地办好一所学校,不能分心,不能三心二意。这一点,从我当校长的第一天起,就常常这样告诫自己。

然而,"要做个整个的校长",全心全意地办好一所学校,从何着手呢? 我担任一师附小校长后最要紧的一件事,就是邀请大家来当教育改革的"诸葛亮"。我认为，一师附小是历任校长、教导主任和三百多位教师共同辛勤耕耘建立起来的。50多年来，积累了许多好的经验。任何事情要发展，一定要充分肯定过去。一所学校要有好的校风和教风，一定要重视在继承优良传统的基础上求发展，求创新。所以，我上任后第一件事，就是发动全校上下，把老校长、老教师都请回来，开个"诸葛亮"会议，让老中青欢聚一堂，一起来畅谈一师附小的办学宗旨、优良教风，展望面临的形势和任务。

当时，正值上海首批特级教师评选。我校臧慧芬老师光荣入选。这对一师附小是极为重要的事。臧老师当了28年语文教师，论教学，她有极其丰富的经验。一个班级交到她手里，她总是想方设法培养学生学习语文的浓厚兴趣，调动他们学习的积极性，千方百计地把孩子领进知识的大门。她特别注意启发学生爱读书，和好书交朋友，提高学生的阅读能力。她教的学生，二年级时就能阅读《红岩》《董存瑞的故事》《海的女儿》《卖火柴的小女孩》等作品。臧老师评上特级教师给全校老师很大的鼓舞。

在这次老中青的"诸葛亮"会上，我想到的是不仅要总结臧老师成功的语文教学经验，更要发扬她的教育思想和精神。因为人总是要有点精神的。有了正确的指导思想，才能有正确的行动。人们常说，校风很重要，我想教风比校风更重要。良好的校风、学风都是优良的教风带出来的。臧老师这个先进的典型，首先要在建设一师附小正确的教育思想和优良的教风上发挥作用。于是，我请大家围绕臧老师的教育思想和教风展开讨论，要求与会老师不只是具体总结臧老师的教学经验，而是从各方面分析臧老师是如何成长为特级教师的，如何对待教育事业的，又是如何对待学生和同行的。大家谈论了很多，发言是那么活跃，有她如何备课、上课的小故事，有她如何帮助差生的小故事，更有她如何坚守岗位、认真教好学生的小故事。有一个在"文化大革命"初期贴过臧老师大字报的学生，在恢复高考以后，凭着臧老师教过他的知识，考上了大学，特意找到臧老师家中，向臧老师表示深深的感谢。在这些小故事的后面，我们看到的不仅仅是臧老师卓有成效的教学经验，更是臧老师对待教育事业的崇高的责任心、事业心。参加这样的讨论，我自己也特别激动，多好的老师啊！学校的老师，要是都这样对待教育事业，对待学生，学校一定能办好，学生也一定能教好。我听着，听着，最后不由得从坐椅上站了起来,即兴把这些小故事归纳为"三严四认真":严肃对待教育事业,严密组织教育教学,严格要求自己和学生;同时,她对自己的严格要求,又具体表现在四个"认真"上,即认真备课,认真上课,认真批改作业,认真辅导有困难的学生。这"三严四认真",可以说是臧慧芬老师正确的教育思想和优良教风的集中体现。这以后,我在全校教师中着重发扬了"三严四认真"的好思想、好教风,产生了很好的反响。很多一师附小的老教师都说,这不仅是臧老师的好教风,而且是一师附小的好传统,可以称之为一师附小教师群体优良教风的共有财富。

一场总结、推广特级教师臧慧芬的先进思想、先进经验的活动,成了建设一师附小优良教风的集体行动,全校教师从中受到激励,纷纷制定自己的努力目标,规范了自己的工作和行动。

第二年春天,一师附小校园里来了一群年轻的新教师,他们很有朝气,犹如一株株新苗,使全校教师队伍一下子年轻了许多,整个学校也显得活泼起来。他们想干一番事业,但经不起挫折,专业思想容易动摇,特别是对孩子的感情,不是短时间里能够建立起来的。怎样使他们迅速适应教育教学工作呢?我想,校长的责任就是要促使他们增强对教育事业和儿童的感情,树立起正确的教育思想和教育观点。

一次去南通听课学习的机会,我认识了王遐方同志,他是一位甘把自己的余年和心底的爱都献给少年儿童并得到少年朋友衷心爱戴的离休老干部,他的热情、他的言行深深地感染了我。

王遐方是江苏南通人,于1938年参加新四军,参加过几十次战斗,历任班长、连指导员、营教导员、工程兵俱乐部主任等职。1961年因车祸致残,1965年离休。

但是王遐方残而不废,离而不休,在其残生余年,以火一样的热情,走遍大江南北,到处为青少年的健康成长尽义务,成了青少年的"司令",孩子们的"政委",少先队长们的"参谋长"。他之所以能够这样,是因为他曾经是革命军队的"红小鬼",他忘不了为了祖国的今天而捐躯的革命烈士,忘不了自己为之奋斗的伟大事业要不断开拓前进,忘不了教育孩子是振兴中华的基础工程。他爱孩子,认真研究孩子的心理,懂得孩子的特点,提出了"把孩子抱在怀里做工作"的教育方法。对那些后进少年不是嫌弃,不是厌恶,而是满腔热情,和他们心贴心交朋友,为他们"架梯子",给他们以温暖,促使他们转变,帮助他们扬起前进的风帆。

我从王遐方身上感受到管理好学校,教好学生的前提是爱:爱教育事业、爱学生是人民教师必须具备的美好品德和全部工作的出发点。我在1980年的工作计划里,第一条就写上:坚持抓好教育思想的建设,从培养人才的目标出发,提倡两个爱、两个全、一个创——爱教育事业,爱每个学生;全面贯彻党的教育方针,面向全体学生;不墨守成规,积极创造教育教学经验。后来,我们就一直把它称为"两爱两全"的教育思想,作为一师附小开展各项工作的指导思想和出发点,做到人人明白,年年坚持。

为了建设"两爱两全"的教育思想,我们专程把王遐方同志请来,言传身教,聘他担任一师附小的校外辅导员。从1980年起,王遐方每次到上海,必到一师附小,住在学校,和师生们生活在一起,学校里人人都认识王伯伯,都熟知王伯伯的故事。孩子们都爱与王伯伯交朋友。

感谢组织上一开始就满足我的要求,当一名少先队大队辅导员,长期的少先队工作使我学会了眼睛向下看,十分注意发现师生们身上的闪光点,十分注意调动各个成员的积极性,十分注意运用发生在身边的生动的活的教材。有个60年代的毕业生夏广平,在入学前,双腿关节损伤,行走不便,很小的时候,就拄上了双拐。对这样一个学习、生活都有困难的学生,老师们加倍地爱他,给他安慰,给他温暖。常常扶他上学,送他回家,还背他去看电影;常给他讲《军队的女儿》刘海英顽强锻炼身体的故事,讲苏联无脚飞将军重上蓝天的故事,用保尔·柯察金的名言鼓励他。小夏从这许多具体、生动的日常生活中,体会到老师、同学和少先队组织对他的爱,也从中感受到社会主义祖国对他的爱,不仅努力学习,而且积极锻炼意志,产生了重新站起来的勇气,决心战胜病残,做个真正的人。这种力量一直影响他后来的工作和生活,他从没有停止过学习和锻炼。为了锻炼两条腿,他买了脚踏的三轮车。后来他又甩掉了三轮车,继而扔掉了双拐,学骑普通的自行车,终于锻炼成一个能独立行走的人。他还学会了用画笔为祖国、为人民服务。

在建设"两爱两全"教育思想中,我把他请回来为全校师生们回顾他童年时动人的学校生活,讲述他锻炼成长的故事。为了感谢老师,夏广平画了一幅画送给老师,题为《关怀》。画的是老师们学雷锋,背着一个双腿残疾的孩子向学校走去。

小夏对老师们说："这是我童年生活的写照，我的童年是在老师和同学的背上度过的，我永远不会忘记老师们。"当年教过他的老师听了，眼眶里含着激动的泪花，年轻的老师们听了，深深感受到"爱的力量"。

小夏成长的故事使老师们进一步懂得，从儿童到少年这个阶段对学生的成长是多么重要。这既是启蒙阶段，也是奠基阶段。老师对学生在孩提时代教育的好坏，将影响他们今后的一辈子。教师们每天都在为建设祖国明天的伟大工程出力。我们应当为伟大祖国的未来着想，为孩子们明天的幸福着想。我把"教孩子5年，为他们想50年，为国家、为民族想500年"作为一师附小教师的座右铭，要求教师站在这样的高度来认识我们所肩负的基础教育的历史责任。

是的，生活在教师和学生中间，我天天感到十分充实，天天都吮吸着师生们实践、创造的新鲜养料。当校长后，我把"沉于第一线""生活在教师和学生中间"，作为校长工作的一大准则。校长不可能是全才，不可能样样精通，但要求自己多做调查研究。校长要全面领导，首先要全面熟悉，全面了解。国家最高层的领导都提倡现场办公，我们校长天天在基层，更应当直接了解第一线的新动态，直接了解教育、教学与活动的情况，教师队伍的思想情况，学生德、智、体、美、劳各方面成长的情况。

沉于第一线，绝对不是为了去监督教师和学生，而是更便于面对面地去向他们学习，去发动他们创造，面对面地、情感交融地把创造的主动权交给他们，力求实现及时反馈，掌握动态，掌握信息，发现经验，发现人才。一旦发现某些问题，可以及时解决。

我还建立了几个基本阵地和一些必要的制度。面对教师，一是重视建设教代会，一些重大的课题，都通过教代会所有教职员工共同讨论，像建设"两爱两全"的教育思想、培养儿童创造精神、减轻学生过重的课业负担、制定学生品德评定的准则、制定语文作业的序，以及"愉快教育"实验课题的提出、实施和发展都曾经通过教代会讨论和研究，使每位教师都找到自己在各项教育实验中的位置，成为各项教育改革的参加者。

面对班主任和中队辅导员，我一直注意抓住班主任和辅导员会议这个阵地，这从我20世纪50年代当大队辅导员时建立起，就成为制度，雷打不动。有了这个制度,我和班主任、辅导员经常交流各种情况,讨论各项教育和活动如何发动和组织,及时反馈效果。这样做,实际是发动大家一起总结有效的儿童教育活动,及时地帮助和培训新教师。

面对教学骨干,我更抓住不放,充分发挥他们的作用。20 世纪 80 年代初,上海市教育局提出实验性学校不仅要出质量,而且要出经验、出科研成果,实验性学校要成为教育科研的基地。我受到启发,就把学校里的教学骨干组织起来,建立教育科研组,组织比较高层次的学习,确定教育实验课题,讨论实验方法,听实验课,分析实验效果,提高大家的科研意识和能力,还请专家指导,调动了教师参与教育科研的主动性、积极性,培养锻炼了教学骨干,使他们主动、积极地从事各种不同程度的创新与改革。

面对学生,几十年少先队辅导员的工作,培养了我思考问题常常从学生出发的习惯。或坚持深入课堂听课,直接参加学生的活动,经常找教师和学生谈话。我非常喜欢听教师上课,看学生在教学过程中的反应。学生写得好的文章,学生好的行为表现,我常常收进自己的工作笔记,好多生动的事例,深刻的语言,其实都来自教与学的第一线。

每天,我喜欢早一点到学校,外出开会,常常喜欢先到校内转一圈,看看值日中队早上做什么,早锻炼怎么样,经常与总务、图书馆、少先队等各个部门的同志讨论了解缺什么,需要添置些什么⋯⋯我认真这样做了,自己就再也不感到是吊在半空中,上不着天、下不着地了。而是深深感到前辈们为一师附小开辟了一片沃土,今天的师生们用他们的智慧与创造性的劳动又为一师附小筑了一座金山,我要和他们一起把一师附小建设成一个更新更美的天地。

## 3. 从单项实验到整体改革

20 世纪 80 年代初,当改革开放的春风吹遍申城时,一师附小这片前辈们开辟出来的沃土,教育改革显得空前活跃。各项单项实验,纷纷出台。

教改的实践,呼唤着教育理论。改革开放使世界许多教育流派相继介绍进来,如赞科夫、苏霍姆林斯基、布卢姆、布鲁纳等人的教育专著,陆续翻译出版。这犹如一场及时雨,给一师附小这片沃土增添了一股生命的活力。

记得当时上海市教育局的几位领导——杭苇、吕型伟、姚庄行、刘元璋等,经常把我们试验学校的校长召集在一起,研究学习,给我们以具体指导;还有少先队工作研究行列里的段镇等同志,从儿童教育、儿童组织建设领域鼓励我们去研究与实践。每一次回来,我总是及时向一师附小的教师介绍自己的学习体会,介绍教育改革的新形势、新要求,大力普及教育科研的新成果。我还组织全校教师学习世界教育改革的经验,研究赞科夫、苏霍姆林斯基等人的教育主张。这一时期,我和教师一起读了不少书,读苏霍姆林斯基的《给教师的一百条建议》,读巴班斯基的《教学教育过程最优化》,读赞科夫的《和教师的谈话》,读意大利亚米契斯的《爱的教育》等。除了读外国的,也读了不少中国的,有陶行知的,陈鹤琴的,叶圣陶的,甚至把《学记》也找来读。读这些书,不仅对建设一师附小的教师队伍有好处,而且对推动学校教育改革、教育科研起到了直接的启示和借鉴作用。

这一时期,我校在"发展儿童智力"这个总目标下,先后进行了不少单项实验:

——在全国率先开设学前班,研究"低幼衔接,早期开发儿童智力";

——在语文教学中,开展小学阅读速度的研究;

——在课堂教学中,开展"三多、三鼓励"的教学方法的研究;

——在少先队工作中,开展少先队的科学活动、读书活动、自动化活动,研究少先队与学校教育教学紧密结合、互相促进的问题;

——在低年级,试行建立队前儿童组织——苗苗儿童团;

……

这些单项实验,在当时都获得了较好的成果。如由华东师范大学几位教授指导的开展阅读、速读训练的成果曾在全国语文学会年会上得奖,还得到了叶圣陶先生的赞同;队前儿童组织——苗苗儿童团在上海和兄弟省市得到推广;培养儿童创造精神的研究成果也先后在全国少先队学会和上海普教科研评比中得奖;少先队与学校教育教学紧密结合的研究,使一师附小教师集体被评为全国少先队辅导员标兵集体……

然而,教育是不断发展的事物,要取得真正的成果,坚持学习新知识、掌握新信息是十分重要的,为此,每当学期结束、假期开始的时候,我总要认真做两件事:第一,组织领导班子的成员学习了解教育战线提出了哪些新课题,出现了哪些新经验，及时用领导部门的意见和各地、各校的新经验武装我们自己，同时也激励我们这一班人鼓足信心，锐意创新，持续前进。每年既要按教育方针办事，又要有新的设想，研究出一点新的东西来。第二，要分析学校的基础和现状，也就是对已经过去了的学期、学年，好好作回顾总结。我感到，要发展，要提高，一定要从实际出发。这个"实际"，就是原有的基础和现状，包括学生德、智、体各方面的质量、基础和教师的教育思想基础，教育教学的实际水平，存在的矛盾和问题。有了这个实际，才能提出新的打算，提出的目标和要求才是经过努力可以实现的，拟订的措施才是切实可行的。要作这样的分析，不仅要阅读已有的资料，而且要十分注意收集新涌现的资料，这就是要认真地征求干部、教师和学生的意见，发动大家一面摆成绩，一面找问题，提出进一步工作的建议。

以 1982 年为例。年初，教育部发布了二号文件。文件要求全面贯彻党的教育方针，端正办学思想，克服单纯追求升学率的错误做法，减轻学生过重的学业负担，调动全体学生的学习积极性，不断提高教育质量。我拿到这个文件，立即复印给全校每位教师，大家对照文件精神，感到过去我们是做了一些工作，但是片面追求升学率的影响并未完全消除。教育质量是有了明显提高，但以"加强基础、发展智力、培养能力"这 12 字来衡量，差距还很大，特别是对学生怎样学的问题，缺少认真的研究，教法上比较满足于一揽子解决的做法。

因为是把领导班子和全体教师都发动起来了，大家思想很快就统一起来，新学期的奋斗目标定为：在提高教育思想上下功夫，在提高教学质量上作贡献，在教育科研上进行较深入的探索。

在提高教育思想上下功夫，不是一般地培养爱生的感情，而是要系统学习古今中外教育理论，进一步明确办学的方向、培养的目标，认真研究探讨正确有效的教育途径和方法，坚持"两爱两全"，密切师生关系，继续谱写"爱的教育"新篇章。

在提高教学质量上作贡献，着重点放在围绕"加强基础、发展智力、培养能力"这 12 字改进教法，提高 40 分钟的教学效果，减轻学生过重的学业负担，把学生的学习积极性充分调动起来，乐意当学习的主人，以学习为乐事，培养他们具有较为良好的学习习惯和学习方法，使每个学生在能力、智力上都有所发展。

在教育科研上，着重点放在研究教育的对象、研究学生的"学"，怎样使受教育者在德、智、体诸方面全面地、生动活泼地、主动地成长起来。

过去研究教学工作，一般偏重于研究"教"，怎样教字词，怎样教句段，怎样分析教材，怎样教学生写文章。这样教，教师用心良苦，学生被动接受。研究学生怎样学后，情况大不相同了，注重分析儿童实际，提高学生学的能力。低年级的语文教学，教师从培养学生听、说能力着眼，把学生的眼、耳、口、手等各种器官都调动起来，训练学生的记忆力、注意力，训练学生听、说、读、写的各种能力，训练速度和灵敏度。教师把各种教学环节都开始运用起来，为培养学生听、说、记的能力服务，在指导看图中训练说话，在教学字词中训练说话，为学生创造语言训练的条件，激发学生说话的意愿和积极性，指导学生多想、多讲，结合教材设计听、说练习，让学生从听、说简单的句子到较为复杂的句子，再到短小的童话故事，设计速读练习，采用抽卡片的方法，让学生看很短的时间，进行记忆默写或复述，这样把听与说、听与写、默读和记忆默写结合起来，组织在教学中不间断地天天练习，低年级学生听、说、读、记、写的能力都较快地得到提高。有一个练习，看谁听的能力强："下雪了，小雪花穿上美丽的六角裙，小朋友喜欢它，小麦苗也喜欢它，小雪花飘呀飘，来到地面上，盖在小麦苗身上，像一条厚厚的棉被。"教师完整地读三遍，学生认真听，基本上都能把主要意思讲出来，一部分学生能一句不漏地讲出来。

对高年级的学生，则着眼于大力培养学生的阅读能力，创造各种条件去丰富他们，给他们每人的头脑仓库里储存知识。课上，充分发挥阅读教学的作用，提高学生的理解能力，培养学生概括中心的能力以及阅读的速度。课外发动学生多读，把课外阅读与课外活动、少先队活动结合，把阅读渗透于课外活动、少先队活动中。又以课外阅读带动说写训练，重点放在说话训练上，发展学生口头表达的能力。同时，开展成语比赛，写读书笔记，举行故事会、演讲会，举办读书笔记展览会，教师运用课外阅读把读和说、读和写紧密结合起来。学生读的能力大大提高了，写作的能力也随之提高了。连平时不爱读书的学生，也积极上图书馆借起书来。以四年级为例，全年级平均每人读了 22 本书，写了 18 篇读书笔记。读得最多的达 59 本，最少的也有 12 本，读书笔记最多的写了 31 篇，最少的也写了 10 篇。

由于以培养能力为中心改进了教法，教师的立足点逐渐转移到教学生"学"这方面,多从有利于学生"学"的角度考虑组织教学。"教"促进了"学",不仅减轻了学生的负担,学生的能力也明显提高了。

研究学生的"学",是个涉及面很大的题目,要通过各个渠道去研究与实践,它涉及教师的"教",不是一门学科,而是涉及所有学科;涉及学生自己怎样学,需要我们调查各类学生怎样学;学生的学不仅涉及教学双方,而且涉及课内、课外、校内、校外。因此,我校的教育改革逐渐从单项改革向整体改革迈进。

1983年,邓小平同志提出教育要"三个面向",给教育工作的改革指明了方向,要求我们以战略眼光来认识教育事业,使我们懂得学校教育不能只看今天,更要放眼看世界,放眼看未来。小学教育,对一个人的成长来说,是一个起点,至关重要。今天的小学生,他们生活在瞬息多变的充满新信息、新技术的21世纪,我们要十分珍惜当前的时机,让每个孩子都有良好的起点。

教育要面向现代化、面向世界、面向未来,核心问题是面向现代化。要培养现代化的学生,教师首先要现代化。有了教师的现代化,才可能有教育改革的现代化。于是,我和教师一起认真学习党中央关于抓住机会、迎接挑战、开创新局面的号召,听取新技术革命的介绍,让教师了解电子计算机,参观航天工业展览会,观看人造地球卫星复制品,乘坐先锋号模拟火箭。我们还举办讲座,系统介绍世界现代教学改革运动。这一切使全校教师的思想逐步跟上形势的发展,逐渐理解时代的需要,逐渐产生了一种时代的紧迫感。眼界宽了,想得也比较远了,"要为祖国、为孩子们想几十年"成了大家共同的语言。这时,我在教师以往信守的"两爱两全"教育思想上,又增加了两个"适应",让大家把"爱教育事业、爱学生,全面贯彻方针、面向全体学生,适应四化、适应未来"当作学校各项工作的出发点。学习了"三个面向",大家的立足点更高了。

"学然后知不足"。各学科教师普遍感到知识不够用了,于是他们结合自己任教的学科努力学习新知识,并以现代化的新鲜知识丰富充实教学内容,不断改革陈旧的教学方法。数学教师跟五年级一个电脑教学班一起学习计算机的基础知识,自然常识课的教师跟少年宫指导员学习绿化、环保新知识,音乐教师也在课内探索国际上流行的体态律动新内容。一时间,教师们都积极行动起来,接触新信息、新知识,并且探索新的教学方法。在教师发挥主导作用的前提下,视学生为课堂教学的主体,努力把"教的过程"转为教会学生"学的过程",着眼于培养学生良好的学习素质——专心致志、积极思维、严谨细致、不怕困难的学习态度,高效率的时间观念,以及正确、迅速、独立完成作业的习惯和科学的学习方法。我们对课堂教学的改革归纳了五条:(1)学生学习情绪高涨,学习兴趣浓厚,学习气氛活跃;(2)学生学习的知识面广,力求多学习现代新信息;(3)学生思维活跃、敏捷,想象力丰富,有创造性;(4)学生基础知识学得扎实,概念清楚,理解完整,运用准确;(5)学生学习能力强。在这五条中,重点是加强智能和创造性思维的培养。这五条,就是后来提炼为"实、广、活、新"的课堂教学原则的原型。

我是从辅导员开始我的教学生涯的,又较早地担负起教导主任和少先队辅导员的双重身份。工作实践使我较早地认识到,儿童的成长是多方面教育的结果。学校、家庭、社会、少先队组织以及书籍、报刊、电影、电视、广播,都对儿童的成长起着重要的作用。当人们普遍认为教学改革任务重、开展活动与教学工作矛盾大、时间精力都不够,重视了活动就要影响教学质量和升学率时,在我们学校却是另外一番景象:少先队工作特别活跃,活动天地无限广阔。

20世纪80年代初的头几年里,我们紧紧抓住了"新时代气息"这个标准,开展的活动有:进行品德理想教育的"当我一个人的时候""红领巾告诉我""预备队在80年代""向海迪姐姐学习";锻炼孩子们动手动脑能力的"盆景创作比赛""灯节""数学宫""绿化、美化校园";文艺娱乐性的"迎春音乐会""创造性游戏节""微型小剧会演";还有以加强少先队组织建设为目的的"最佳中、小队活动设计比赛""评选自动化中、小队和队长""建立播种队,帮助队前儿童参加苗苗儿童团",以及丰富儿童假期生活的"植物夏令营""军事夏令营""农村野营"等。

即使是传统活动,如1978年开展的"爱科学月"活动,也是年年有不同的新主题——"寻找科学的春天""科学童话幻想剧院""三、三、三、三、一竞赛""漫游现代化科学城"等。

当全市、全国倡导集中活动,我们就发动师生合作创造,闯出自己独特的风格。1983年,团中央号召全国少先队员为"六五"(第六个五年计划)作贡献,一师附小全校师生就结合本校实际开展了"绿化工程"。全国人民实施"大六五",少先队员实施"小六五"。"小六五"是"大六五"的模拟活动,当然也是一项建设性工程。让孩子们从小参加建设性活动,在建设性活动中培养未来的建设者。我们让孩子们在新建的校园里动手栽树、种花、养草,尽管校园只是小小一片地,各中队分别把它建成了百花园、瓜果园、育苗园。三年级的孩子分不到园地了,就按语文书上学到的"爬山虎"知识,为学校建设"绿化墙",搞垂直绿化……因为面对的是孩子,我们总是不忘把教育与活动、活动与知识紧密结合起来,最终把这项工程取名为"绿化、美化、知识化"工程,既进行"爱学校、爱集体、爱祖国"的"爱"的教育,又进行自己动手美化校园、美化环境的"美"的教育,又与丰富科学知识结合起来,开展"认识校园""给花草树木普查户口"的小队活动。哪些是常青树、常青草,哪些是季节树、季节花,哪些是果树,哪些是观赏树,还有它们的名称、特征、生长过程以及开花、结果的季节各怎样? 有的小队去查,有的小队去画,有的小队去挂牌。孩子们从中获取了大量有趣的新知识,还获得了快乐,在获得知识与快乐的同时,极其自然地受到了良好的品德教育。

已经毕业的同学在回顾他们的小学生活时说:"我们在一师附小不仅有紧张的学习,而且有许多饶有趣味的活动,在那里读书感到幸福! 一师附小的老师给了我一个金色的童年。"

校内活动是这样,校外活动也是这样。有一次,我们全校组织了一次"金山之行",那还是金山石化总厂建设的初期,为了让孩子们亲眼去看看什么是现代化,教育他们"从小爱四化、立志为四化"。事先,我和辅导员小谢同志作了实地考察,对活动作了周密的部署,对孩子们提出了十项要求。"做大街上第一批行人""当列车上的一员文明小乘客""站在大堤上看石化城""游览市容""参观现代化大生产工序""看天灯""观大海"等等,这些要求不仅被孩子们接受,而且被各科教师自觉接受,几乎都主动地向这个活动"靠拢",按照教师们风趣的说法是:"我们要千方百计地将自己这门学科打进去!"结果:语文教师事先给同学们介绍了金山的历史,提出了观察、记录、作文的要求,重温了教材《小溪流的歌》。事后,同学们结合课堂上学到的知识,写出了许多富有生活气息的作文。数学教师引导同学们讨论"为什么油罐不做成方的?"等问题。科常教师也让同学们带回来一连串有趣的问题:"石油的家族都有谁?"……

这样的活动,这样的结合,使我自己也领悟到了不少知识和道理。事后,我写了一篇短文《这里会产生智慧和理想》,详细记录了这项有意义的"金山之行"。

几多汗水,几多成果。从单项实验到整体改革,一师附小的教改显示了勃勃生机,赢得了社会各方的重视。上海市委市政府领导和团中央、国家教委的领导先后到一师附小视察,如当时的团中央第一书记王兆国、国家教委副主任彭珮云等。1985年9月2日,江泽民同志也到校视察,并亲笔题词:"你们是祖国的明天,民族的希望。"《人民日报》《解放日报》《文汇报》和《上海教育》等各大报刊杂志记者也纷纷前来采访报道。

然而,随着教育科研的发展,特别是在深入学习了邓小平同志关于教育要"三个面向"的指示后,我一直在想:"一师附小的整体改革应该有自己的目标,应该有一个鲜明的主题,以表明我们的整体改革是从哪里着手的,更表明通过改革,要解决学校工作中的主要矛盾和关键问题,并且反映出改革的中心思想和核心内容。"我细细回顾一师附小这几年走过的历程,从单项实验到整体改革,虽前进了一大步,但总觉得还缺少一个鲜明的主题,缺少对规律性问题的研究。记得陈鹤琴、陶行知等老一辈教育家办教育,他们都有明确的办学宗旨。陶行知先生早年主张:"教育者所要创造的是真善美的活人。""千教万教,教人求真,千学万学,学做真人。"为了这个目的,行知先生提倡"生活即教育""社会即学校""教、学、做合一"。陈鹤琴先生在创办女师和我们附小时,也制定了明确的办学目标:教学生"做人,做中国人,做现代中国人"。把大社会、大自然看作是活教材,主张做中学,做中教,做中求进步。我想这就是他们当时实验的大题目。我们今天要办好一所学校,也应该有明确的办学宗旨,这样才能使教师和学生有具体的奋斗目标。我们今天的办学条件,比起老一辈人来,要优越得多。邓小平同志教育要"三个面向"的指示从总体上、宏观上帮助我们认识教育的责任,但是不同年龄段、不同任务的各类学校,是否又应该有自己办学的特色?可否在大前提统一下有自己办学的目标?这些问题,一直在我胸中盘旋。

1985年下半年,我应邀赴贵阳参加全国教育管理学会年会。会上,当我介绍了我校课堂教学与少先队工作结合,教得活泼、学得愉快的经验后,山西太原教育学院的一位老教授很有感触地说:"你们的课很生动,学生非常愉快。你们的这种教学,不是可以叫作愉快教学吗?"这位教授的话语,使我想得很多、很多,是啊,他把我们附小长期广泛而丰富的实践经验的内在有机联系点了出来。一师附小进入 80 年代以来,针对单纯的升学教育而进行的各项单项实验,其成功的主线不都是给学生生活带来了愉快吗?教育与世间任何事物一样,它们之间不可能是割裂的,总有其内在的联系。我越想,思绪越明朗。过去一直苦苦思索的问题,想不到这次贵阳之行,终于有了一个明确的结论——一师附小整体改革的主题,不正是"愉快教育"吗?

从贵阳回沪后,我立刻与学校班子其他领导成员密切磋商,大家对愉快教育很快达成了共识,决心通过愉快教育整体改革的实验,真正把小学生从沉重的课业负担和单纯追求考分的压力下解脱出来,使学生能够愉快主动地接受教育,成为学习的主人,由苦学变为乐学,愉快地学习,愉快地活动,愉快地生活,愉快地成长,使学校成为少年儿童成长的乐园,从而保证党和国家的教育方针得到全面贯彻。

根据这个思路,我们确定了"使每个学生都有幸福的童年,美好的心灵,创造的才干,健壮的体魄,活泼的个性"的愉快教育宗旨。

就这样,在这一鲜明的主题下,一师附小的全体教师又开始了新一轮的艰苦而有意义的探索与实践。

## 4. 在新一轮实验的日子里

"愉快教育"这一总课题确定之后,我们把它看作是一个完整的工程,举行了多次教代会,讨论、研究、实施。

做什么事,指导思想是最重要的。天底下,没有什么一成不变的方法。从事愉快教育的办法,可以发动教师、同学们人人来创造。但是,指导思想一定要正确。我把建立正确的教学思想看作是开展好每一项实验的牛鼻子,组织教师们进行愉快教育的实验也遵循这条原则。为愉快教育的研究与实施,我自己和教师们一起努力学习古今中外教育家有关"乐学"的论述,有关如何调动学生学习积极性的论述,连《学记》也借来读了,"道而弗牵,强而弗抑,开而弗达"。我们的老祖宗早就说了。我们实施愉快教学,就是要解决只是教的方面"主动",而学的方面"被动"这个弊病。解决在教与学的过程中"谁是主人"这个问题,就是要把教与学都看作是动态,使"教"与"学"双方都积极主动,达到"教学相长"的目的。

在今天来说,教会学生"学",教会学生当学习的主人,还不仅仅是为了今天,也是为了明天。整个基础教育就是为了培育明天的主人。

我的头脑里,有一点是非常明确的,在国家改革开放的今天,教育改革既要积极借鉴国外教育改革的经验,吸收世界各国教育家研究的理论成果,又一定要继承中华民族的优秀传统。要开展中国式的教育实验,要办出具有中国特色的小学教育和学校来。

我当校长,常常把自己看到的、受到启发的,一定赶快告诉教师和学生;自己学到的,一定让教师们都去学;自己想到的,一定要让教师们都知道。一所千百人的学校是要靠几十位教师共同努力才能办好的。我时刻记住自己的责任,提高全体教师的水平,建设一支高水平的师资队伍。为了开展愉快教育的实验,学校买了很多书,每周都安排时间让大家读书,读苏霍姆林斯基、马卡连柯、赞科夫等教育家写的教育专著,也读亚米契斯写(夏丏尊译)的教育小说——《爱的教育》,还印发了陈鹤琴先生写的"十七条教学原则",又让大家重读教育学、心理学,并为每位教师买了一本《教育名言集》,编印了一本古今中外教育家关于愉快教育的论述。广大实践工作者极其需要理论的指导,教师们掌握了教育理论,人也变得更聪明,教育改革的积极性更高了。

我和教师们读了他们写的专著与文章,真是如获至宝。它启示我们要去了解儿童,研究儿童,寻找儿童成长的规律。于是,我们开始了一系列的调查研究。

当时,社会上广为流传学生学业负担过重的问题,我们学校确实也有部分孩子感到学习是桩苦差事。但是在调查中,我们从另一个角度发现:有的学生并不觉得多花时间是苦事,苦和乐并不以所花时间的多少来决定。

春天,和孩子们一起去佘山彩色天地星期营,我看见有些学生带上速写本,车上也画,山上也画,参观展览会也画,傍晚自由活动时也画。从佘山回校,翻开速写本,本上有山、有河、有草、有花,有老牛耕地,也有鸭子戏水,有市镇的一角,也有农村的傍晚……对他们来说,画画所花的时间最多,但完全是自觉自愿的,不仅不感到是负担,相反还感到是一种乐趣。同样去佘山,他们的收获比别人多,他们比别人更快乐。

一年级的小朋友要加入儿童团了。少先队大队部要求每个孩子开展一项种子发芽的实验，孩子们高兴极了，不仅种下了豆，而且仔细观察豆的发芽过程。下面是一位小朋友写的种豆日记：

11 月 19 日，种下四粒蚕豆和几粒绿豆。

11 月 22 日，有一粒蚕豆长出小芽，有两粒蚕豆裂开口，马上要长出芽了，还有一粒没有长芽。有两粒绿豆开口了。

11 月 26 日，蚕豆的芽总是往下面长，今天把两粒发芽的蚕豆移种到花盆泥里。

11 月 30 日，小苗苗开始出土了。

12 月 15 日，小苗苗的叶子总是两片一起长出来的，开始时两片合在一起，长大了就分开。现在一到四片已经分开了，五、六片还合在一起。

……

这位一年级的小学生，观察得多么认真，多么仔细啊！不仅写了观察日记，而且用蜡笔画了图。既增长了知识，还增长了实验的兴趣。

新鲜的事是如此，有些日常生活里的事也是这样。孩子们学书法，有的孩子越学越好，越写越要写。下棋、打乒乓，更是如此，下了一盘再来一盘，打了一局再来一局，根本不知道疲倦。阅读课外书籍，也会常常看得入迷，很多孩子看了一本好书后，还会模仿着做起来。

有一回，团市委、青少年研究所对少先队员自动精神和能力进行测试，由测试者自选中队、指定主题，规定准备时间，要求应试中队当即组织一个主题队会，活动全部准备工作都由少先队干部领导进行，辅导员不加辅导，也就是要求"少先队员全自动，教师不许动"。

第一个应试的是五甲中队。测试那天，正副中队长碰巧都请假不在。测试者把要求告诉中队辅导员小宋，请她作不得超过 5 分钟的动员。宋老师是这样动员的："今天我们中队要接受一次特别考试，要在 20 分钟里迅速准备一个读书会。我很担心，今天正副中队长都不在，辅导员又不能帮忙，不知这个会能开好吗？"队员们立即举手发表意见："会能开好，我们喜爱自动化。""我主张请××担任临时中队长。""我建议请××当副中队长。"大家一致赞成。宋辅导员问："今天队会成功的关键是什么？""一切行动听队长指挥,我们不能像平时那样七嘴八舌发表很多意见,否则一个节目也排不成,时间却到了。""还有什么问题没有？""以前排过的节目可以用吗？""尽量创作新的,真正排不出就用老的。好！我的讲话时间到了,你们队的自动化竞赛现在开始。"

经过 20 分钟的紧张准备,队会开始了。

代理队长在 20 分钟时间里,独立编排了队会的程序,安排了队会的仪式,写了开场白和结束语,并自己准备了一个表演的节目,全中队的队员,花 20 分钟准备,演了 15 个节目,介绍了 15 本书,其中当场编排的有 10 个,老节目改编的有 5 个,演出时间为一小时,班上每一位学生都参加表演。他们能当场即兴准备出节目来,一靠平时大量阅读,肚子里有书;二是差不多全班同学书包里都装着课外读物,抽出来就是。每个队员既当观众又当演员,大家在欢笑声中被一本本书中的有趣情节深深吸引着。

集体活动中,孩子们合作想办法,学习中,也经常看到他们自己在想办法。学生小李,学习外语,随着年级的升高,所学单词和句式越来越多,每天花不少时间朗读,可还不容易记住,他异想天开自己寻找最佳记忆时间,作了一周的连续试验,找出了每天晚上七点到八点是自己的最佳记忆时间。

在孩子们的学习与生活中,这类事例是不少的,它证明了一条规律:凡是孩子们愿意做的事,喜欢学的知识,时间多些他们不会觉得负担过重,也不会感到是苦事。由此联想到解决学生学业负担过重是否也应该遵循这个规律:从调动学生内在的积极性着眼,从唤起学生对知识的兴趣、对学习的喜欢和爱好做起。邹韬奋先生曾经说过:"一个人在学校里表面上的成绩以及较高的名次都是靠不住的,唯一的要点是你对你所学的是否心里真正觉得很喜欢,是否真有浓厚的兴趣。"夸美纽斯也说过:"所有智力方面的工作,都依赖于兴趣。"所以学生学业负担重不重,不是一个简单的时间问题,也不是只看到作业量多少的问题,而应是学生对知识的喜爱和教学对学生吸引力大小的问题。只有当学生感到学习是愉快的活动时,学习的积极性才会真正被调动起来。

以上是我在学生中间调查、分析得出的结论。根据这一结论,我要求教师从情感教育入手,给孩子爱和美,激发学生的学习兴趣和自觉性,使学生能够愉快主动地接受教育,成为学习的主人,由"苦学"变为"乐学",愉快地学习,愉快地活动,愉快地生活,愉快地成长,使学校成为少年儿童成长的乐园。

正是根据这个思路,我校全体教师在平时教育教学中作了艰苦而有意义的探索和耕耘。

语文课上,全国优秀班主任宋珠凤在教白居易的诗《原上草》时,她让同学们用歌曲、舞蹈、乐器来再现诗中的意境;曹老师教《蔬菜与水果》时,则把西红柿、萝卜、白菜、香蕉、苹果带进了课堂;小蔡老师教《繁星》一文时,将幻灯图像投放在天花板上,让学生仰卧在课桌上,就像作者巴金躺在舱面上,仰望天空一样。这时教师随意调节焦距,让悬在"天空"上的星星时明时暗,时清时糊,渐渐地让学生眼前出现了半明半暗的星星。摇摇欲坠的星星,飞舞的萤火虫,会眨眼睛的小淘气……同时,稍稍移动画面,利用相对运动的原理,让学生产生船在动,星也在动的感觉。要写作文了,鲁老师让同学们先讲述和表演一段熟悉的往事。这样的教法,使孩子们不知不觉感受到诗情画意,原先对背诵、理解和作文的畏惧烟消云散。

数学课上,特级教师李兰英运用自己制作的彩棒,让同学们理彩棒,数彩棒,比长短,让同学们戴上头饰扮成啄木鸟,到贴着一张张运算错误的四则算术题的"树"上,去捉"蛀虫"——错题,还要比谁除的"害虫"多,在游戏中形象地接受数学知识。

音乐课上,全国劳模、特级教师陈蓓蕾用钢琴弹出火车运行的节奏,让学生们"坐上火车"过田野,跨大桥,穿山洞,入平原……边听边唱边表演,使同学们个个心驰神往,如醉如痴。

还有美术课、体育课、常识课、书法课……老师们都有一套把教学与儿童心理相结合的奇方妙法,每一堂课都上得生动活泼,引人入胜。下课铃响了,可孩子们还沉浸在急切求知的欲望之中。

课余时间,学校贯彻教育部颁发的教学大纲,严格控制课外作业量,学校提出,要让学生自己支配课余时间,做课余生活的主人,做时间的主人。

为了让孩子们在学校、在家庭都能获得一个愉快的环境,我们提出,学校要关心研究家庭教育,家长也要熟悉了解学校教育。对一年级新生办家长学校,二年级开始分别建立家长联谊会、家长委员会、家长大会，引导家长们树立尊重、了解、严格要求的观念，支持孩子成为家庭的"主人"。

"幼苗"在愉快中学习、成长、进步，而园丁们却付出了加倍的辛劳。教师们以优异的教学成绩，送走一届又一届毕业生。

随着各级领导和外地、外校教师的来访，一师附小"愉快教育"的这项实验不胫而走，很多同志对此表现出很大的兴趣。1986 年 5 月，《光明日报》以头版位置，第一次报道了这项实验——《上海一师附小全面实施"愉快教学"》，同时还发表了题为《读书乐，乐读书——有感于上海一师附小愉快教学活动》的评论。

接着，上海市教育局及时组织一师附小愉快教学的现场会，还印发了《光明日报》的报道与评论，把愉快教育的课题名称、实验目的、原则与方法，提交全市中心小学和实验学校的校长与各区教育局领导共同讨论，以指导一师附小的愉快教育实验深入下去。

愉快教育的实验毕竟只是开始于我们学校的具体实践，缺乏教育理论的指导，领导同志和兄弟学校的校长们既给予了充分的肯定，也提出了许多中肯的意见和建议：是教学论、方法论还是教育论，是减轻学生课业负担的权宜之计，还是为培养学生全面成长打好基础。有领导的支持，一师附小的愉快教育实验就较早地获得了理论工作者的参与和指导，把此项实验列入上海市教科所的"七五"研究课题。上海市教科所从所长到心理研究室的专家们都一起来到一师附小，就愉快教育的教育思想、教育观念和研究方法给以教育理论的指导，共同研究把实验的总结上升到理论，把具体的经验上升到教育的规律性上来认识。

至此，愉快教育逐步成为一项比较完整的教育科学实验，受到了全国许多学校的重视。从 1987 年起，国家教委柳斌副主任、陈德珍司长、马立副司长等多次到一师附小视察指导。1990 年 5 月，我们将愉快教育的实践，向国家教委作了专题汇报，被国家教委列为第一批教改经验向全国推广。

为了比较深层次地研究有关愉快教育的理论与实践问题，我们征得市、区教育局的领导与支持，1990 年 10 月，在我校举行了全国第一次愉快教育研讨会。这次研讨会的主要议题是：1.愉快教育形成的时代背景；2.愉快教育的意义与实质；3.愉快教育的办学目标及内涵；4.愉快教育的教育原则、教学原则、活动原则、途径与方法；5.愉快教育的评价；6.当前在实施愉快教育过程中的主要问题和困难。会上，国家教委副主任柳斌给研讨会写来了贺信，上海教育学会会长吕型伟为研讨会作了专题报告《愉快教育的本质特性与理论基础》，上海市教科所张声远同志作了《愉快教育的意义和实质》和上海市社科院段镇同志作了《让孩子在快乐中主动发展》的报告。出席研讨会的有来自北京、南京、无锡、成都、广州、沈阳、安阳等地的代表及上海整体改革实验学校的校长。经过认真热烈的研讨，大会的代表和我们学校的教师进一步认识到愉快教育的真谛是让每个学生有一个幸福的童年，使他们生动活泼地、主动地得到全面的发展。同时，愉快教育又是一种崭新的教育观，它把尊重学生作为教育的前提和对学生的基本态度，认为只有从尊重学生出发，才能引出合理的教育措施，只有对学生充分尊重，才能对学生严格要求，学生只有意识到被尊重，才能愉快地接受教育。

从 20 世纪 90 年代起，一师附小这项实验就一直受到国家教委和市、区各级领导同志的关心和支持。从 1990 年 10 月全国第一次愉快教育研讨会之后，1991 年到 1995 年每年分别在北京、南京、广州、成都、沈阳等地，相继举行了第二至第六届全国愉快教育研讨会。许多教育科研部门的专家、学者都先后介入。1994 年 11 月，柳斌同志亲自参加了在成都举行的第五届研讨会开幕式，亲自作专题报告，还为愉快教育写了一副对联。上联为"乐学乐教，为万千学生求生动活泼发展"，下联为"用手用脑，为十亿人民争幸福美好未来"，横批"愉快教育好"。

一师附小愉快教育实验历经十年，成绩是显著的。1992 年 3 月，上海市政府和市教育局为进一步巩固发展愉快教育的成果，更好地推行其经验，曾对我校愉快教育进行了验证性督导，肯定了我们学校进行愉快教育实验的成绩，指出："一师附小愉快教育的探索是成功的。它是根据教育方针，按学生年龄、特征、心理特点，确立办学的主导思想，并把主导思想及贯彻主导思想和过程作为一个系统来勾画、实施，形成鲜明的办学特色。愉快教育能让学生在乐学过程中获取知识，培养能力，发展兴趣爱好与个性特长。我们观察和测试的数据表明，该校教学质量高，学生整体素质好，各科成绩及动手能力均超过同类对比班水平。"

在一师附小，愉快教育已经站住了脚，师生们已对愉快教育产生了深厚的感情，在愉快教育的总题目下派生出了一批子课题。

现在，愉快教育的影响正在逐步扩展开去。1991 年起，日本有关学者、教授已两次专访一师附小，驻沪的各国外交官都到校作过考察，港、澳、台的校长、教师更对愉快教育实验有浓厚的兴趣，毕竟都是炎黄子孙，他们教育中遇到的问题，和我们上海教育有许多相似之处，于是，我们相继和他们建立了姐妹校，经常相互交流。

1994 年暑假，我还就愉快教育参加了"面向 21 世纪中国教育国际研讨会"。站在国际会议的讲台上，我向来自美国、加拿大、澳大利亚等国家和地区的教师们、代表们，介绍了学校的教育科研成果。会上，许多大学的教授都发表了评论。会后，还饶有兴趣地询问我。香港大学教授回港后，专题撰文介绍上海一师附小的愉快教育。对此，我由衷地感到欣慰。我们一定要通过愉快教育的实践，办出个响当当的具有中国特色的基础教育来。

# 二 什么是愉快教育

5. 愉快教育：一种教育思想
6. 愉快教育不是轻松教育
7. 愉快教育是个性＋灵性的教育
8. 愉快教育的理性思考

## 5. 愉快教育：一种教育思想

有人说，愉快教育就是"玩玩乐乐"的教育，"不留作业"的教育；

也有人说，愉快教育就是"引趣教育"，是一种教育方法。

⋯⋯

凡此种种说法，都未能抓住愉快教育的实质，都带有很大的片面性。

愉快教育，首先是一种教育思想。所谓教育思想，就是对教育问题的总的看法。每一个教师在实际教育教学活动中，都会对教育问题形成一些看法，也总会自觉或不自觉地通过言论和行动来表达和贯彻自己的这些看法。正确的教育思想是教育活动的一种内在动力，而错误的教育思想则是各种教育弊端的渊源。

那么，愉快教育是一种怎样的教育思想呢？我认为，愉快教育是以全面提高学生素质为目的，以热爱学生、尊重学生、面向全体学生为基本立足点，正确运用适应儿童年龄特点的教育方法和教育手段，创设生动、活泼、和谐的教育氛围，激发学生的情趣，唤起学生学习的自主性、能动性和创造性，使他们以最佳的精神状态自觉地参与各种教育活动，从而在德、智、体、美、劳诸方面得到全面、主动、充分、和谐的发展。这一教育思想，具体地体现在愉快教育的办学观、学生观、学习观和教学观上。

——愉快教育的办学观。

愉快教育指出,办学不是要教会学生去应试,而是为了教会学生去做人,使每个学生都有幸福的童年,都能得到全面和谐的发展。愉快教育把这一点作为整个学校工作最重要的原则,作为办学的出发点、目的和归宿。

我们认为,一个完整的人的心理结构,不仅有智能,而且有情感、意志、性格和个性。要培养一个完美和谐的人,不仅需要智能教育,而且需要情感教育、意志教育,即完整的人格教育。因此,学校教育不能停留在传授知识和发展智力上。诚然,一个受过教育的人,必须具备知识,具有智力,这是毋庸置疑的。但是,单纯的知识或智力绝对不是教育的最终目标。在通常情况下,学生的智力活动也总是在他的情感和意志活动的积极参与下进行的,特别是情感因素,对于整个心理活动起着"阀门"的作用。情感的"阀门"不打开,智力活动必然是无法正常开展的。所以,愉快教育主张,要从情感教育入手,给孩子们美,激发孩子们的兴趣,激发孩子们的创造性,让他们愉快地学习,愉快地思考,愉快地活动,愉快地创造,从而愉快地生活,愉快地成长。

愉快教育还提出:"教育既要服务于政治经济,又要服从于学生身心发展的规律。研究愉快教育,就是要寻找学校既能更好地为社会主义政治经济服务,又能更好地发展学生个性才能的结合点。"一句话,愉快教育试图实施的是这样一种教育:"促使学生实现社会化和个性化的统一。"

我们知道,学校是学生由家庭走向社会的桥梁,学生在学校里接受社会规范,学习社会角色,掌握作为社会成员所必需的各种技能。学校教育既把社会规范、文化技能内化为学生的价值;也要使学生的个性、潜能外化为社会的价值。即通过社会化促进个性化,通过个性化完成社会化,从而实现社会化与个性化的统一。愉快教育就是试图实施这样一种教育。因此,愉快教育把"让孩子们都有一个幸福的童年"作为自己的办学宗旨,不仅要使学生受教育后对社会更有用,而且要使学生受教育后生活更幸福。

——愉快教育的学生观。

愉快教育倡导把学生看成是有独立人格的人,把尊重学生的独立人格看成是教育的前提和对待学生的基本态度。

这是愉快教育的学生观的一个根本出发点。过去我们把尊重学生只看成是教师的职业道德,而当代心理学则把尊重学生的独立人格看作是人生各阶段都不可缺少的、无法替代的人的基本心理需要。特别是儿童,没有这种独立人格的尊重,不仅心理不能很好发展,甚至生理发展也会受到阻碍。

儿童由于知识和经验的不足,很多认识都是别人启示他的。尊重儿童和对儿童有一定的要求是不矛盾的,有要求本身也是一种尊重。马卡连柯提出,要尽量多地尊重一个人,也要尽量多地要求一个人。苏霍姆林斯基更提出:尊重与要求应该是10与1之比,要在十倍地尊重学生人格的基础上,向学生提出要求,发出命令。一项禁令,要伴随十项鼓励。尊重学生人格最好的教学方式是鼓励,一般来说,批评不如赞扬,赞扬又不如鼓励,在教学过程中,学生回答正确时,教师可以鼓励,在学生读错、答错时,可以请他重复一遍或几遍,然后改正了、答对了,再给予鼓励。不管鼓励、赞扬和批评,都要尊重学生的人格,不伤害学生的自尊心。愉快教育尤其强调这一点。

愉快教育还倡导把学生看成是有巨大潜能的人和提倡把学生看成是有个别差异的人。因此,教育要着眼于针对学生的不同特点,提出不同要求,采取不同措施,引导学生生动活泼、主动地得到发展。

这是愉快教育的学生观的又一个基本立足点。潜能是每个人潜藏着的智慧、才干和精神力量,被称为"沉睡在心灵中的智力巨人",这是每个人真正的生命中心,真正为自己所拥有的无价之宝。学生中间,各人能力的高低,很大程度上是各人潜能开发的程度不一样,而且绝大多数人的潜能都没有得到充分的开发。因此,愉快教育的目标不只是传授知识,而更着眼于开发学生的潜能。可以说,没有潜能的学生在学校里是不存在的,问题是,学生的潜能不是光在考试成绩上表现出来。学校往往是用考试成绩这一把尺子来衡量学生,无法说明学生在这方面没有才能,而在那一方面还有潜能,很多有才华的学生往往被考试成绩弄得丧失了信心,才能得不到发挥。实际上,学生的才能和潜能是多方面的,在考试成绩上表现不出,可以在学习的其他领域表现才能;在学习上表现不出自己的才能,可以在其他劳动和自己喜爱的活动中展现。愉快教育在课内外创造各种条件,引发学生的无限创造力和潜能,使每个孩子都有机会在他天赋所及的一切领域最充分地展现自己的才能。

愉快教育在倡导把学生看成是有巨大潜能的人的同时，还提倡把学生看成是有个别差异的人。愉快教育的学生观认为，我们面对的学生，是一个个有着明显差异的个体，每个人都有不同的遗传因子，每个人又都有不同的成长环境，从而形成了每个人行为方式和精神世界的丰富性、多样性。这种差异性和独特性是每个人最宝贵的精神财富。教育的最终目的，不是要消除学生间的个别差异，而是要努力排除压抑学生发展的因素，使每个学生的差异性、独特性最充分、最完美地显示出来。

——愉快教育的学习观。

愉快教育认为，学习是学生本身的自主活动，一切教育影响只有通过学生自身的积极活动才能转化为学生内在的精神财富，才能使学生得到成长和发展。

这是因为，学习是学生大脑的一种认知活动，必须由学生亲自参与和体会。你可以刺激他，为他创造各种条件，但任何人无法代替他。学习的成功与失败，取决于每个人自己的努力。只有学生自己想学，他才会主动去学。也只有学生自觉地、主动地参与学习，学习才会有成效。任何强制的、逼迫的方法，不仅是难以奏效的，而且根本也不能算是一种学习，甚至可以说是一种压制或摧残。

愉快教育又认为，学习是学生发自内心的一种愿望。教育的职责就是引发儿童的认知需要，并使它向求知欲发展，成为对知识、真理的热爱和不倦的追求。

对于这一点，愉快教育要求教师必须懂得，而且要坚信。因为学生内心的学习愿望，产生于人的一种心理需要——认知需要。认知需要的初级表现或儿童表现，就是好奇。教育上最富于动力、最引人入胜的学习，就是运用了儿童的这种好奇、求知的内在愿望。如果不激发儿童的这种愿望，儿童的学习基本上是不愉快的、注意力容易分散，记忆也是模糊的、混乱的、不牢固的。因此，愉快教育提倡用一种全新的角度和态度来对待儿童的"好奇"。

愉快教育还倡导：学习是件乐事，学习应成为一种愉快的活动。

这是因为：首先，学习能得到新知，会给人以愉快的感受。一个人长有眼睛、耳朵，能看、能听，还不足以成为一个真正的人；只有具备知识，能进一步感受和理解世界的意义，才能和世界产生一种联系，才能成为一个真正的人。无知的人就像在黑暗中行走,有了知识就像在黑暗中有了一盏明灯。因此,学到知识,是最快乐、最幸福的事。学习知识,还能培养人们一种重要情感,即理智感。这是人认识了真理并深信自己的认识千真万确时所产生的喜悦情感。其次,学习作为一种智力劳动,本身也孕育着愉快。智力劳动是人类特有的、最高级的劳动形式。智力劳动的结果就是理解,如果你参与了,你理解了,就一定会感受到一种智力劳动的愉快。爱因斯坦说得好:"有许多人之所以爱好科学,是因为科学给他们以超乎常人的智力上的快感,科学是他们自己特殊的娱乐,他们在这种娱乐中,寻求生动活泼的经验和满足。"最后,作为一个人,学习之后还能体验到一种克服困难、获得成功的喜悦,体验到自己是有用的,有价值的,从而有一种自尊感和自信感。因此,愉快教育的学习观很重要的一点,就是努力培养学生形成"以学为乐"的态度。

——愉快教育的教学观。

愉快教育历来提倡:教学不只是传授知识的过程,也是师生情感交流的过程。

因为人需要情感交流,智慧也只能在情感的温床上产生、成长,学生不是知识的容器,灌满一个容器可以用电脑,但要点燃学生心灵的火炬则要靠教师的情和爱。愉快教育大力主张"以教师对学生的爱,对所教学科的爱,唤起学生对学习的爱"。学生从教师那里得到的,不只是知识,还有对知识的爱。

愉快教育提倡:教学不只是为了教,也是为了学。因此,教师备课不但要备教材,而且要备学生,要了解学生怎样学习,怎样思考;不仅了解学生懂不懂、会不会,而且要了解学生是怎样学的,怎样会的。

这是因为:教学活动是师生的双边活动,教师、学生都应积极主动。人的思维要在积极活动中发展。教学中如果只有教师的主动活动,而忽视了调动学生主动参与,久而久之,学生的思维会趋向停顿状态,被动而不愉快。实施愉快教学,就是要把教师与学生两者的主动性结合起来,教师教得生动活泼,学生学得主动积极,形成活跃而又热烈的师生双向交流、教学相长的新局面。

愉快教育还提倡:教学不只是要学生去继承,还要学生去创造。

强调学生在继承的基础上去创造,这是愉快教育教学观的又一重要思想。它与传统教学的不同之点,在于强调创造,鼓励学生提问,鼓励学生辩论,鼓励学生有主见、有创见。因为人的认识总是有限的,而客观世界是无限的,任何完美的事物、习见的理论都包含着许多未知的领域和可疑的成分,这就要去发现和提出问题。创造寓于疑问之中,正是这些疑点难点才是引入学习胜境的桥梁,而学生自己来寻找问题的答案,正是"创造"的开始。

综上所述,愉快教育的办学观、学生观、学习观和教学观,我们不难发现,愉快教育绝对不是一个方法问题,也不只是单纯地为了减轻学生的负担,或活跃学校的生活,而是一种教育思想,一种面向全体、全面发展、让学生主动发展的崭新的教育思想。

## 6. 愉快教育不是轻松教育

教育界曾经有过这样的议论,说愉快教育无非就是减轻点作业量,多开展一些课外活动,使学生学得轻松点。不少人又总是把愉快与轻松等同起来,以为愉快教育对学生没有什么要求,放任自流,让学生自由自在,想干什么就干什么。于是,也有很多人担心这样下去,教育质量肯定会受到影响。其实,这是一些误解,愉快教育不是轻松教育,也不是无目的、无要求的教育。

学习本身应该是快乐之事,我国自古以来,很多大学问家、大教育家都有论述。《论语》有云:"学而时习之,不亦说乎。""知之者不如好之者,好之者不如乐之者。"孔子还称赞自己的得意弟子颜渊以学为乐、乐在其中的求学之道。清代王筠在《教童子法》中写道:"人皆寻乐,谁肯寻苦?读书虽不如嬉戏乐,然书中得有乐趣,亦相从矣。"《吕氏春秋》中也有乐学的论述:"人之情,不能乐其所不安,不能得于其所不乐。"意思也是说,若学习是件乐事,那么任何人都会乐于从事;反之,若学习是件苦事,则任何人都不愿去从事,即使从事了,也不能持久。明朝时王守仁创立"王学",也极力主张乐学乐教。王守仁的得意弟子王心斋,继承先生的乐学思想,编了《乐学歌》,传颂于后世:

"人心本自乐,自将私欲缚。

私欲一萌时,良知还自觉。

一觉便消除,人心依旧乐。

乐是乐此学,学是学此乐。

不乐不是学,不学不是乐。

乐便然后学,学便然后乐。

乐是学,学是乐。

吁乎!

天下之乐,何如此学。

天下之学,何如此乐。"

近代教育家从梁启超、蔡元培到鲁迅、陶行知、陈鹤琴等,都从不同的角度阐述过乐学的思想。陶行知先生主张"教学合一",倡导"六大解放":解放儿童头脑,使之解放思想,把束缚儿童创造力的裹头布撕下来;解放儿童双手,使之有动手机会,从事各种各样活动;解放儿童的嘴,使之有言论尤其是发问的自由;解放儿童的空间,使之接触自然和社会,扩大眼界,丰富知识;解放儿童时间,使之有一些空闲时间消化学问,做一点为其乐于干的事;解放儿童眼睛,使之能够观察,看清事实。充分让学生学得主动,学得愉快,并从主动、愉快中获得发展。一师附小的老校长陈鹤琴先生也由乐学思想出发,提出"活教育"的 17 条教学原则:1.凡是儿童自己能够做的,应当让他自己做;2.凡是儿童自己能够想的,应当让他自己想;3.你要儿童怎样做,就应当教儿童怎样学;4.鼓励儿童去发现他自己的世界;5.积极的鼓励胜于消极的制裁;6.大自然大社会是我们的活教材;7.比较教学法;8.用比赛的方法来增进学习的效率;9.积极的暗示胜于消极的命令;10.替代教学法;11.注意环境,利用环境;12.分组学习,共同研究;13.教学游戏化;14.教学故事化;15.教师教教师;16.儿童教儿童;17.精密观察。用陈鹤琴先生自己的话说:这些原则"都是根据最近儿童心理的学说和我个人的教学经验写的",其目的"就是心理学具体化,教学法大众化,使得做教师的做家长的读了,都能了解都能应用,并供同仁研讨"。多么朴实的语言,字里行间都充满着引导学生愉快学习的思想,在这样的教学原则下进行教与学,学生的学习积极性会极大调动起来,学习不是苦事,而是乐事,从而产生乐学、好学、爱学的主动追求。这种主动追求是追求学得更多、更好,而不是追求轻松。

我们实施愉快教育,就是学习继承了中国传统的乐学思想,认识到从学习中求趣、求乐是儿童的需要。只有学生感到学习是有趣的事,是快乐的事,他们才会乐意去学,主动积极地去学,进而能创造性地学。我们把传统的学习格言——"书山有路勤为径,学海无涯苦作舟",改为"书山有路趣为径,学海无涯乐作舟"。以表示愉快教育对儿童来说就是一种求趣、求乐的活动,以求趣、求乐作为出发点,激发学生对学习的积极追求,引导学生学得更多些、更好些。

愉快教育在教育目标上强调愉快发展——在发展中求愉快,在愉快中求发展,因为愉快有助于学生素质的全面发展,愉快有利于学生优化学习活动,提高学习效率;愉快有利于学生减轻精神负担,愉快有利于学生形成乐观开朗的性格。愉快教育提出让每个孩子都有幸福的童年,首先就是有欢乐的愉快的童年,具体表现在有美好的心灵、创造的才干、健壮的体魄、活泼的个性,就是在愉快中求得德、智、体、生理、心理各方面都能健康地发展。从心灵的塑造,从知识和能力的获得,从体魄的健康成长中,又获得无限的愉快。学习是一种劳动,而且是艰苦的劳动。要在德、智、体、美、劳诸方面都获得发展,不付出代价是不可能的,所以我们不是主张没有负担的教育,也不是追求轻松教育,而是要让孩子们在愉快中去获得诸方面的发展。任何主动的、儿童自己追求的,即使花了很艰辛的劳动才获得,他们也不会感到苦恼,相反会感到愉快;而如果他们是被动的,即使负担不重,他们也会不愉快。我们常说:小学生学业负担过重的问题如果仅仅用限定作业量的办法是难以解决的。如果教师在教学中不能激起学生学习的兴趣和积极性,即使没有作业,学生光是坐在教室里,心理负担可能已经超重。如果教师能从情感教育入手,改革教材和教学方法,调动学生内在的学习积极性,即使不布置作业,学生也会主动地、努力地去钻研。所以,愉快教育并不是没有要求、没有负担的轻松教育,只是不主张给学生以过重的负担,而是按照党的教育方针,正确的教育原则,严格要求学生,引导学生,使学生在学习的过程中充满兴趣,不怕困难。

我们注意积极创造条件,从需要层次上去调动学生内在的积极性,让学生在愉快的心情下,接受和完成学习、生活方面的各种必要的任务。我校宋老师班有个学生小王,十分任性,平时不爱学习,对父母经常撒娇,宋老师采用"情感加温"法,用饱满的情感,情真意切地爱她,每天中午休息,都与小王作一次亲切的谈话,用恳切的语气对她提出要求,在公开场合经常表扬她,通过接触,小王喜欢宋老师,乐意与宋老师谈心里话。宋老师发现小王的朗读虽差(时有加字、漏字,常常读"破句"),但她的嗓音甜润,就以此为突破口,鼓励小王说:"你的声音很好听,如果上课认真听老师读，一定会和老师一样读得有感情，一定能成为全班朗读最好的学生。"老师又加强个别辅导，小王的朗读很快进步了，全班同学对她刮目相看。宋老师又进一步鼓励和引导她在其他方面也努力求进步。小王的学习成绩提高了，学习情绪变得欢快起来，学朗读，学习自己默写字、词（自己看拼音默生字、填空默生字，还让录音机帮自己默生字），都成了她自己主动的需求，还常常因获得优良的成绩和老师给予的表扬而感到无比愉快。

愉快教育提倡鼓励学生勇于克服困难，勇于攀登学习上的高峰，使学生充分体验到克服了一个个小小的困难之后，攀登了一座座小小的高峰之后，获得了成功的喜悦，对于学生，尤其是儿童来说，没有什么东西比成功更能增加满足感，更能激发进一步追求成功的努力。愉快教育不是要学生少学，而是要使他们对读书、对获取知识、对锻炼自己学习的能力产生愉悦之感，从而主动去多读一点、多看一点、多学一点……我们在学生中倡导这样一种心理状态："人人有快乐的追求，队队有奋斗的目标，天天有攀登的行动，常常有成功的喜悦。"对待学习，对待活动都需要这种心理状态。老师们则是在教学与各种活动中努力培养学生这种积极的情绪和欢快的心理素质。

作文课上，老师让孩子们选一个同伴来表演，学学模样、做做动作，扮角色演一段熟悉的往事。就这样，人物的个性特点活灵活现，写作材料生动形象，写不出的烦恼就烟消云散了。

数学课上，老师给每个孩子四根小棒，认识"多边形"；学生用两根小棒搭一个角，角的形成、性质、大小清楚了；加一根棒成了三角形，它是稳定的，让学生联想到屋架和自行车架都是运用了三角形的这个特点；再加一根小棒成了四边形，哦，稳定可不是它的特点……低年级数学课更有趣，老师组织学生开了家"娃娃小商店"，买卖公平，一分一角算清楚。孩子兴奋得手舞足蹈，你站柜台我买货，忙得不亦乐乎。

美术课上，老师发给大家各种色彩的纸，黑板上"悬挂"了一件特制的大汗衫，没有色彩，也没有图案，老师代针织厂招标，让同学们为它设计各种标志，孩子们兴奋极了，纷纷动脑、动手，用五彩缤纷的纸，制作了"树荫牌""红花牌""帆船牌"等不同的标志，有的还是专为网球运动员、足球队员设计的运动衫呢！仅仅 20 分钟时间,特制的大汗衫成了色彩斑斓的、令人喜爱的广告衫。什么叫"标志""标志有什么作用""怎样设计标志"人人都学会了,而且学得非常有味道,个个都为能展示自己的作品感到无比欢乐。如果不让学生动脑、动手,又怎能有这份收获呢?由此再一次说明:愉快教育追求的不是"轻松教育"和"无负担的教育"。

在许多瑰丽有趣的知识的吸引下,加上愉快教育为孩子们创设的各种实践机会及对参加各种比赛的积极鼓励,很多孩子努力去攀登高峰,在各种比赛中,孩子们勇夺优异的成绩。

有个小女孩林沁轶就与各种奖状结下了不解之缘,她的名字与好学、乐学、善学连在一起。翻开世界俳句比赛铜奖的名册,里面有她的名字,"金星杯"全国小学生作文竞赛二等奖的名册上,清晰地印着她的名字,上海市中小学生百部爱国主义教育影视征文一等奖名册上也有她的名字。上海市"小施尔康杯"少儿故事大赛二等奖与她有缘,静安区"新上海向我们走来"征文比赛,她勇夺桂冠,静安区故事演讲比赛她是常胜将军,静安区"鸿翔杯"露一手歌唱比赛她获得三等奖……从进小学到五年级,各种比赛只要参加,她差不多都得奖。国际的、全国的、市的、区的、校的,各种等第的奖状、奖品,她能放满一大抽屉,写作的、讲故事的、拉手风琴的、歌唱的,五花八门种类多着呢!她爱学、会学,基础知识掌握扎实。语文课上,老师常拿她的作文做范文,数学她总和一百分交朋友,外语得满分没有问题。她课内知识学得好,课余生活丰富多彩,兴趣爱好广泛多样,手风琴她坚持拉了6年,取得了上海市六级考核证书。她的嗓音条件不错,又爱唱歌,课余跟声乐老师学唱,深得好评。外语,她学有余力,成绩优异。数学奥林匹克比赛,她是种子选手。有人说,学多了反而一样学不好,可小林不是,不说每一样都拔尖,可都学得很好,她对学什么都很有兴趣,很认真,又掌握了正确的学习方法。

有一年,日本广岛国际俳句比赛,在世界儿童中展开。消息传来,林沁轶积极报名参赛,为了写好"月亮"这个主题,那阵子她天天趴在窗台,遥望天际,观察星空,认真思考,精心构思。写了改,改了写,最后,她在课文《看月食》和动画片《猴子捞月亮》中汲取了灵感,写出了"水中落玉盘,风吹水面碎千瓣,风过它又圆"的佳作。

学习最终是要通过学生自己的劳动,自己转化,才会发现知识是个有趣的世界,才能感到学习的欢乐,才会感到是一种需要,而不是负担,也才能真正掌握知识和本领。学乒乓、学围棋、练书法、练钢琴、学绘画,任何一项本领,都要经过实践操作,才能掌握它,并且只有真正觉得很喜欢学,才能主动下功夫去学,也才能真正学好它。愉快教育的根本目的,就是要调动学生内在的学习积极性,使学生想学、爱学、主动学、创造性地学。在愉快教育的培养目标里,编制了评价标准,对每个学生提出了具体的要求。在培养学生"创造的才干"这一栏里,要求学生乐学、爱学、会学,有课外阅读的好习惯,书包里经常有适合自己阅读的书籍,还能做读书笔记,喜欢学习各种学科的知识,并有特别爱好的学科和成绩特别好的学科,学习中能质疑问难,敢于发表自己的见解,会运用工具书解决学习中的一些问题,学习方法灵活不死板,善于总结自己的学习经验,学会观察、实验、思维等学习的方法。养成自己整理学习用品,合理安排作息时间等好习惯,动手动脑、乐于创新。

认识的愉悦感,就是自己去体验和感受知识。例如低年级的说话课,以前大多是教师讲示范句,孩子跟着说。这样的学习,学生是被动的,也是不愉快的,久而久之,学生的思维处于停顿状态。我们提出,把学习的主动权交给学生,唤起学生的自觉,在教学中鼓励学生自己思维,喜欢思维;自己动手,喜欢操作;学会自学,喜欢自学,人人都做学习的主人。如在教学《吹肥皂泡泡》一节课时,老师分解了吹泡泡的动作,指导学生有顺序地玩"吹肥皂泡泡",接着指导孩子们动脑筋想一想,该用哪几个确切的动词。学生很正确地选择了"拿""蘸""放""吹"四个动词,然后,让学生介绍自己吹出的泡泡是怎么样的,在学生自由说话的基础上,老师又启发学生说吹泡泡时的联想。孩子们纷纷举起小手,有的说:"看着这美丽的泡泡,我想到了节日天空的气球。"有的说:"看着这美丽的泡泡,我想假如我吹出的泡泡不会破,那该多好啊!它能带着我飞到北京,看看天安门城楼。"孩子们的思维长上了翅膀,课堂气氛十分活跃,最后,老师又问学生:"为什么清水不能吹泡泡,而肥皂水能吹出泡泡呢?""为什么吹出的泡泡总是圆的?能不能让它变变形状呢?"老师恰到好处的提问,激发了学生强烈的求知欲,老师因势利导介绍了世界上两个有名的吹气泡大师——艾费尔和诺迪,他们俩运用了许多科学知识,创造发明了许多奇特的泡泡,有可以装七个人的巨型泡泡,有能生存340天的长寿泡泡,有冒烟的泡泡……学生个个听得睁大了眼睛。在这样一堂说话课上,学生当了学习的主人,学到了用正确的语言、句式说话的基础知识,发展了思维,还培养锻炼了想象能力。孩子们充分感受到了学习的乐趣,而没有感到是一种负担,他们学到了本领,而且希望进一步学习。

目前,学生学习负担过重的问题,引起了人们的普遍关注。我们始终认为,不合理的过重负担,包括随意增加课时,加大作业量,都必须减下来,特别是激烈的升学竞争,频繁的考试给学生造成了沉重的精神负担,更是必须彻底加以改革,以从根本上解决学生沉重的课业负担和精神压力。但是,我们实施愉快教育,绝对不是追求轻松教育,而是以提高学生整体素质为奋斗目标,解决升学竞争带来的弊端。教师努力树立正确的教育观、教学观,把学生看作是学习的主人,从调动学生内在的学习积极性着手,激发学生的学习兴趣,引导学生自觉形成热爱学习、主动追求新知、灵活运用所学知识的学习态度、学习习惯,使孩子们在整个学校倡导的愉快学习、愉快活动、愉快生活的欢乐和谐的气氛中接受教育,生动活泼地主动地得到全面发展。

## 7. 愉快教育是个性＋灵性的教育

毛泽东同志早就说过,要让孩子们生动、活泼、主动地发展;马克思和恩格斯在他们的著作中,也多次提出要让每个人的个性得到充分、自由、全面的发展。愉快教育的意义,就在于体现了革命导师们的这些教育思想。这也是愉快教育的本质特征。

我们在探索愉快教育的过程中,一直把"让孩子们的个性得到完美和谐的发展",作为办学的宗旨。因为在多年的办学实践中,我们深深地懂得,学校教育的目标并不只是传授知识和发展智力。教育不是灌满一个水桶,而是点燃一把火炬。教育既是为国家造就人才的过程,也是提高学生自身价值的过程;既是学生社会化的过程,也是学生个性化的过程。我们不仅要使学生将来对社会有用,也要使学生将来生活得幸福,使学生成为一个有价值的人,能实现自己潜能的人,一个幸福的人。

愉快教育把儿童个性完美和谐的发展作为一个目标,这是由儿童的年龄特征和身心发展规律所决定的。因为儿童时期既是智能发展的关键期,也是情感和个性发展的关键期。在这一时期,学生的学习过程,并不只是单一的认识过程。这是因为,人的意识活动都是整体发生的,情感、意志、性格、气质等虽不直接参与认识过程,但是由于这些因素形成的动机和态度,自始至终伴随着认知活动的进行。学生是行为能动的学习主体,既可能主动地参与教学过程,也可能有意无意地拒绝教学的影响。愉快教育就是从儿童身心发展的需要和规律出发,强调爱与美,激发学生的兴趣和创造性,使学生愉快地学、生动活泼地学。因此,愉快教育并不忽视知识和智能教育,而是强调在知识和智能教育过程中重视学生个性的完美发展。如果片面强调某一方面,儿童个性的发展就会失去平衡。这就是愉快教育在知识与智能教育上的本质区别。

要使学生个性得到完美和谐的发展,仅仅依靠课堂教学、作业练习,只开发智能的单一渠道是不行的,也是难以完成的。在实施愉快教育过程中,我们逐步建立了以课堂教学为基础,教师教学与少先队教育相结合、课堂学习与课余活动相结合、学校教育与家庭教育相结合的综合的教育组织形式。学校还把家庭教育列入学校工作计划,提出学校要关心、研究家庭教育,家长要熟悉、了解学校教育。学校为一年级新班举办家长学校,二年级开始分别建立家长联谊会、家长委员会、家长大会,把家长骨干组织起来,发挥家长集体在家庭和学校教育中的作用,使家庭教育成为促进学生个性完美和谐发展的重要组成部分。

近几年来,在实施愉快教育过程中,围绕"要把学生培养成有个性、有灵性、有创造精神的人"这一主旨,我校少先队曾开展了许多生动的教育活动,与学校总体教育和谐结合,并与各学科教学密切配合。

例如,以"我们要奋飞"为题,我校少先队曾设计和组织了一个系列化的创造性活动,鼓励孩子们立"奋飞之志",有"奋飞之行",以培养儿童的创造志向、兴趣和才能。这个系列活动分为四个阶段,我把它形象化地称为"奋飞四高度"。这四个高度是有层次的,从易到难,一个比一个要求高、难度大,有集体的,有个人的,有中队的,有小队的,人人都有创造的机会和权利。

第一高度　个个中队都来创作集体舞迎国庆。

第二高度　中队、小队、个人都来办报纸。

第三高度　人人都来创造玩具，自编、自导、自演微型剧。

第四高度　人人都来创造有效的学习方法，总结学习经验。

开展集体舞创作比赛，队员们非常高兴，个个中队不甘示弱，个个中队都争取创作，孩子们的决心和行动还教育了辅导员和老师们。六丙中队的辅导员一听说开展集体舞创作比赛就犯愁，自己平时不爱文娱，不善歌舞，只能对队员们说，辅导员帮不了你们的忙，一切都得靠你们自己来创作和组织。这下反而激励了孩子们更加大胆，更敢创造。队员们都积极设计动作，选择音乐，编排队形，能者为师，把全中队每个人都教会了，还认真考虑了服装。因为选择了高山族的音乐，选用了高山族的舞蹈动作，他们还特别在化装上动了一番脑筋，大家穿上洁白的衬衫，领口上佩戴了彩色的领结，手腕上饰有别致的彩色腕花。表演时优美的乐曲，伴着细腻的舞蹈动作，真好像飞来一群美丽的彩蝶，最后，六丙中队创作的集体舞获得一等奖。全校参加比赛的 15 个中队，共创作了 27 个集体舞，我们发动全校老师总结这次创造性活动的成果，共同得出一个结论：一切少先队的活动都应该是创造性活动。并且树立了一个观念：把创造的主动权交给少先队。少先队员们也作了总结，他们说，最喜欢开展自己创造的活动。还说，他们自己完全有能力，自己来组织创造性的活动。

每当一个高度取得预期的效果时，我们都发动队员们自己评论，自己小结，然后动员和引导他们向下一个高度前进，使各级队组织和队员都有远景目标——培养创造志向、创造才干；又有中景规划——向下一个高度奋飞；每个队员还有近景打算，充分发挥自己的爱好特长，参加小歌手比赛，各种绘画、书法比赛，数学速算比赛、航模比赛、计算机比赛等，实践证明，"奋飞四高度"的创造性活动是孩子们力所能及的，也是受到少先队员们普遍欢迎的。我们作了一个粗略的统计，一学期中，共编集体舞 27 个，办报纸 630 份，编演微型剧 160 个，制作小玩具 458 个。在这些创造性活动中，孩子们受到各种教育，培养了集体主义精神，显露了创造意识和创造才干，确立起"少先队的活动应该由少先队员自己来创造"的观念。

三甲中队的辅导员告诉我，每天午间，他们班上的队员总爱围在一起，津津有味地下自己画的、做的棋，这显示了孩子们创造的火花，于是大力支持和鼓励他们组织"欢乐棋园"的创造活动，发动人人动手、动脑，设计新颖的棋盘。中队长首先创造了一副"尊师棋",会用礼貌用语 10 个字的则进,不文明、不礼貌则退。小队长做了一副小学生守则棋,学习进步守纪律,上课举手发言,做好事,对人有礼貌,做错事自觉承认错误的,进格或跳格;不按时完成作业,放学后游荡马路,成绩退步的则后退或退回原地。在队长的带领下,队员们根据各人兴趣爱好,从音乐、体育、美术、语文、数学、历史、地理等方面来创作棋盘。有的队员想到要帮助同学遵守交通规则,就设计了红绿灯棋,台湾来的陈明杰同学说:我要设计一副台湾棋,让大家了解我的家乡……几天后,一张张色彩鲜艳,内容生动有趣的新棋盘设计出来了,有地理棋、历史棋、ABC 游戏棋、星球大战棋、黑猫警长棋等,全班 40 个队员设计、创造了 47 副棋,做到了人人动脑、动手,个个设计、创造。

设计南极考察棋的周迅元同学说:自从"向阳红 10 号"从上海启航后,我天天关心南极考察队的消息。当我从报纸上、广播里得知他们在南极建立了"长城站"、五星红旗第一次飘扬在南极洲上空时,我那一股高兴劲就别提啦! 这次要创作新棋盘,我脑海里立即浮现出南极考察队员的英雄形象。为了表达我对他们的敬佩,我就设计了一副立体的南极考察棋。

小画家胡怡闻设计的美术王国棋异常美丽,她设计了一百多幅微型画,画出了自己的成长过程。比如棋盘中说到她从小爱画画,参加绘画比赛得二等奖进三格,比赛获奖后骄傲了退二格,画画影响了学习退二格,她创作的《我和马蒂斯都爱剪纸》获奖被派去法国领奖,进五格……她创作的棋盘反映了自己的成长,她的成长告诉大家每学一样本领都要一心一意、谦虚勤奋,一旦三心二意、骄傲自满将停止不前。

孩子们通过自己设计棋盘,互相交换下棋,从中接受了教育。有的同学说:下了南极考察棋,知道了去南极的路线,还了解了考察队员途中克服了许多困难,我非常钦佩他们,长大了也要去当考察队员。有的说:通过做棋盘,锻炼了自己的意志和毅力。队员们在游戏中学到了在书本上学不到的知识,也加强了同学间的友谊和团结。孩子们这么饶有兴趣地制造玩具、创造游戏,使我想起鲁迅先生的话:"游戏是儿童最正当的行为,玩具是儿童的天使。"

活动的创造必然又促进了学习的创造。我认为创造性活动实在也是孩子们的创造性学习。在孩子们的生活里,学习是主要内容,他们创造的活动,大多离不开学习的范畴。像办报、编剧、创造玩具，都是凭借着扎实的基础知识和广泛获取的许多新鲜信息才创造出来的，而那些基础扎实、知识面广的学生，必然思维灵活，创造力强，是创造活动的活跃分子。所以，可以说，开展创造性活动的基础是文化科学的基础知识教育，同时，也不用担心，创造性活动会影响文化课的学习。应该说，创造性活动实际上是一种创造性学习。

五年级陆航小队创作的小剧——"唐僧重游西天"，题材是由队员王延提出设想、集体丰富补充而确定的，然后由陆航同学执笔写出了第一稿，大家觉得内容分散、中心不突出，于是又进行了讨论，共同确定了中心，一起合作列出了提纲，决定要写出 80 年代唐僧重游西天。第二稿经小队讨论，还不是很满意，大家认为"小电脑"陪唐僧战胜妖魔的武器和途中唐僧吃的东西，都要反映出现代科学水平。第三稿中，"小电脑"用激光手枪战胜了一个个妖魔，"小电脑"又让唐僧看没有屏幕的电视以解闷。小作者还设想唐僧患有糖尿病，以便"小电脑"让人送上适合糖尿病人吃的纤维饼干。这些科学资料都是队员们平时收集在信息本里的，他们在编剧时都用上了。第三稿写出来后，大家兴致勃勃地排练，发现趣味性还不够，又群策群力，从道具、服装、人物化装上动脑筋，做出了猪八戒的鼻子、耳朵、大肚子以及孙悟空的金箍棒。一个小剧集中了大家的智慧和创造，四易其稿，演出效果很好。这个小队的队员，过去谁也没有从事过编导，就在这项创造性活动中，学会了编剧、导演和演戏，提高了综合运用知识的能力，激发了创造的理想和渴求知识的愿望。

在各项创造性活动中，一些原来成绩优良的学生发挥了自己的爱好和特长，求知欲更强了。毕业班队员陆阳办的《腾飞报》受到了好评，他腼腆地说："为了办好一张报，我看了十几本参考书呢！"而一些原来学习较差，不会安排时间的学生，为了办报、编剧，他们重新安排了作息时间，上课专心了，做作业的速度加快了，争取挤出时间来办报、编剧。五年级学生小徐，就在办报活动中进步起来，改掉了发脾气和欠交作业的毛病，他要把节省下来的课余时间，学习编报纸，真是"悟性"就在脚下，有的队员终于明白了，不是到将来才拿出本领来，现在参加各种创造性的活动，就要拿出真本事来，所以再也不放松对自己的要求。灵性与个性就在这些有趣的、有意义的实践中锻炼培养发展。

我在孩子们中间倡导这些近乎玩儿的编剧、办报、创作棋盘等活动，其实都不是为玩而玩，为活动而活动，我把它们看作一种创造性的学习，孩子们用从课本上学到的基础知识、基本技能，用他们的智力和丰富的想象力进行创造，在应用中进一步扩大了知识面，又发展了智力与创造力，活动还丰富了学生的课外生活，锻炼了他们的独立工作能力。我让老师们都来评价这种创造性活动，不仅认识到孩子们的创造性活动确实也是创造性的学习，而且促进了教师教育观念的转变：教育不只是传授知识，还在于发展学生的个性，教师不只是研究如何"教"，还在于研究学生如何"学"，教师不只是考虑如何以自己的一桶水装满孩子一杯水，更在于给孩子们引来活水。随着教育观念的变化，教师处处想到的是要培养人，要发展学生的个性，要使学生变得更聪明，遇到困难更能主动动脑筋，学习更有创造性，教学再也不是就事论事地拿着教科书上课、下课，而是进行一系列教学改革的尝试。除了课堂教学的改革外，还研究创造性作业法、创造性考试法，创设各种机会，让孩子们动脑、动手，兴趣盎然地学习。

发展学生的个性，培养学生的灵性，这是愉快教育的办学主旨。多年来，我们坚持这样做的目的是希望培养出一代"好学质疑、善于学习"的人，"独立思考、勇于探索"的人，"思维活跃、乐于创新"的人，"富有灵性、个性全面和谐发展"的人。哥白尼说过："人的天职在勇于探索真理。"牛顿发现万有引力，瓦特发明蒸汽机，都是不断探索的结果，今天我们要实现中国式的现代化，没有现成的葫芦供我们依样绘画。我们必须把孩子们培养成不盲从、不迷信、不保守、不人云亦云，而是善于思维，经常思考明天，憧憬向往美好未来，敢于发表自己独特的见解，不断想出不同于现今往昔的新思路、新主意、新计划、新策略的人。

## 8. 愉快教育的理性思考

在实施愉快教育的初期，曾有不少同志问我：愉快教育有没有理论依据？它是建立在怎样的科学理论基础上的？对于这一涉及对愉快教育本质认识的问题，可以说，我们一直在进行不懈的探索和研究。吕型伟先生也多次对我们说："愉快教育真正要深入下去，一是要有理论指导，二是要从整体上考虑，要形成一个体系，而不仅仅在方法上下功夫。"

　　理论是指导实践的指南。一切正确的思想、见解，都是建立在科学理论基础之上的。愉快教育作为一种教育思想，它的理论依据是什么呢？对此，我们曾举办过多次理论研讨会。特别是 1994 年 3 月底，原市教育局普教处和静安区教育局曾组织邀请了华东师范大学、上海师范大学、上海师范高等专科学校、上海市智力开发所从事教育理论研究的教授、专家及市局有关单位等一行 50 多人在我校进行了为期 3 天的《'94"愉快教育"专题蹲点研讨》。当时，吕型伟先生、夏秀蓉同志、刘元璋同志、段镇同志都专程前来参加。在这次为期 3 天的专题蹲点研讨会上，与会者充分肯定了我校愉快教育实验课题组所取得的一系列研究成果，指出这是一项在全国有一定影响、处于领先地位的科研成果，并热切期待这项研究进一步深入，在全市乃至全国得到更广泛的推广和运用，以推动和促进小学教育改革的深入与发展。与会的教授、专家还就愉快教育的理论框架形成了如下的共识：

　　其一，愉快教育的理论基础是马克思主义关于人的全面发展的学说。

　　马克思主义认为："任何一种解放，都是把人的世界和人的关系还给自己。""人以一种全面的方式，也就是说，作为一个完整的人，占有自己全面的本质。""每个人的自由发展是一切人的自由发展的条件。""人类的特性恰恰就是自由的自觉活动。"马克思主义的这些观点，集中到一点，就是要让每个人的个性得到充分、自由、全面的发展。与会专家认为，愉快教育其本质含义，就是强调要尊重人，尊重人的尊严、人的情感、人的主体性和创造性。它否定传统的把学生当容器，把知识当物体，把师与生、教与学的关系变成传输器与接收器的机械的"物的关系"，主张把真正的"人的关系"还给师生、还给教学教育，切实尊重学生，爱护学生，调动学生的主动性，促进学生个性的全面愉快成长。

　　回顾我们在刚提出"愉快教育"的时候，其立足点也正是要努力培养孩子从小有主人精神，有理想，有追求，对未来充满信心；从小养成乐观开朗，积极向上，不怕困难，勇于创造的心理品质；从小就思维敏捷，哪怕是吃饭、做事、走路都行动迅速，不拖拉，不疲沓；从小就乐于合群，珍惜友谊，关心集体，礼貌待人；从小就学会自我管理，学会料理自己的生活，支配安排课余时间，培养健康的兴趣爱好。我们把这些基础与起点，分别纳入幸福童年的具体项目——美好的心灵、创造的才干、健壮的体魄、活泼的个性,并且创造条件引导孩子们,培养和锻炼他们,让每个人的童年真正能为自己的一生发展与成长奠定基础。

我们在实施愉快教育的过程中,也是始终把尊重学生作为教育的前提和对学生的基本态度,认为只有从尊重学生出发,才能引出合理的教育措施;只有对学生充分尊重,才能对学生严格要求,学生也只有意识到被尊重,才能愉快地接受教育。因此,从这个意义上说,愉快教育又是主动地有意识地把一个人真正地教育成其生理、心理和谐发展的教育。

我们社会主义祖国用先进的制度保障了教育能更好地为政治经济发展服务,为学生身心和谐发展服务。但从建国以来的教育实际看,我们较多地还是为配合每一阶段的中心工作服务,而比较忽视学生的需求和个性的发展。愉快教育的探索和实践比较明确地提出,要寻找学校既能更好地为社会主义政治经济建设服务,又能更好地发展学生个性的结合点。并从理论上提出"要从学生的需要和发展出发",将其作为办学的出发点之一,从而更好地使每个学生成为符合社会需要的各级人才。愉快教育期望能解决我们教育的社会要求与每个个人发展的客观存在的矛盾,做到既可以使学生对社会有积极的贡献,又使自己个性得到充分、完善的发展。

其二,从教育心理学角度看,愉快教育的理论基础是心理科学中的情感理论。

据有关心理研究学者指出,人的心理分执行操作系统与动力调节系统。执行操作系统即认知系统,指一个人的认知操作的智力能力;动力调节系统即情意系统,指一个人的情感、意志、性格等非智力因素。动力调节系统中最重要的因素是情感。列宁说:"没有人的情感,就从来没有也不可能有人对于真理的追求。"心理科学的情感理论告诉我们:人的情绪、情感具有启动功能、定向功能、维持功能和强化功能等。事实证明,学生情感积极、愉快,兴趣浓厚,对知觉、注意、记忆、思维等各种认知活动起着积极的促进作用。有一份材料在介绍国外科研成果时说,儿童在融洽气氛中进行"快乐的学习"要比中性情绪情况下,接受力提高 25%～40%,记忆力提高 1.5～2 倍[①]。另据有人对一堂语文课的研究,在情绪好的情况下,学生课堂提问 15 个,有 8 个质量较高,发言 24 人次,有 7 人次有创见。而在情绪差的情况下,学生提问仅 4 个,发言仅 10 人次,且质量较差并无创见[②]。两周后的测验又表明，前者巩固率达 90%，后者仅为 72.6%。愉快教育的实验也表明，愉快教育模式是知与情的和谐优化，是智力、情感与意志的统一。能否激发学生的情感，唤起学生内在的驱动力，使学生在教育教学活动中处于积极、主动、自觉的状态，是教师主导作用是否充分发挥，也是愉快教育实施效果的一个重要标志。

如何恰当把握和有效协调教育中知、情、意三者的关系，是学校教育及其改革能否最优化的重要问题。长期以来，受应试教育模式的影响，学校教育实践在知、情、意三者的处理上，往往偏重认知因素，而忽视情意因素。其结果，不仅影响学生素质的全面发展，而且不利于充分发展学生的认知。针对这一弊端，愉快教育在重视认知因素的同时，强调情意因素，并力图探索知、情、意协调互促，优化教育的途径。我们在注重发挥愉快、兴趣、美感、爱等多种情感的积极作用的同时，又重视认知，提倡"实、广、活、新"，形成"从情感入手，知、情、意并重"的教育格局。强调通过以愉快为核心的各种积极情感与认知的相互促进，带动意志的发展，达到知、情、意并茂。具体表现为：

第一，以愉快为核心的各种积极情感与认知相互促进，是愉快教育中贯穿始终的一条主线。它包括三层含义：①它是以愉快为核心的。愉快，既是愉快教育的培养目标之一，又是从需要层次上调动学生内在积极性的必然结果，愉快也就理应成了这条主线的基本色调。②以愉快为核心，不排斥其他各种积极情感。尤其是兴趣，常在学习中起着积极的作用，更在愉快教育中占有十分重要的地位。因此，把愉快作为上述主线的基本色调的同时，还需要运用其他各种积极的情感，以丰富主线的情感色彩。③强调情知并重互促，以避免出现在强调情感时忽视认知的片面现象，并把情感建立在认知发展的基础上。我们学校把"实、广、活、新"提到教学原则的高度加以强调，就是表明了对认知因素的重视。在愉快教育的实施中，努力做到以情促知，以知增情，情知并茂。理论和实践都表明，在愉快教育中突出这一主线是行之有效，符合教育和心理规律的。

第二，在情知相互促进过程中，带动意志发展，是愉快教育在协调知、情、意关系上，不可忽视和分割的一个环节。有些人常常认为，愉快教育在对学生意志品质的培养方面存在缺陷，其实这也是一种误解。在愉快教育中，以情知互促带意，更易增强意志行为的自觉性。人类意志过程的实质是内部意识向外部行为的转化。在这个过程中,确定目标是构成意志行为的首要环节。情知互促便有助于学生明确学习活动的目的性,提高意志行为的自觉程度。

以情知互促带意,更易增强意志行为的坚持性。坚定的意志行为靠明确的行为目标支持,更需情感上的激励。只有充分发挥情感的功能动力,以情增意,才能使学生在追求知识的崎岖小道上一往无前,奋力登攀,并且充满情趣和欢乐。

以情知互促带意,更易强化意志行为,更符合小学生培养意志品质的年龄特点,也更能提高愉快体验的深度。玩玩乐乐中获得的愉快和经过一番艰苦努力后所获得的愉快是不一样的,后者是高层次的情感形成过程中的情绪体验,是高尚情操形成的必由之路,这也是意志行为对情知的促进作用。由此可见,在愉快教育中"苦学"和"乐学"其实是统一的。这里的"苦学"是指刻苦学习,即学习中表现出的意志行为。在学习中获乐能促进学生学习中的意志行为,而由此带来的学习成功后的愉快体验,一方面能强化后继的学习活动中的意志行为,另一方面又加深对学习活动的愉快感受,促进乐学。我们把"书山有路勤为径,学海无涯苦作舟"改为"书山有路趣为径,学海无涯乐作舟"的用意也在于此。

综合以上分析,我们可以清楚地看到,愉快教育是一种以马克思主义关于人的全面发展学说为基础,正确按照儿童身心发展规律,充分调动学生在学习过程中主体作用和能动作用的教育模式。因此,实施愉快教育的首要问题是教育思想和观念的变革。我们对于实施愉快教育的认识,也是经历了一个由感性到理性、从不自觉到比较自觉的发展过程。随着愉快教育研究的深入,我们的思想与观念势必又将产生新的变革。这新的变革,毫无疑问,它将标志着愉快教育的研究在原有的基础上又有了新的提高、新的发展。

注:

① 柏洪林《快乐学习改革尝试》。

② 李善初《愉快教育探讨》,原载《上海教育科研》1992 年第 2 期。

# 三 愉快教学

## 9. 愉快教育的要素：爱、美、兴趣、创造

我校实施愉快教育经历了逐步深化的过程，逐步建立了以课堂教学为基础，教师教学与少先队教育相结合，课堂学习与课余活动相结合，学校教育与家庭教育相结合的综合的教育组织形式，并概括出渗透在学校全部教育教学工作中的四个主要内容，也是实施愉快教育的四项手段和目的，即爱、美、兴趣、创造，我们称之为愉快教育四要素。

### 要素之一——爱

爱，是儿童的基本心理需要。儿童渴望能在充满爱的、愉快的环境中成长。愉快教育就是一种渗透着爱的教育，是用爱进行的教育。爱，应该是双向的，既要让学生得到爱，也要教学生学会爱。实践中，我们倡导以教师对教育事业的爱、对学生的爱，对自己所教学科的爱，唤起学生对学习、对知识的爱，对师长、对同辈的爱，对集体的爱，进而扩大为对祖国的爱。

苏霍姆林斯基把热爱学生看作教育的奥秘，就是因为爱是一把打开儿童心灵的钥匙，是教育的理想工具与媒介。我按照热爱教育事业、热爱学生的指导思想，发动全校教工讨论，确定每年的 3 月 5 日为"爱生节"，这是毛主席"向雷锋同志学习"题词发表的日子。在这一天，学校组织教师用自己的行动学习雷锋为学生服

务。有为学生服务的理发、补鞋、代售文具书籍,有给学生玩乐的玩具表演、录像放映,还有爱生餐厅,并有接待学生解答学习和生活上各种问题的咨询服务。

教师的爱对于学生心灵的塑造、知识的积累、体魄的锻炼有着重要和深远的影响。教师对学生爱得深,教育的效果就好,成功的因素就大。

对刚入学的低年级学生,老师非常注意对他们的体贴关心。老师对孩子们说:"上课时我是你们的老师,下了课就是你们的妈妈。"在日常生活的一言一行上使孩子们感受到了老师的爱就像母爱一样温暖。中午或课间,老师常和孩子们一起活动,一起谈心,纽扣掉了,帮孩子钉上;指甲长了,帮孩子剪;天下雨了,孩子没带雨具,老师就一个个送他们回家。有一次,老师在拉家常时问孩子:"你们觉得幼儿园好,还是小学好?"这些刚入学一个月的孩子都说了喜欢小学的原因。但有一个孩子说:"我喜欢幼儿园,幼儿园的老师比小学老师喜欢我,幼儿园老师常常摸摸我的头,拉拉我的手,小学的老师从来不这样。"老师听了以后很受启发,从此以后,低年级老师就更注意对孩子的爱抚动作,经常注意用孩子容易感受和理会的各种态度和动作,给予孩子以爱的享受和爱的满足。

很多低年级的学生就是这样通过领略老师的爱,而后也爱这位老师,爱这位老师教的学科,喜欢上这位老师的课,在这位老师上课的时候,他们感到特别愉快,举手发言也最踊跃,有时举了手,老师没叫到他,他们会下了课再去找老师,一定要把话全讲给老师听了才安心。他们也喜欢做这位老师布置的作业,做得也最认真,老师布置作业时,书上三道题只要求他们做一道,但是这些孩子认认真真地做了三道。低年级的孩子对学习的意义并没有深刻的了解,他们这样做,只是希望换来自己心爱的老师对他们更多的爱。

我们认为,老师对学生的爱应该包含关心、尊重和要求三个方面。只有严格要求而没有关心、尊重的不是爱。只有关心、尊重而没有要求的是溺爱。缺乏尊重的爱,是有缺陷的爱。

小吕是刚从外区转来的四年级学生,语数成绩都只有十几分,从没有回家做作业的习惯,班主任宋珠凤老师一直把他留在学校里单独做作业。有一次,他还是不做作业,而且第二天也逃学不来上课。宋老师和他外婆找了一上午没见踪影。当下午三点多钟外婆把小吕送到学校时,宋老师首先关心的是小吕中饭吃了没有,一定要小吕吃饱了,再坐下来慢慢谈。

宋老师常见到小吕手上沾满蓝墨水,原来是他的钢笔漏水了。宋老师要他换一支,但过了几天,他还是捏着这支笔,只是外面粘了几层橡皮膏,墨水还照样漏。宋老师估计是家里没给他钱买,或是不关心这件事。于是自己买了一支钢笔送给了小吕,要他用宋老师送的钢笔,时时想到宋老师对自己的要求,要好好学习。

一天放学时,宋老师突然跟小吕说,今天做好作业,我要跟你一起回家。小吕愣住了,以为老师又要和家长联系什么。但宋老师慈祥地说:"不是别的,今天你走近我身边,我觉得你身上有股气味。我想跟你回去,帮你烧水洗个澡。"就这样宋老师和小吕一起回家,帮他烧水、刷澡盆,倒好洗澡水。小吕腼腆地对宋老师说,让我自己来洗吧,我一定洗清爽,也把衣服洗干净。第二天一早,宋老师像往常一样在教室讲台前改作业,小吕进教室叫了一声"宋老师早!"却不坐到座位上去,宋老师抬头看见小吕已焕然一新,虽然还是穿着昨天那套衣服,却已洗得干干净净。并不是他没有衣服换,而是特意要宋老师看看,自己答应宋老师的事能做得多好。

一段日子后,小吕已不再是要宋老师盯着才做作业的学生。他各科成绩都在一步步跟上去。有一天老师又发现他没有做作业。宋老师找到小吕,但没有立即训斥他,而是问他昨天是不是发生什么特殊情况,因此没有做作业。小吕不好意思地低着头,说出昨天借到一本《世界五千年》,觉得很好看,一直看到很晚,就没有做作业。宋老师听了,不但没有责备他,反而说自己听了很高兴。因为本来小吕是不爱读书的,现在也爱看课外读物,这是一个很大的进步。但是一个好学生应该处理好作业和课外阅读的关系,以后看的课外书愈来愈多,不能全丢掉作业不做,最重要的是自己要学会安排时间、安排生活。小吕心悦诚服地接受了宋老师的意见。

爱的感情不会总是朝着一个方向流动,它会发生交流。教师爱学生终会赢得学生对教师的爱。一次宋老师喉咙哑了。第二天早上发现办公桌上一包一包全是同学们送来的药。其中就有一包小吕送的"胖大海"。事后,宋老师在家访中得知,小吕平时"爱钱如命",几分钱也不乱花,家里外公不舒服,他从未去买过药,这次买药真是他很大的一片心意。小吕对宋老师的感情,还在一次语文造句练习中表达出来。语文练习用"希望"和"愿望"两个词造句。小吕造的句子是："我最大的希望就是宋老师能做我的妈妈。""我的愿望就是做宋老师的儿子。"小吕升入中学后有好几支新的钢笔了，但他还是把宋老师给他的那支钢笔珍藏起来。他似乎感到珍藏的不是一支普通的笔，而是老师对他深情的爱。

在教学中，老师都热爱和重视自己执教的学科，认真钻研，探索怎样使学生爱上自己教的课，使教学能对孩子发挥感染作用，把教学过程看作师生情感交融的双边活动，如果学生对老师有感情，就会喜欢学习这门学科。相反，如果师生间感情不好，学生见了老师不亲近，那么即使老师教得再辛苦，学生也是学得被动，学习效果不会很好。毛老师教数学，备课时，注意设计每个教学环节，每道例题、每个练习，注意考虑学生对老师情感上的要求（如学生举手希望老师能请他发言，学生做完了题目，希望老师立即给予评价……），还充分估计学生会提什么问题，什么地方会卡住，什么地方会有知识的缺陷，尽可能让学生在课堂上学懂、学会。有一年刚开学，毛老师新接了一个班，班主任对毛老师说，班里有些同学怕学数学，对数学不感兴趣，毛老师风趣地回答："我有办法使这些同学对数学感兴趣，也许还能使他们迷上数学。到那时你可不要怪我。"原来毛老师自己在小学时也是个数学迷，毛老师通过教学生学数学，又引导学生玩数学、用数学，把自己对数学的"爱"和"迷"，逐渐迁移到了学生身上，使孩子们都逐渐爱上了这门课。教师只有热爱自己所教的学科，才能设计出饶有趣味的教学方法。实现教与学之间的情感交流，在课堂上就会出现和谐融洽的气氛，学生感到学习很快乐。这样学，学生的学习情绪愉快，思想负担不重，课上学会了，课外作业困难减少了，负担相对也轻了。

教师爱学生，就应把爱的甘露撒播在每一个和每一种类型的学生身上。在学校里，教师接触的是众多而又各异的学生，有好学生，也有比较差的学生，每个学生又都有自己的个性。但是，每个学生都希望在家里得到父母的爱，在学校里得到老师的爱。因此，教师必须热爱每一个学生，了解每一个学生，熟悉学生的爱好和特长，培养和发展学生的才能，发现和点燃学生的每一点智慧的火花，支持和赞扬学生每一个美的行为。对那些听话但懦弱的学生，要更多地培养他们的勇敢精神和独立工作的能力；对那些有特殊爱好的学生，则分别组织他们到各种兴趣小组中去,因材施教;对品学兼优的学生则严格要求,发挥他们的标兵作用。对教师来说,给予更多的爱的应该是那些价值低的、学习差的、品行次的、身上脏的孩子。正是这些学生更需要得到爱。在学生看来,教师对他的爱是社会评价自己的一面镜子,一个被教师爱的学生,由于感受到社会对他的肯定而逐渐树立起自信心,从而迈开大步在生活的道路上奋进。

我校毕业班有个学生,他已留了好几级,按成绩还得留级,不仅成绩是全班最差的,而且纪律松散,常常惹是生非。对于他,老师没有嫌弃,而是给予了更多的爱。老师们通过各种方式关心他、亲近他、尊重他,努力发掘他身上的闪光点,分析他落后的原因。在谈心时,老师用信任的态度和语气和他讨论:是抓紧时间努力走进中学,还是继续留在小学当大哥哥? 老师的爱融化了他心中自卑和失去信心的冰块。在老师的具体帮助下,他终于从一个落伍者成为一名合格的小学毕业生。可见,"爱"对于这些学生是多么重要!

教师的职责还远远不只是传授知识和关心学生的学业,还要深入学生的生活中去了解他们的欢乐和忧愁。小高腾是个上课十分好动的学生,上课时手脚不停,一会儿抓胳膊,一会儿搔头颈。一次下课,老师第一句话就问他:"上课时你为啥那么兴奋,手脚不停?"小高委屈地说:"我不是喜欢动,而是我身上痒得厉害,我只好用手去抓。"老师一听这话,马上翻开孩子的衣领看,啊,皮肤上有很多红血丝,再看他的胳膊和小腿也是这样,有的地方血水和衣服已粘在一起。老师的心顿时收缩起来,责备自己没有了解孩子的痛苦,使小高受到了冤枉的批评,于是带着内疚的心情检查了自己的责任。当天放学后,老师就到孩子的家里去。小高的父母都在外地工作,只有外婆在家,说起孩子的皮肤病时,外婆紧锁着眉头:"为了看好他的病,已经跑了好几所医院了,总是没办法根治。"老师安慰小高外婆说:"你别着急,我们一起来想办法。"从那天起,老师一直把小高的病挂在心头,四处打听治好这种病的办法。听说有些药也许能治这种皮肤病,老师又耐心地说服孩子吃。几个月过去了,高腾经过医生的治疗,加上吃了民间的土方,皮肤病渐渐痊愈。从此,他上课再也不东搔西抓,学习成绩也逐步提高。

爱,也是儿童德育和少先队教育的基本内容。少先队处处让自己的队员感受到组织的爱,同志的爱,也教育和引导少先队员爱自己的组织,爱自己的同学,爱中小队集体。队员周依琰生病了,怕影响学习,心里很焦急。小队长黄佩玉发动全小队队员,每人想一句慰问鼓励的话,写在小纸片上,装订成精美的小本子,送到小周家里,让她同大家过一次"不坐在一起"的小队会。小队每天派一位队员去帮助她复习功课。小周感受到集体的温暖和同学的爱,增强了战胜疾病的勇气,并以考试取得好成绩回答了同学的关怀。这样的小队活动不仅给予小周爱,而且使全小队的队员学会了怎样爱同学。

同学有缺点,集体也运用爱的力量去帮助他,教育他。队员小张升级考试,语、算成绩都不及格,但他爸爸仍要求学校让他升到毕业班试读。小张所在的小队决定以集体的力量帮助他,人人都轮流给他补课,帮助小张理解和完成每天的功课,一定不让他再掉队。期中考试后的一次晨会,老师笑眯眯地告诉大家一个好消息,"期中考试结果,小张语、算、外三门学科都及格了"。

小张所在小队的队员听到好消息,个个高兴。但别的小队的同学面露疑问,对于这样的反应,老师是有思想准备的,就对大家说,请每个同学把听到好消息后的想法如实写出来。孩子们的反应确实是各种各样的,有的说,"是不是小张事先看到考卷了",有的说,"是否考试前老师把要求告诉小张了",有的说,"考试时小张有没有作弊",有的说,"小张获得好成绩总是有点问题的",有个同学甚至写上"刚出壳儿的小鸟,一下子能飞这么高吗"。看完这些,班主任顾老师决定进一步以集体的舆论促进小张巩固并发展已有的成绩,于是第二天紧接着举行了一次"当好消息传来以后"的班级讨论会,请小张的爸爸也来参加,请他讲讲升入毕业班后,小张是怎样努力学习的。小张所在小队的队员介绍了他们集体是怎样帮助他的,更让小张自己讲讲怎样改正过去学习不努力的缺点的。全班同学从具体的事实中得出了结论"事在人为",并鼓励小张继续努力。讨论会解决了同学们的疑问,更使小张树立了信心,决心以此为起点,争取更好的成绩。

集体的爱、集体的希望,老师、同学和父母的关心和帮助,终于使小张通过一年的努力以语、算、外三门学科总分252分的良好成绩,摆脱了学习差的帽子,满怀信心地进入中学。

对刚入学的低年级学生,我们不仅使他们体会到在学校里有老师的爱,而且让他们感受到有集体的爱、同学的爱,每次一年级成立"苗苗儿童团"时,他们总能收到高年级哥哥姐姐送来的礼物。一位少先队员在日记上写着:"一年级要建立苗苗儿童团了,有的同学建议每人送一本连环画,也有的同学建议送玩具,老师也很赞成。我打算送两本连环画。回家翻箱倒柜地找起来,拿起《敌后武工队》这本,觉得太旧了,又挑出《轮船上的小客人》,这一本也太旧了,挑来挑去挑不出一本合适的。于是,我约了小周一起去新华书店,决定买两本新书送给弟弟妹妹。……弟弟妹妹看到我们大家送去的书和玩具都非常高兴,我看了心里比他们更高兴。我们还为弟弟妹妹们表演了唱歌、相声等好些节目,他们个个看得笑出了声来。"这些哥哥姐姐都是不相识的,为什么要送礼物来祝贺呢? 老师就把高年级哥哥姐姐的这种思想、这种精神告诉孩子们,以后,这些孩子到了高年级也就会自觉地给弟弟妹妹以温暖和爱。一种集体的温暖、同学友爱的精神就这样一代一代地传下去。

有同学要转到外校或外地学习了,班级里总要开个欢送会互赠纪念品、互赠几句心里话。在会上,本来要好的朋友更显得依依难舍,本来交往一般的朋友增添了友情,本来有成见的同学也消除了隔阂。每一次这样的会,总是开得大家心里热乎乎的,动了真情。同学转出以后,老师总不忘要孩子们跟这位同学写信。写信是小学语文写作训练中的一个内容,自然可以结合进行,但更重要的还是老师想到了爱的教育。孩子们在信中写了班级中的新貌,同学间的趣事,盛情地邀请他在假期里能到上海来玩。转到石家庄读书的小吴,接到同学们的信后,十分激动,回信时说,我虽然在班级里只生活了 3 年,但同学之间有了这样的感情,我将永远是一师附小的学生,我还要把一师附小的好传统带到这里,继承和发扬下去。

我们还特别注意引导孩子爱集体、爱学校,让孩子体会到集体对每个人的爱,同时要求集体中每个成员都要爱学校、爱班级,每个人的行为都要对集体负责,都要为集体争光。每个个人为集体增添了荣誉,集体都要感谢他。在全体学生心里,都有这样一句话:"我是集体的一员,集体在我心中。"少先队员宫霄峻,假期去父亲所在的部队小住,发现部队驻地附近的小山上长着的金边黄杨与学校园地里的不一样,假期末返回上海时,特地向部队要了一棵,小心地捧回来,下了火车,他和父亲没有先回家,而是先到学校,把金边黄杨栽种在校园里。

我们倡导的师生之爱、同学之爱、集体之爱都是双向的。环绕着"爱"字，可以开展的教育活动真是太多了。一年一度的区运动会之前，少先队举行隆重的欢送会，使小运动员们感到自己代表着整个大队、整个学校。市、区组织的计算机比赛、速算比赛、书法比赛、演讲比赛、童话创作比赛，少先队都关注着，并且发动全队关心着，鼓励每位选手为集体争光。国家为老师们设立了教师节，我们学校相应地设立了"爱生节"，开展多种多样的爱生活动，使学生得到更多的关心、爱护，感谢老师给予的爱。同样，在"教师节""三八节""敬老节"来到时，孩子们自下而上地开展"敬礼！辛勤的园丁""庆祝老师和妈妈的节日""敬礼！尊敬的爷爷、奶奶""桃李美、园丁乐"等各种充满爱老师、爱长辈的情感的教育活动。孩子们给老师写感谢信、慰问信，献上尊师花，栽下尊师树，出版尊师报，热情洋溢地讴歌"园丁"。

1985年，正值全国教育工作会议以后，附小举行了一次校友会，庆贺建校40周年，许多毕业生回校参加校友会，畅谈他们的成长，还带来了各种成果，有的作了画，有的写了诗，有的送来了学术报告，有的寄来了博士论文。50年代的毕业生寿俊文在校友会上的献诗，代表了几千名校友爱母校、爱老师的心意。

> 四十雨露四十春，万千桃李万千恩；
>
> 春蚕到老丝尽意，怎及严师教诲情；
>
> 往昔六载同窗友，尔今九州负重任；
>
> 他日蟾宫谁折桂，亦是旧时门下生。

这样的校友会，充满了学生对师长的情和爱，使我和老教师们激动不已，为几十年来培养了几千名学生分别挑起建设祖国的重任而感到无比自豪和欣慰。年轻的老师们也从中接受了一次深刻的热爱教育事业，热爱学生的教育。有位青年老师说："我从来没有想到当人民教师是这样幸福，这样有乐趣。"老师们从中得到了爱的回报，更爱教育事业和教育对象了，更爱这小小的校园和三尺小讲台了，也更快乐了。

在这许多爱育活动中，孩子们同样获得了爱，也学会了爱，孩子们得到爱，是一种快乐和满足；在学会爱的过程中，逐渐也成为一种自觉的行动，把能为同志和集体付出自己的爱，感到是一种满足和需要，因此也是主动的，十分愉快的。

### 要素之二——美

爱美、求美是人的天性,也是儿童的基本心理需要。特别是 4 至 10 岁的儿童,正处于神经系统幼年成长期,对于一切事物的情感色彩都非常敏感。因此,这个时期是接触美和艺术的关键期。这个时期最宜培养对美和艺术作出反应的才能。如果儿童成长到这个阶段,而不让他们去接触美和艺术,那就可能使他们终身得不到艺术修养的机会,蕴藏在他们内心的艺术才华也无法发掘出来。可见,在小学阶段进行美的感受和鉴赏,对于促进学生个性完美和谐发展是不可缺少的。"没有美育,不可能形成真正的精神品质。"儿童如能沐浴在美的阳光下,他们的精神世界就十分愉悦。在实施愉快教育中,我们主要通过以下 4 条途径开展美育:

——学科美育。

每个学科都蕴藏着丰富的美育因素。教学本身就是一门艺术,一堂课成为活动的艺术品,它就会大大提高学生学习的积极性和主动性。我们强调教学过程中教师的语言美、板书美和教具美。组织教师进行演讲比赛,加强教师的语言修养;举行教师板书比赛,加强教师的板书设计和板书美的指导;要求教师制作的教具和挂图色彩鲜明,吸引儿童;要求教师批改学生作业本字迹、符号的书写和位置都做到规范、美观。

小学语文是美育的重要阵地,语文教材都是用语言美来表达社会美、自然美和艺术美的,具有鲜明的形象和丰富的情感。让学生感受美、鉴赏美和表达美是语文教学的责任。语文课文中不少是描绘祖国河山美丽的,如《美丽的小兴安岭》《桂林山水》《瀑布》,我们就结合课文所描绘的内容放映电影,创设情景使课文中的语言美,用动态的、直观的美再现出来。叶圣陶先生写的《瀑布》,文字优美,展现了祖国河山壮丽的意境,但由于上海的孩子没见过瀑布,就提出了许多问题。瀑布多大、多高、声音多响? 怎么又会如烟、如雾、如尘,好像一座珍珠的屏? 我们让学生观看教学电影,帮助学生形象地理解了语言文字表达的美景,教学的时间,不放在老师烦琐的讲解上,而放在朗读上,让学生通过有感情的朗读来欣赏语言文字的美,诗歌的美。学生当堂就能背诵课文,还能运用课文中的语言文字赞颂祖国河山的美。

在教《赵州桥》一课时，课前，老师动员学生收集桥的资料，并把收集到的资料画在自己的学具——玻璃片上，课上通过投影仪在屏幕上显示。学生收集的有悉尼大桥、伦敦斜拉桥、南京长江大桥、上海南浦大桥等，这些桥都气势宏伟，具有现代气息，这时老师告诉学生，这些桥都只有几十年，甚至只有几年的历史，我们中国有一座桥，却已有1400多年历史，说到这老师通过电视录像，放出赵州桥的全景：石头砌成，没有桥墩，横跨水面，大桥洞上各有对称的两个小桥洞，桥栏板上有龙的石雕，栩栩如生，形态万千。学生通过形象的对比，比出了赵州桥的古朴、庄重、秀美，一种热爱祖国古老文化，敬佩我国劳动人民的智慧、勤劳的感情油然而生。老师又让学生扣住文章的中心词"精美"，看着投影仪屏幕上龙的形象，品味语言文字的"形象"。桥栏板上面雕刻着这么多形状各异、姿态逼真的龙！创造者们不仅给予它们"形"，而且给予它们"神"。那"回首遥望""相互缠绕""前爪相抵""嘴吐水花"等词用得多美！勾画出一群活龙活现的神物，显示出一种奇特丰富的想象力和创造力。还有那两龙的"飞"，双龙的"戏"，更赋予这些石雕以生命力。闻名世界的赵州桥，至今安然无恙地展示着它的风采，充分表现了我国古代劳动人民的"创造美"；文章作者惟妙惟肖的细致描绘，则充分表现了我国语言文字的"艺术美"。愉快的语文教学既为学生创设了动态的情景，又引导学生析词品句，使孩子们的认识活动，伴随着由美激起的情感，得到了升华，促进了他们思维的发展，他们既掌握了知识，又学会了如何去观察，还学会了如何去表达客观事物。

例如学生学了《趵突泉》一课后，被小泉那美丽有趣的景色所吸引，老师因势利导，启发他们想象：你能把最喜欢的水泡描绘出来吗？学生争先恐后地畅谈起来。有的说，我喜欢那一串形的水泡，那不是池底冒出的，就像是一条大鱼顽皮地吐出来的，"扑、扑、扑"，我还听见那有节奏的声音呢！有的说，那串斜的最有趣，就像一群小娃娃，排好队伍走上来，走着走着，就淘气地溜下去了，多像在与游客捉迷藏啊！学生的这些想象，丰富和发展了课文中的知识、课文中的美。

书法，在语文教学中占有很重要的位置，在日常工作中，常把写字教学看成是枯燥乏味的学科，教学中往往机械式地让学生重复操作，十分单调。其实书法是中华民族的一门优秀艺术，我们注意在书法教学中，充分发掘它的艺术美，让学生认识历代书法家留下的珍贵的文物,更让学生认识我国那具有形象特征的文字,结构严谨,那刚柔相济的点画、各种线条构成了千姿百态的字形。在教学中,启发学生联系生活中的各种信息,与绘画、音乐、舞蹈、体操、雕塑、建筑结合起来思考,让学生看到好的字犹如生动的画面、和谐的音乐、流转的舞蹈、立体的雕塑、空间结构的建筑,充分体现祖国文字之美,在孩子们中间树立一种观念"我爱祖国文字美",从而引导和激励学生喜欢书法,学好书法。

在自然常识课中,教师的着眼点不仅在要学生掌握知识和技能,而且重视在传授知识的同时强调知识的美、创造的美、自然的美、生命的美。一根折下来的月季枝梗,一点也不讨人喜爱,但一放在营养液中,几天后,断枝上就绽出了嫩芽、长出了生命,就有了美。

音、体、美三门学科,在我们学校受到普遍重视。传统的小学音乐教育,强调音乐知识的传授和音乐技能的培养。我们愉快教育的音乐教学,则强调创设情景,激发情趣,培养情感。用丰富多彩、变化无穷的旋律、节奏、和声感召学生,使他们通过情感的体验,激起对美好事物的向往,对祖国人民的热爱。引导孩子们不仅使用听觉,而且通过视觉、触觉的活动去感受、去想象、去创造,欣赏音乐的过程成了孩子们再创造的过程。音乐成了诗,成了画,成了舞蹈,成了故事。

下面是一堂综合以上方法,精心组织的一年级故事音乐课,新授歌曲《花公鸡和大母鸡》。

叮铃铃,上课了。在师生问好后,教师带领学生进行各种鸡叫的练声。

黑板上一座漂亮的小房子在花丛中闪闪发光。当孩子们复习了民歌《太阳》后,画面上一轮红日冉冉升起。天亮了,小屋的门悄悄打开了,一只色彩鲜艳的花公鸡飞到了房顶上伸长了脖子,大母鸡急急忙忙扑打着翅膀挤出了大门,毛茸茸的小鸡从大门里像绒球一样跳出来,学生看着这一幅美丽的活动图画,听着老师动听的描述,高兴极啦。老师问:"你们谁听到了公鸡一家的唱歌声?""谁会把它们的声音学出来?"话音一落,小朋友你喔喔喔,他叽叽叽,又叫又跳成了鸡的乐园。老师再请三位同学上来扮演鸡的一家,并载歌载舞表现欢乐的早晨。黑板上美丽的画面,教师形象的描述,激发了孩子们欢乐的情绪。老师因势利导,引导学生在儿歌声中,通过节奏音型复习模仿鸡叫:

老师边读边抽卡片

（师）　美丽的花园里,花公鸡早早起,

（生）　♩♩♩♩♩♩

　　　　喔喔喔喔喔喔

（师）　花公鸡喔喔啼,叫醒了大母鸡,

（生）　♫♫♩　　♫♫♩

　　　　咯咯咯咯嗒　　咯咯咯咯嗒

（师）　大母鸡下了蛋,孵出了小小鸡,

（生）　♫　♫　♫　♫

　　　　叽叽 叽叽 叽叽 叽叽

（师）　母鸡叫,公鸡啼,小鸡小鸡叽叽叽。

学生分三组边
做动作,边模
仿鸡叫:

老师指挥多层次
力度变化。

　　孩子们一下子成了故事里的主人,在新鲜有趣的儿歌声中复习了多层次节奏,又提高了欢乐情趣。

　　画面上又出现了一只可爱的小羊,孩子们在钢琴伴奏下载歌载舞复习了《小羊羔》的歌曲。老师说:"小鸡跟着小羊哥哥一起去玩了(小羊和小鸡从画面上走了下来),花公鸡和大母鸡开始工作了,谁知道它们有什么本领?"老师要学生们认真听老师的示唱。学生了解了歌词,开始在老师帮助下学谱、读词、唱新歌。好奇心理促使孩子们全神贯注地学习新本领。当歌曲基本唱熟后,老师说:"天不早了,小鸡怎么还没回来?大母鸡请你们帮助她去找找小宝贝,你们听到小鸡的叫声吗?"小朋友睁大眼睛聆听器乐曲《母鸡和小鸡》。当他们听到高胡演奏的声音,兴奋得张大了嘴使劲点头。有的小朋友还模仿起小鸡的动作来。情景的作用,使学生们更快理解了音乐,诱发了表现音乐的激情,他们跟着乐曲翩翩起舞,一会儿做小鸡,一会儿做母鸡,生动活泼,情趣盎然。听完音乐,小鸡也找到了,老师代表母鸡谢谢小朋友。母鸡带着小鸡走啊走,走到小河边,发现一群小蝌蚪在找妈妈。在音乐声中,学生争先恐后争做《小蝌蚪找妈妈》的听音游戏,欢快地复习了音高音位。在新学的歌声中花公鸡和大母鸡一家高高兴兴回家了,小屋门轻轻关上,太阳悄悄下山了。

课结束了,学生们还沉浸在音乐故事的意境之中。孩子们说:"我喜欢上音乐课。""上了一堂音乐课像去公园玩了一次,像看了一场电影。"

音乐课上这种欣赏美、表现美、创造美的教学方法在图画课上运用更多。

夸美纽斯指出:"把所有可能的向感觉提出,就是说,把看得见的东西向视觉提出,把摸得出的东西向触觉提出,如果同时能用几种感觉去接受的话,就应该同时向各种感觉提出。"组织美术教学的实践活动,这是培养学生用感官感知外界获得知识的很好方式。

下面是一次校园写生的实践活动。

十月的一天,老师带领同学排着队伍,每人带着小画板,高兴地到事先选好的地方,分组坐好。同学们个个兴致勃勃,看看这儿,看看那儿,抑制不住内心的愉快和喜悦之情。上课了,老师通过谈话启发学生:"我们现在来到了什么地方?"

学生回答:"我们现在在校园里的儿童植物园。"

师:"请同学们认真欣赏一下,我们面前的景色怎么样? 都有些什么景物?"

生:"校园的景色很美,有高高的梧桐树,树的叶子有绿的,有的已在绿中透出了黄黄的颜色。有艳艳的菊花,还有小鸟飞来飞去。"

"植物园后的一排教室红瓦绿墙,廊台用白线镶嵌。"

师:"用鼻子闻闻,嗅到了些什么气味?"

生:"香樟树散发出淡淡的香味。""秋菊的香气令人陶醉。"

师:"你们有什么感受呢?"

生:"我感到校园很美丽。"

"我感到秋高气爽。"

"我心情很舒畅,感到很愉快。"

老师就是这样和孩子们一起欣赏、观察、感受,并在学生头脑中形成秋天校园的景色:蓝色的天空,雅致的校舍,高高的梧桐树,艳艳的秋菊……

在观察实践中,学生去看、去闻、去摸,愉悦的情感得到了发展。接下来,指导学生把客观的物象反映到平面的纸上,这里充满着学生从感知物象到情绪体验的复杂的心理活动,老师抓住这些心理活动的过程,着重讲解了取景和构图,启发学生:怎样确定主要景物(把树作为主要景物还是把校舍作为主要景物)? 应把主要景物放在整幅画面的什么位置上? 树的结构和特征是什么? 校舍的结构和特征是什么? 如梧桐树的结构特征:有主干、分枝、叶,主干粗壮,枝干向上生长,树叶成团状。

接着,老师又指导学生掌握取景的原则:确定什么是主要景物,其次选择较简单的物体作环境衬托。最后,又让学生共同讨论了绘画的步骤。学生作画的注意力非常集中在观察、比较、设计构图上。老师一边分别对学生进行具体辅导,一边及时把学生的作品进行示范交流。

从教学的效果看,学生通过对实物的直接观察,直接描绘,提高了审美的情趣,并较好地完成了写生实践。

——环境美育。

环境对儿童有不可忽视的教育作用,儿童的思想品德行为和心理品质都是在不同的教育环境中形成的,可以说环境是一门不断变化的活教材。杂乱无章、丑恶污秽的环境会使儿童形成不良的行为习惯,造成儿童情绪和性格偏异,而优良美丽的教育环境,则能使儿童心情愉快,精神焕发。我们注意发挥儿童的主人翁精神,管理校园、美化校园,1983年在校园里建起了儿童植物园,并且按照少先队员的意愿,分辟为三园、三坛、四行树,还有一堵绿色的墙。

三园:百花园、瓜果园、育苗园;

三坛:迎春坛、月季坛、紫藤坛;

四行树:梧桐、冬青、珊瑚、棕榈各自成行;

一堵墙:长春藤、爬山虎交叉上升,相互依存,爬满三层楼的高墙,终年长青。

儿童植物园的建立,给附小校园环境带来了勃勃生机。当你跨进校园,和煦的春风拂面而来,百花园、瓜果园中,碧草如茵,一簇簇红的、黄的花朵在春风中摇曳,橘子树、石榴树在花丛中亭亭玉立;育苗园内,一株株新苗破土而出,队员们亲热地称它们为小不点苗苗。操场上,梧桐树披上新绿,站得挺直,它们还是 30 年前的少先队员培植的,在植物园内可算是老大哥啦! 大墙下,一棵棵爬山虎伸出了细脚,别看它是爬山虎小弟弟,可它们却一个劲儿地往上攀登。

别看这小小的植物园,孩子们可为它出过大力,队员们举行小队会,自己规划植物园的布局。孩子们画呀、写呀,一张张设计图纸闪烁着队员们智慧与创造的火花,少先队大队部在一周内共收到 50 多份队员们设计的图案。

队员们不仅设计自己的儿童植物园,而且亲手把植物园建造起来。他们从家里带来了种子和幼苗。当孩子们吃着香甜的大苹果时,他们舍不得把核儿扔掉,轻轻剥出一粒粒籽儿,装进小瓶送到学校。当孩子们品尝美味的红枣,他们不忍心把核儿扔了,用纸片包了包,交给了辅导员,有的队员跑了好远的路,从爷爷奶奶家,从外公外婆家,收集来了好多花籽,还有的队员发起了倡议,打开了心爱的储蓄罐,捐献出零用钱买来了一株株小树苗……全校仅种子就收到了 56 种。3月 12 日是我国的植树节,少先队员把这一天定为我校的播种节,把 3 月份定为播种月,全校同学人人动手播种、植树、栽花,他们说,我们不仅播下植物的种子,而且播下创造的种子、艺术的种子、科技的种子、文明的种子、小主人的种子。就 3月 12 日一天,队员们种了 130 多棵爬山虎,移栽了 100 多棵冬青。一年级 100 多位苗苗儿童团员,还成立了绿化护卫军,护卫起全校的绿地来。

少先队员们亲自管理儿童植物园。他们为植物园普查了“户口”,给花木、果树挂了名牌,造了花名册,还定期浇水、松土、施肥、去除枯叶。他们不断地观察花草、树木的变化,记录着它们的生长过程,什么树开花了,什么树结果了,他们会及时出海报给予报道。一个月里,五年级的 100 多位队员们共写了 350 多篇观察笔记,收集了 230 片各不相同的叶子,分属于 86 个品种。

校园可种植的园地太小了,孩子们把教室都绿化、美化起来。每个中队都在教室里建立了丰富多姿的“生物角”,为环境美丽增添了一支流动的“特种部队”。

> 赞美你——我们的生物角
> 你站在每个教室的一角,
> 却是奇妙的植物世界的缩影。

葱葱茏茏装点着教室，

把绿的种子播在我们心头。

看！迎春花姐姐吹起了一个个喇叭，

瞧！月季花妹妹绽开了一朵朵新蕾。

文竹盆里展开了美的姿态，

水中仙子传送着醇的清香。

你为我们增添了课余的乐趣，

你使我们张开了想象的翅膀。

今天，我们从你这里获得美的知识，

明天，我们将为祖国描绘美的河山。

在孩子们的精心护理下，校园内终年都是春意盎然，郁郁葱葱，基本上形成了一个绿化美化的环境。同时也在孩子们的心灵里，播下了美的种子。

为了创造一个优美的学习环境，我们对教学大楼和各教室的美化也进行了精心设计。教学大楼走廊和教室内墙壁油漆的色彩，都经过多次反复研究然后才确定。学校美术教研组负责大楼和走廊的布置：有老师们自己制作的大幅油画，也有孩子们创作的图画、书法作品。各种布置既符合美的要求，又符合儿童特点。教室内则由学生自己布置，我们要求各个教室布置成既是一个良好的学习环境，又是一个很美的、激励学生奋发向上的环境。不要口号化，也不要庸俗化。孩子们很乐意为美化自己的环境出力，班主任老师、美术老师进行具体指导，学校还对各教室布置、各生物角布置进行评比。

——品德美育。

对儿童进行思想品德教育，也充分运用美育的形象性和情感性。我们历来主张"德、美一体"，塑造儿童美好的心灵。我们从儿童的年龄特点出发，勾勒了美好心灵的基本内涵，具体化为五种精神：红星精神、春风精神、蜜蜂精神、大雁精神和水晶精神。

闪闪红星在每个中国儿童的心目中象征伟大的祖国、伟大的中国共产党。我们倡导红星精神，目的在于教育学生关心国家大事，热爱家乡，热爱大自然，热爱红领巾,积极参加力所能及的社会活动。春风精神是雷锋、杨怀远等英雄模范热爱人民、尊重他人、关心他人、帮助他人的崇高行为的表现,启示和指导儿童学习雷锋,学习杨怀远,像他们那样主动为他人着想,热情为他人服务。《小蜜蜂爱劳动》是孩子们熟悉的歌曲,我们以蜜蜂精神教育学生自觉坚持每天参加公益劳动,珍惜劳动成果,爱护公共财物。大雁是孩子们喜爱的候鸟,大雁群飞排成整齐的队列,引导孩子们遵守纪律,热爱集体。从小具有强烈的集体荣誉感,积极为集体的建设出主意、想办法,自觉做到校内、校外一个样,老师在与不在一个样。美好的心灵所包括的不仅是有形的,而且体现在内心深处对人、对事的态度——诚实、正直、勇敢、有责任心,我们用水晶精神赞美这种纯洁无瑕、晶莹剔透、表里如一的品德,教育学生从小养成水晶心。在少先队组织里,设立水晶奖,奖励那些懂诚实、自觉学习、自觉劳动,真诚对待友谊,拾物交公,遇事讲真话,有了缺点不隐瞒、接受意见努力改正的好孩子。

我们按照革命理想和共产主义品德要从小培养的要求,坚持从小在孩子心田里,撒播共产主义理想的种子。考虑到儿童的年龄特点,注意不给他们讲许多空洞的大道理,而是给孩子们以生动、鲜明的形象。我们曾先后以"预备队在 80 年代""红领巾告诉我""准备着播种明天""学习做新时代的小主人"等为主题,有计划地对学生进行启迪理想的教育。

结合思想品德课教学大纲关于继承中华民族优良传统和中国共产党的革命传统的教学要点,着重为孩子们树立了每个历史阶段优秀共产党员的英雄形象,引导学生学习英雄们的崇高品质。

30 年代红军长征,行程二万五千里,万水千山只等闲;

40 年代八路军、新四军,培育了多少个张思德,全心全意为人民,一切为了解放全中国;

50 年代黄继光、邱少云……30 万志愿军远离家乡,远离亲人,保家卫国,公而忘私;

60 年代雷锋、焦裕禄,对待同志像春天般温暖,对待工作像夏天般火热;

80 年代张海迪,身残志坚勤学习,新长征路上作贡献。

今天的少年儿童,他们对过去几乎一无所知,我们组织学生收集和展览历代英雄的照片图画,阅读介绍英雄事迹的书籍,观看记录英雄事迹的电影,演唱歌颂历代英雄的赞歌,还发动少先队员们积极参加"革命儿歌创作比赛"与"社会主义祖国在我心中"的征文演讲比赛。孩子们在这些喜爱的活动中,形象化地了解了革命前辈半个世纪以来前仆后继、英勇奋斗的光荣传统,立下了志向,树起了理想,陶冶了情操。

爱国主义教育也与美育紧紧联在一起进行,上海黄浦江上架大桥,浦东新建开发区,横穿市区造地铁……都与美化城市、美化家乡、美化生活息息相关,每一项伟大工程都牵动着上海每个人的心,孩子和大人一样兴奋,人人都希望能早日去看看大桥的雄姿,去领略新浦东的风采,去感受乘坐地铁的滋味。我们非常珍视来自孩子们的愿望,将其看作开展教育活动的出发点。在南浦大桥还未全部建成、还未正式通车之前,征得大桥建设指挥部的同意,组织孩子们到大桥宽阔的主桥桥面上举行一次别开生面的庆祝与慰问活动。事先,少先队大队报详细报道了大桥的位置,大桥雄伟别致的造型。辅导员和老师又有计划地给孩子们介绍了大桥建设者动人的故事,激励着孩子们积极思考该怎样去庆祝,怎样去慰问。小书法家们加紧练字,小画家们展开想象的翅膀,自己描绘大桥的风采;孩子们还写诗、练歌、跳舞……大家盼呀盼,这一天终于来到了。八辆大客车,满载着 700 多名少先队员和儿童团员,浩浩荡荡的车队驶上了长长的盘旋向上的引桥,又驶上了高高的主桥,车队在主桥的桥面上停下来,这哪是一座桥面啊!这是一个无比宽广的大广场。无须用语言解释每个人此时的感情,不管是大人还是孩子都激动不已。号手把队号吹得更嘹亮,鼓手把队鼓敲得更铿锵;书法爱好者在平坦的桥面上,铺开洁白的宣纸泼墨挥毫,写下"大桥颂""大桥魂""大桥雄姿""上海腾飞"等大幅字匾;小画家们把原先自己的"想象画"一张张展开,对照现实中的大桥美景即兴补上有力的斜拉钢索……这是一次异常别致的生动形象的集会,也是一次非同寻常的集会。几百名孩子把架桥英雄们团团围住,听工人叔叔讲架桥英雄的五种精神——无私奉献、艰苦拼搏、严格要求、勇于创新、团结协作;大桥建设者们又把画画的、写字的、朗诵的、唱歌的孩子围在中间。少先队员和儿童团员们给架桥英雄们献上红、绿领巾,献上当场写就的字匾,当场绘制的图画,年轻的工人叔叔阿姨和年长的伯伯都情不自禁地和孩子们一起唱呀,跳呀,这是多么热闹,多么壮观的画面啊！此情此景又是多么形象、多么生动、多么深刻的爱祖国、爱家乡、爱大桥、爱大桥建设者的五爱美德教育啊！老师们、辅导员们则设想一定要把这激发起来的热情与积极性引向推动学生美化学习与生活、美化行为与品德等方面来。

另外，我们的尊师教育和儿童自我教育都是这样进行的。我们要求老师树立爱生的师德，也要求学生热爱老师，尊敬老师。我们提出桃李美、园丁乐，把学生比作桃李，把老师吟为园丁，让孩子们都知道真正的尊师、爱师就是要努力使自己迅速地健康地全面成长。对于儿童的自我教育，我们同样努力把它转化为儿童易于理解和能够接受的内容和要求。组织队员们学习队章，按照少先队队章上规定的准则来规范自己的行动，称之为"红领巾告诉我"。并且指导他们联系自己的实际，制订"当我一个人的时候"的自我要求计划。孩子们为自己规划了许多个"当我一个人的时候"："当我一个人劳动的时候""当我一个人做功课的时候""当我一个人乘车的时候""当我一个人去公园的时候""当我一个人去买东西的时候""当我一个人拾到东西的时候"……所有这些，都是为了一个目的：陶冶儿童美好的心灵和行为。

——活动美育。

创新求美是我校少先队工作的重要原则，少先队教育和活动如果缺少了美，就会失去光彩，失去对儿童的吸引力。愉快活动开展的基本要求，也是"美和乐"。不仅要让学生玩得乐，而且从活动的主题到形式都要美。每设计一个主题，都考虑到符合时代的要求，能激励儿童去攀登，去争取的志气和理想。各种活动要能在孩子们的脑子里构成画面，产生联想，让孩子置身其中，一面欣赏享受，接受美的熏陶；一面思考领悟，受到教育和感染。例如：为建设美丽的校园，我们全校开展绿化、美化、知识化的教育活动，为组织学生爱科学、学科学，我们举行过"寻找科学的春天""你知道世界之谜吗？""飞吧，科学之鸟""攻关"等主题活动，全校举办过"科学小世界"，设立科技节，年年开展"科学月"活动；为激励孩子们树立远大理想，我们以"播种明天"为主题，开展教育活动；为启发儿童爱书、读书，与好书交朋友，我们组织三年级以上的全体队员访问"全知道爷爷的家"（上海少年儿童出版社）。上海少年儿童出版社是个美丽的大花园，环境很美，"书的海洋"对孩子充满着诱惑力,但从活动美育出发,我们不是一般的参观访问,而是给出版社以"全知道爷爷的家"这样一个美妙的名字,一下子就把孩子们的好奇心激发起来了,他们都想去看看"全知道爷爷的家"是什么样子的。那一天,"全知道爷爷的家"布置得十分美观,打扮得像过节一样,把《小朋友》《我们爱科学》《十万个为什么》《少年文艺》《故事大王》《动脑筋爷爷》的编辑、作者都请出来与少先队员见面,还请来了队员们特别想见到的科普作家叶永烈叔叔。《十万个为什么》的"全知道奶奶"还专门为队员们设立了"全知道信箱",孩子们纷纷把自己带去的各式各样的问题投进信箱。这样的活动,从主题到内容,从形式到环境气氛都是美的、乐的,这样的活动都长留在孩子们的记忆中。

有更多的活动是发动孩子们自己设计和布置,同样讲究美与乐,如有一个年级组织三个班级都阅读《地下宝藏》这本书,自己筹备举行了"敲开地球大门"的主题队会,自己想象和布置了地球的大门,绘制了地层剖面图,还布置了一个五光十色的地下宝藏博览会。

在创新求美精神的指引下,少先队员们在自己的组织里积极创造,自下而上地建立了许多有趣的、有意义的又很美的节日,使活动美育经常化、制度化。

### 要素之三——兴趣

兴趣是儿童认知的需要,也是学生学习的强大动力。兴趣愈浓,注意力就愈集中,观察也愈细致,反应也愈清晰,思维、记忆等多种智力活动也愈有成效。皮亚杰说:"所有智力方面的工作都依赖于兴趣。"因此,兴趣是智能发展的基础。如果在儿童时期,孩子们的求知欲和兴趣没有得到发展,那么他日后的智能发展将会受到影响。我们把能否激发学生的兴趣,作为是否贯彻愉快教育的标志。教学如不能激发兴趣,就表示教学没有成功,开展活动而儿童不感兴趣,就表示这次活动失败。在日常教学与活动中,我们提倡教师要运用兴趣在学生和知识之间架起桥梁。兴趣是可以培养的,老师传授知识,培养能力常常从唤起兴趣开始;要培养学生完善和谐的个性,也要从培养学生广泛而高尚的兴趣开始;我们从研究教师的"教",转为研究学生的"学",从指路子让学生走,改为教会学生自己找路走,也是努力使学生对各门学科的学习都具有浓厚的兴趣,在各科教学中注意运用教具、学具,组织游戏,设计课堂练习,都重视培养学生动脑、动手的能力,激发学习的兴趣。

我们倡导课堂教学要有声有色,生动有趣,引人入胜,启发和吸引学生喜欢学,乐意学。更强调把学习的主动权交给学生,鼓励学生学会思维,喜欢思维;学会动手,喜欢操作;学会自学,喜欢自学,做学习的主人。

我曾问过许多一年级的新生,你们最喜欢上什么课,孩子们不约而同地回答,最喜欢上音乐课。这个回答表明:一方面孩子们天性喜欢唱歌、舞蹈、做游戏;另一方面也表明我校陈老师上的音乐课唤起了学生学习的兴趣,不仅调动了学生的听觉,而且让孩子们从座位上解放出来,让他们听觉、视觉、触觉一起活动。加上积极的想象去感受、去把握、去创造一些形象的表达方式,在课堂上,让学生随着音乐动,把自己的手、脚、眉、眼都当作乐器,把感受到的音乐节奏通过自己的身体再现出来,例如:给学生听一段低沉缓慢的乐曲,即兴想象乐曲表现了什么?学生纷纷发表自己的看法,有的说,音乐描写了笨重的大象,顽皮的大狗熊,要不就是大肥猪,或者是乌龟,因为这些动物都是笨重的或者动作缓慢的。孩子们不仅能说,而且能按自己的想象即兴表演。有的表演大象,甩着长鼻子,有的缩着头,像只乌龟。每次上音乐课,对孩子们来说都是一次愉快的享受,所以小朋友都盼着上音乐课,回到家里,还情不自禁地表演给爸爸妈妈看。

教低年级孩子学语文、学算术,都来借鉴音乐课,努力使知识课、基础工具学科也上得有声有色。例如一年级的语文课《蔬菜和水果》,课前,老师作了充分的准备,买来了西红柿、萝卜、白菜、土豆、豌豆、黄瓜、香蕉、苹果、橘子、梨等实物,制作了图片和生字卡片,课上,不仅让孩子用眼睛看,而且用手去摸,用鼻子嗅,分辨出各种不同的水果,对各种蔬菜,还让孩子们亲口尝一尝,味道怎么样。

教学一开始,老师说:今天老师请客,请每个小朋友吃点东西,大家高兴不高兴?孩子一听,都乐了。

接着老师说:你们猜一猜,老师会请你们吃些什么?请每个小朋友把桌子上的碗盖打开,仔细看一看。

先告诉大家,碗里面有些什么颜色

有白有绿的是什么?

示图、示生字卡片(白菜)

皮是深绿色,里面淡绿色的是什么?(黄瓜)

绿绿的、圆圆的是什么?(豌豆)

豌豆和什么豆很像呀?

示图:毛豆

豌豆和毛豆有什么地方不一样?

示卡片,毛豆,指导读音,让学生讲"豆"字的笔画。

黄色的是什么?(土豆)

红色的是什么?(西红柿)

出示图片和卡片,读词。西红柿还可以叫什么?让学生说说西红柿的样子和味道,以及西红柿的吃法。

"柿"字怎么写,注意"市"字头上的一点。

白菜、毛豆、西红柿这些东西总起来叫作什么?

出示:蔬菜。指导读音和字形。

问:你们还知道哪些是蔬菜?

这样上课,不仅让孩子用眼睛看,而且让孩子们亲口尝一尝各种蔬菜,还摆了个货架,让学生用手摸,用鼻子嗅分辨出各种不同的水果。老师在课前准备动了一番脑筋,花了不少时间。因为运用实物,接近生活,又让孩子的各种感官都投入学习,孩子是非常愉快的,学习兴趣是浓厚的,知识是巩固的。

我们在实施愉快教育改革教学的过程中,在激发学生兴趣方面主要采取了以下几项措施:

——实践。

小学各课程都是基础知识,在生活中应用广泛。教师如何在日常教学中善于指明所教知识的现实意义、价值用处、和学生的切身关系,并用这些知识来解决实际问题,就能激发学生对该知识的兴趣。同时,也只有在实践活动中才能真正培养学生运用知识的能力。

一年级下学期学习"元、角、分的认识",要求学生学会简单的换算,过去都是老师讲解,学生在作业簿上练习。现在,老师设计了"开娃娃小商店"的教与学。几位同学做小营业员,其他同学做小顾客,规定每人选买一种物品,买后回座位拿出账单记下钱物,最后营业员卖完后要清点卖出去几件物品,收了多少钱,对不对。学生十分认真,情绪也十分高涨。有的买了一次还想买,有的回家再和爸爸妈妈一起开小商店,有的以后在文具店买文具时,也用上文明语言,受到营业员的表扬。家长也反映这样的学习,学生兴趣浓,效果好。

高年级学生学了面积、容积的计算后,老师常带他们在校园里测量土地,甚至带他们到郊区测量、绘制耕地平面图,估计产量,设计粪池(在一定面积中要求一定的容量,该挖多深),以及农药按比例稀释等,各小组接受任务后,独立进行设计操作,学生学习这些知识的兴趣更浓了。

——实验操作。

三年级学生学习分数的初步认识,分数概念比较抽象,对三年级学生来说,有一定的困难,老师指导学生实验操作,发给每个学生几张长方形的纸,要大家试一试,一张长方形的纸可以平均分成两块吗? 有几种方法分,每种方法分的两块都是相同大小吗? 每块都是这个长方形的几分之几? 一个长方形中有几个 $\frac{1}{2}$? 可以自己动手,自己去发现知识的奥秘,儿童是最积极的,也是最有兴趣的,每个学生都积极开动脑筋,边想、边折、边剪,每个学生的课桌上都剪出了各种不同的形状,老师挑选了一部分,放在投影仪上演示给大家看,学生饶有兴趣,并且牢固地掌握了等分的概念。

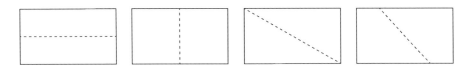

又如科学常识课教学"磁铁":

实验桌上放着条形、马蹄形、小方块等各式磁铁。

实验箱里摆满了铁钉、木花、布条、纸盒、铅笔等各种物品。

玻璃小皿里都装上了满满的黄沙,烧杯里盛满清水,水中沉有几枚回形针。

学生走进实验室,见了这么多的实验器材,都想去摸一摸,试一试,这种环境气氛已经给了学生极大的吸引力。

老师的讲课也是富有趣味性的:有位小朋友,经过沙坑时,把一枚针掉进沙坑里了,你们谁有办法帮他找到。学生很快想到磁铁的作用,老师表扬了这些同学,并且让每个人动用桌上的条形磁铁,到沙皿内搅一通,一下子"埋藏"在黄沙里的大头针就被乖乖地吸到磁铁上来了。

老师再请大家做第二个实验:有什么办法取出烧杯里的回形针?条件是磁铁不可以入水。孩子们个个积极动脑筋、想办法,这样试试,那样试试,终于找出办法来了。实验使孩子们懂得,磁铁隔着玻璃、隔着纸板,照样发挥作用。

实验箱里还有很多东西,学生同样通过实验掌握了磁铁对铁钉能产生作用,对木花、布条、纸盒、铅笔等就不起作用了。

——游戏。

游戏是人类生活中不可缺少的内容,特别是儿童,他们更具有强烈的游戏欲望。皮亚杰在《教育科学与儿童心理学》中说:"当儿童游戏的时候,他也是在发展他的知觉,他的智力,他要从事试验的冲动,他的社会本能等。这就是游戏是幼童学习过程中如此强有力的一个杠杆的原因。"陈鹤琴先生17条教学原则中的第13条就是教学游戏化。他指出:"健康的小孩子是好动的、快乐的。假如在读书的时代,我们也能化读书的活动为游戏,那么读书不是会变得更有趣、更快乐、更能有进步了吗?"我们也感到游戏是激发儿童的兴趣、满足儿童活动的心理需要、充分而完美地发展儿童人格的重要途径。

儿童喜爱游戏的一个原因是,游戏给儿童以想象。在语文课、外语课、音乐课上,孩子们最喜欢想象课文中的情景,绘声绘色地表演课文中的情节。教学《小蝌蚪找妈妈》一课时,老师让学生用表演的方法复述课文的内容。扮演小蝌蚪的学生把双手放在身体后面当尾巴,快活地游来游去,扮演青蛙的学生则一蹦一跳地前进。从学生两种不同的扮相中,可以看出学生已经掌握课文中描写的:"小蝌蚪是甩着长长的尾巴快活地游来游去。""青蛙是后腿一蹬,向前一跳,蹦到荷叶上。"当学生表演找到妈妈时,他们七嘴八舌地说:"瞧!长着一张宽嘴巴。""有一对大眼睛。""披着碧绿的衣裳。""露着雪白的肚皮。""还有四条腿。""对了!对了!这次准没错,一定是我们的妈妈。"这段话就是学生在表演、游戏中根据课文内容即兴创作的,游戏和表演帮助学生们既掌握了青蛙的外形,又懂得了看问题要全面的道理,把整篇文章融会贯通了。这样的学习,学生又感到很快乐。

像低年级的《鱼和潜水艇》《大熊猫》《小小的船》《小马过河》，中年级的《群鸟学艺》《小交通员》，高年级的《滥竽充数》《西门豹》等都是表演和游戏的好材料，中高年级的学生还自己把课文改编成课本剧，边表演边练习口述、对话和作者介绍等。

儿童爱游戏，还因为儿童天性好动，像外语教学，我们就大力倡导在视、听、说、玩中让学生愉快地掌握外语词汇、句式、句型和学习对话，用多种教法的协调运用激发学生学习的兴趣。如创设情景，让学生自己来设计二人相遇时的对话，拾到东西寻找失主的话，到同学家去或进办公室时应说的话，向别人借东西时要说的话……这样做不仅使语言有了生命力，而且提高了学生学习外语的兴趣和能力。为了提高学习的兴趣，老师也设计了许多游戏，让学生在玩中学，在乐中学。"Is this a book?"这个句型对初学者来说是比较困难、比较枯燥的，如果光是让学生跟读，学生就觉得没有味道。为此，老师设计了一个猜谜语的游戏：请一个学生手拿图片或实物，对全班说：What's this? Can you guess? 然后请同学们说：Is this a …? 如没猜对就说 No, it is not；如猜对了就说 Yes, it is。此外，老师还设计了传玩具、找东西等游戏。通过做游戏，学生的学习兴趣大大提高了。

为了巩固学生的兴趣，教师还可以让学生开展学唱英语歌曲、排练短剧、小品，做小老师，比一比谁说得好、谁说得多等活动。所有这些，对提高及巩固学生的兴趣都是行之有效的。

愉快的学习激发了学生的兴趣，兴趣又促进了学生的学习劲头，他们自觉地向父母学，跟着磁带学。有的同学告诉老师，他早上起来就听录音，有的是一边吃饭一边听，经常有同学告诉老师新学会了几句话，与某同学又新排了一个小品，同学们把能多学一点知识看作乐事。为了提高学生的学习兴趣，我们充分发挥学生的特长，如让舞蹈跳得好的同学伴舞，请发音比较好的同学领读，请图画好的同学结合课文内容画上自己最拿手的画……由于充分发挥了学生的特长，学生觉得在英语课上自己有好多事可做，主人翁的情感油然而生，从而为学生自觉、主动、独立的学习提供了必要条件。如小王同学原来比较好动，老师让她给英语歌曲伴舞。此后，上课时她总是积极发言，课后还自学老教材。为了保护她的积极性，在课堂上老师让她有机会讲自己自学的内容，如内容适当，老师还让她教全班同学。

事实证明,只有充分发挥学生的特长,引导学生自己动脑、动口、动手,学生的学习才会具有主动进取性,教师传授的知识和技能才能变成学生的财富。

音乐课上的游戏,则更是名目繁多,品种各异,有听音游戏、节奏儿歌游戏、律动游戏……

听音游戏——当一年级孩子认识了 sol、mi、do 三个单音后,让他们做"小蝌蚪找妈妈"的游戏。让三个孩子头戴标有音名的青蛙帽子做青蛙,其余全体学生做小蝌蚪。老师弹奏活泼的乐曲,为游戏创设一个音乐的情景,小青蛙随着音乐蹦跳、捉虫。音乐一停,小青蛙在不同的位置上站住,老师让其他同学按次序听 sol、mi、do 各音,听到 sol 就摆动单臂游到青蛙身边,听出一定数量的音以后,老师弹奏优美的流水般的旋律,青蛙带领自己的孩子围成小圆圈或一字形自由游动。最后老师说:"小蝌蚪脱掉尾巴,长成小青蛙啦!"大家在音乐声中欢乐地蹦跳。孩子在愉快的游戏中提高了听辨音高的能力。

节奏儿歌游戏——孩子喜欢节奏明快、形象鲜明的儿歌,老师设计了"小羊过生日"的节奏游戏。通过游戏,让学生掌握五种基础节奏,并能灵活运用,要求互相配合协调统一,形成多层次效果。老师边读儿歌,边出示节奏卡片:

(师) 蓝天白云飘,天气真正好,小羊过生日,请来了小花猫,

(生) ♫ ♩ ♫ ♩ 小羊哥哥好。
　　　喵喵喵喵喵喵

(师) 请来了小小鸡,

(生) ♩ ♫ ♩ ♫ 小鸡笑嘻嘻。
　　　叽叽叽叽叽叽

(师) 请来了小花鸭,

　　　♩ ♩ ♩ ♩ 小鸭笑哈哈。
　　　嘎嘎嘎嘎

(师) 请来了小青蛙,

(生) ♫ ♫ ♫ ♫ 青蛙乐开了花。
　　　呱呱呱呱呱呱呱呱

(师) 团结友爱亲又亲,大家乐哈哈!

（生）

喵喵喵

叽叽叽

嘎嘎

呱呱呱呱

咩

（不断反复，可以根据手势
声音渐强渐弱）

律动游戏——"开火车"让学生挨个儿组成几列火车，用椅子搭成大桥，用手搭成山洞，根据音乐的速度、力度变化，让火车过平原，钻山洞，上大桥……

小孔雀请客

小孔雀过生日准备了许多菜。黑板上出现一盆盆的菜：青菜、骨头、鱼、虫、竹子、红萝卜。

让学生从小孔雀准备的菜中猜猜小孔雀邀请了哪些客人。如果猜对了就请他戴上小动物的头饰做小客人。

请6位同学做客小孔雀的"家"（见图），★是小孔雀。

老师弹奏"飞"的音乐，小鸟扮演者听了音乐即兴舞蹈。音乐停，小鸟就敲门，小孔雀问："谁呀？""我，小鸟！""快请进！"小鸟从门中飞进去与小孔雀手拉手。

老师弹"跳""走""跑"等的音乐，扮演者即兴随乐曲舞蹈，然后敲门、问候、进屋……当扮演者到齐之后，小孔雀邀请大家跳集体舞，或唱一首《请客》的歌曲。由此，锻炼学生听音乐即兴表演的能力。

旅游赛歌

这是一种创设情景的游戏。学生在看看、想想、跳跳、唱唱中复习所学的歌曲。

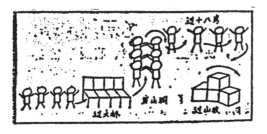

游戏开始，一组同学乘坐火车或旅游车出发，随火车或旅游车乐曲声过大桥、穿山洞……到音乐停，老师说："新疆到啦！""旅游者"马上载歌载舞《娃哈哈》。再随音乐一路旅游，音乐停，看到一幅草原景象。"旅游者"马上想到唱一首《我有一只小羊羔》。也可以周游世界。如波兰到啦,唱一首波兰儿歌《粉刷匠》;希腊到啦,唱一首希腊歌曲《夏》;看到天安门前五星红旗,唱一首《国旗国旗真美丽》。

通过各种音乐游戏,儿童置身于游戏的情景中,从而为孩子提供了驰骋想象、学习知识的广阔天地。

儿童爱游戏还有一个原因,游戏常常和竞赛交织在一起,通过竞赛,儿童能发现自己、表现自己、了解自己,儿童又正处在迅速发展的时期,因此特别喜欢参加竞赛。游戏不仅与绘声绘色的文科表演紧密关联,数学课中也常用到游戏。

数学四则运算是小学数学教学的基本内容。它必须反复练,但又比较单调枯燥。如何激起学生反复练习四则运算的趣味,确实是小学数学教学中值得研究的课题。我们要求每个学生从低年级起就自制几枚民间游戏中的骰子。骰子六个面原来分别是1—6点,现在按数学要求,低年级是1—6点,中高年级逐渐增加难度,直至分数或小数,学生可独自掷投,几只骰子相加减或相乘除;也可两人或几人开展累计分比赛,或比计算速度的游戏,这样练习的范围比课本上宽得多,而且学生常常乐此不疲,丝毫没有被迫做作业时的那种苦恼。另外,数学老师在课上也常做"放爆仗"的游戏。一个又高又大的红爆仗放在讲台上,里面装满了小纸卷,每张纸卷上有一道四则运算题,学生每人轮着上来摸一个小纸卷,拉开卷面报出算题,然后立即答出答数,下面学生仔细听,帮着算,答对的,大家齐声叫"嘭—啪!"表示爆仗点响了;答错了,大家齐声发出"嗤",表示爆仗点不响。学生一个接着一个都要争取把爆仗点响,个别没能点响的学生十分懊恼,坚持要请老师再来一次,直到也能把爆仗点响为止。这个游戏常使学生玩得情绪高涨,孩子从学简单加法玩起,直到中年级学除法时还要玩。

一年级下学期学生学"百以内的认数和读写",过去总是采取你数、他数、大家数的方法,学生往往学到50以上时,注意力就不能集中,常出现差错,这主要是由于这种单调乏味的数数节奏,极易使孩子进入昏睡状态。老师针对这一情况设计了"数数接力赛",顿时提高了学生的兴趣,游戏时把班级学生分成四组,每组学生用接力赛形式分别数出乒乓球、围棋子、火柴梗,捡出某种颜色和图形的塑料片,把书翻到第几页,每个学生数完后,在旁边纸上记数,再由下一个同学继续数,最后哪个组数得最正确、最快则优胜。学生情绪极高,在游戏中,不仅反复复习了百以内的数数,而且发现不同学生在活动时不同的思维特点,有的快,有的慢;有的灵巧,有的笨拙;有的学生双手齐上,有的学生只动三个手指。这些问题,如果只让学生坐在座位背1—100个数是无法发现的。

——学具。

指导和鼓励学生运用学具,可以说是80年代以来师生们创造的新事物,现在则已是"进入寻常百姓家"的普遍现象了。运用学具帮助学生学习、理解知识,提高学习能力是极为有效的。杨振宁先生指出,"中国教学的弊端是老师指路子让学生走,而不是指导学生自己找路走"。多么直率、又是多么中肯的批评啊! 从此,我和老师们一起十分重视制作和使用学具。通过学具的制作和运用,提高学生自学的能力,学会自己探索知识的本领。

一年级语文教学《河、桥、船》,老师设计了活动的教具,还在手工劳动课上让学生自己准备了学具:用蓝色的纸剪了一条河,用印有砖石的纸叠了一座桥,用手工纸折了一条船。教学时,从看图入手,让学生讲出图上有什么?(底板图上有农村的景物,农舍前面有一条河)学生通过看图学习了"河"字和"一条河",接着老师引导学生想出过河的办法,学生纷纷举手,提出可以"架桥",可以"乘船",可以用竹竿推木盆,可以……当图上出现活动的"桥"和"船"时,学生的注意力集中起来,在愉快的气氛中掌握了"河、桥、船"的音、形、义,知道了它们的量词是"一条河""一座桥""一条船",并从活动教具中初步看清了河、桥、船各自的位置。这时,孩子们非常想自己也能拼出这么一幅活动图来,老师因势利导,把孩子们在手工劳动课上自己制作的简易学具发还给他们,学生兴奋地摆弄着学具:在"河"上架起"石桥",在"小河"里放上"木船",学着书上的句子,指着自己摆好的立体图说:"小河上有座石桥,石桥下有条木船。"学生饶有兴趣地学会了"什么地方有什么的"简单句式,并对上与下的方位更清楚了。最后,老师要求学生找到印在他们学具上的田字格,认真地分别写上"河、桥、船"三个字。这样的教学,学生动手动脑,始终情绪高涨,所获得的知识是深刻的、牢固的。

对高年级的学生,他们已具有一定程度的阅读能力,则完全可以让他们独立制作学具,准备学具。如语文教学《松坊溪的冬天》,这是一篇优美的散文,描写了松坊溪一年四季景色变化多端,语言瑰丽动人,结构完整统一,文字有表现色彩的、声音的，还有表现形态的，怎样让孩子准备学具呢？老师让学生课前自己读读课文，并且把自己最喜欢的某个季节的景色画在自己的学具玻璃片上，上课时，孩子们制作的这些富有儿童情趣的"作品"通过投影仪在屏幕上显示，春、夏、秋、冬各具特色，色彩各异，尤其是冬天，雪后大地披上了银装，松坊溪成了耀眼的白雪世界。孩子们自己准备学具的本身，就是很好的学习，自学能力、理解能力、想象能力都得到了提高，有一个学生读到了松坊溪流水的声音，还自告奋勇地弹奏两段钢琴曲，为美丽的景色配乐，为课文朗读配乐。

学具的准备视教学的内容而定，起到帮助学生思维、理解的作用，有很多学具是非常简单的，但用与不用效果大不一样。

学习"分数的初步认识"时，教师给每个同学发一张正方形纸，一张长方形纸。这就是教师给学生准备的最简单的学具，然后教师要学生把这两张纸等分，学生有的对面折，有的对角折，形状虽然不同，但面积是一样的，都是一张纸的两份中的一份。"分数比大小"过去也是老师在上面演示，学生在下面看，究竟是 $\frac{1}{4}$ 大，还是 $\frac{3}{4}$ 大？$\frac{1}{3}$ 大还是 $\frac{1}{4}$ 大？现在也是发给学生纸条或圆纸片，让学生通过自己折、剪动手动脑来比较。学"面积"时，教师发给学生一张大白纸，告诉学生面积是有单位的，它又是怎样计算的，然后要学生具体计算这张纸的面积，过去学生常把"周长"和"面积"混淆，通过学生自己用学具，这些问题也迎刃而解了。在学习"体积"时，学生自己动手制作了长方体、正方体等体积的学具，对长方体、正方体的特征就有了较丰富的感性认识，老师还要同学找一找和模型相类似的物体，印象就更深刻了。本来"长、宽、高"经常搞错，就是因为教师以前往往只是独自在讲台上纸上谈兵，现在学生有了可以触摸的学具，学生经常摆弄，印象深刻，再也不会搞错。

新教材实验中，更重视学具的运用。过去教汉语拼音，常用默写检查全班学生掌握汉语拼音的情况，而新教材不要求默写，用什么办法大面积检查学生掌握的情况呢？老师们为每个学生设计了一套学具。底板像集邮簿的一页，有全透明的插条，另外再制作了一套汉语拼音声、韵母和整体认读音节卡片（给每个孩子写

64 张小卡片,全班近 3000 张卡片),使每个学生可以一起进行听音、辨音的练习,小组还可以开展接龙比赛的游戏,同桌也可以进行认读比赛。学具的运用,让每个学生都参与到学习中来。

课内练,课外也创设环境让学生认读。我们根据学生不同的兴趣爱好,对一年级分设为书画班、棋类班、电脑班、体育班、音乐舞蹈班。各班按不同特色创造性地布置教室,棋类班将汉语拼音写在一颗颗棋子上,每上完一课,就在教室的大棋盘上贴上几粒棋子。电脑班设计了拼音小火车,声母作铁轨,韵母则被装上一节节车厢,上一课添一节车厢。音乐舞蹈班的汉语拼音被请进了一个个小音符,体育班的汉语拼音是一个个体育健儿,有趣而又充满美感的教室布置,就是一幅幅大学具吸引着孩子们,下课以后,他们围在小火车、大棋盘、五线谱前认读自己熟悉的拼音字母,拼读音节,孩子们较快地掌握了汉语拼音,拼音教学效果验收,孩子们取得了平均 98 分的好成绩。

——歌谣。

儿童喜欢聆听浅显明白、形象具体的话语,难于接受枯燥的说教。歌谣就是用明快的节奏、鲜明的形象,贴近儿童心理的表现方法,给儿童以熏陶和感染,使儿童能在心情舒展而愉快的情况下,学习道理,接受启示。但遗憾的是语文课本从二年级起不再出现歌谣的体裁,小学各科教育中也很少发挥歌谣的作用。但是,我校在实际工作中发现,由于歌谣本身是从生活的土壤中生长出来的,小学生仍然是喜爱歌谣的。我校各学科教师多年来尝试着根据儿童特点在教学中运用歌谣手段,有教师拟作,也有儿童自编,提高学生兴趣,发挥了其他教育工具无法取代的作用。特别是对低年级学生,我们常把要求学生了解和记忆的教育内容编成朗朗上口的歌谣。如低年级语文老师在给一年级学生教注音识字时,就编了"字形歌":

圆圈拖地 ɑɑɑ

一个圆圈 ooo

半圆弯钩 eee

又编了"学四声歌":

啦啦啦,啦啦啦,

我学汉语拼音了,

āáǎà

我们学得乐哈哈!

写字教学中,老师也把小学生写字的要领编成简明易记的歌谣:

横要平,竖要直,

撇有锋,捺有脚。

方格字,留四边,

横条字,踩着线。

小学生喜爱歌谣,因此他们也常在各项活动中用歌谣抒发自己的感情。在盛大的灯节上,孩子们不仅扎了各式彩灯,而且写了大量歌谣,表达了他们内心的欢快:

兔子灯

小兔子,真有趣。

圆圆脑袋身体胖,

雪白衣裳穿得美,

点起蜡灯亮堂堂。


多棱灯

别看我愣头愣脑,

粗心小朋友难认我全貌。

考考你知识是否丰富,

看一看,我有几个方块,几个三角?

在向英雄学习的活动中,学生也创作了大量歌谣:

一二三四五, 　　　　一二三四五,

走了二万五。 　　　　从小打基础。

红军老爷爷, 　　　　学习老红军,

革命不怕苦。 　　　　革命迈大步。

(二甲班　霍　懿)

雷锋处处为人民，

助人为乐人人敬。

学习雷锋好榜样，

千家万户送深情。

（五甲班　桂卫连）

学生还配合数学课收集算谣，自编算谣。蔡民读五年级时，曾以七的四次方编了一道"栽树"算谣：

少先队员去栽树，来到一座大山前，一座大山七座峰，

一座峰上七个坡，一个坡上七棵树，一棵树要七人种，

栽树共要多少人？

不少学生编的歌谣和算谣还在各种儿童刊物上发表。这证明用儿童喜爱的歌谣形式，也能激发学生的兴趣，提高教育的效果。

### 要素之四——创造

创造，这是时代发展的要求，也是每个人自我发展的需要。陈鹤琴校长早年就把创造列为教育的重要目标——做一个现代中国人，必须有创造思想。他强调教育不只是读书，首先要教人做人，要培养儿童会用手、用脑，有创造精神和独立生活能力。我们站在 20 世纪 90 年代来认识教育，更清楚地感到教育是面向未来的事业，未来社会、未来世界将充满智力和创造力的竞争。我们响应党中央的号召，从小努力培养孩子的创造思维、创造才干，从小树立创造的志向，懂得未来需要他们去创造。事实上，孩子是最喜欢创造的，每个儿童都有创造的欲望，创造力是蕴藏在每个儿童身上最宝贵的资源。我们所说的创造，当然不是什么大的发明，主要是使孩子们乐于动脑动手。儿童时期是发展创造思维，培养创造才干的最佳期。愉快教育积极改革教学，为发展学生的创造思维提供机会、阵地。课外，积极引导学生开展绚丽多彩的创造性活动，鼓励他们开展创造性游戏，创作集体舞、团体操，创造玩具，一直到自己办报，自己美化生活。我把通过教育与培养，儿童能创造性地学习，创造性地活动看作教育成功的标志。同时，在这些学习和活动中，儿童能体验到在任何其他活动中所无法领略的最高层次的欢乐——创造的愉快与欢乐。

——鼓励创造精神。

创造力并不是少数杰出人物所独有的，陶行知先生说："处处是创造之地，天

天是创造之时,人人是创造之人。"但是,创造必须先有创造意识和创造精神,我当教师、当辅导员一直到当校长,从来都非常重视在师生中倡导创造精神。早在50年代中期,我校少先队就建立了"创造性游戏节",鼓励孩子们自己创造游戏,创造活动;80年代以来,在校风、学风、教风中都贯彻"创造"两字。把党中央对儿童的号召——未来需要你们去创造,年年作为重要的教育内容,组织师生学习领会,鼓励师生事事重视创造,对师生中间大大小小的创造都给予肯定和表扬。这些年来在全体师生中逐渐形成了这样一些观念,"要发展,就要创造""创造推动前进""创造——为了明天""创造性教学、创造性活动培养创造型的一代新人""一切少先队的活动都必须是创造性活动,都必须是孩子们自己创造的活动"。我希望陶先生说的"处处是创造之地,天天是创造之时,人人是创造之人"的理想能在一师附小成为现实。我始终认定:"创造"是愉快教育四个要素中最活跃的要素,充分运用"创造"这个要素,无论是教学改革,还是少先队活动都会更生动活泼地开展起来,一代有创造志向、有创造才干的人会迅速成长起来。

——重视培养儿童的创造思维。

按照儿童心理特点,学生对他们力所能及又要开动脑筋才能解决的问题最积极、最感兴趣。因此,教学时,教师重视创设情景启发学生积极思维。数学课上,老师采用以旧引新的方法,不是一开始就系统讲授新知识,而是设计和组织一系列的问题,引导学生思考。如教最小公倍数的概念,在认识上有三个层次:倍数——公倍数——最小公倍数。教学设计了一组思考题:什么叫倍数? 你能不能用求倍数的方法找找公倍数? 什么叫最小公倍数? 有没有最大公倍数? 为什么? 复习课注意不炒冷饭,采用变形的复习方法。不只是为巩固已学过的知识,而同样是为了锻炼、发展学生的思维。如复习几何图形时,老师出示一个梯形,要求学生叙述梯形的特征和公式,然后提出问题:如果梯形的a边等于0时,你能想象这时是怎样一个图形? 为什么,面积公式有什么变化? 如果a=b时,又是什么图形? 公式的变化又是怎样? 这样一系列的变形提问,启发学生思考把知识的本质特征与各图形的公式间的内在联系有机结合起来,学生就不是死记公式,而是掌握了活的知识,并能加以灵活运用。

复习长方体、正方体这一单元,老师设计了一组有趣的练习:①一根长 2.4 米的铁丝扎成一个正方形,面积是多少? ②如用这根铁丝扎成正方体框架棱长多少? ③如果在这个框架上都焊上铁皮,制成一只油箱,至少需用多少铁皮? ④如果在这只油箱里放进半箱柴油,已知柴油每升重 0.82 公斤,这些油重多少? ⑤如果这只油箱要装 24 升柴油,油箱的底面积不变,高该是多少? ⑥把这样的油箱放在一个长 7 米、宽 5 米、高 3.6 米的仓库里,堆放到这个仓库的一半高度,可以放几箱? 学生在一堂课内,综合练习了各种有关的知识,思维处于积极活动之中,情绪非常愉快。

有一次,老师教"通分",通过比较 $\frac{5}{6}$ 与 $\frac{4}{5}$ 两个分数的大小来引入,当学生发现分子、分母不同,不能直接比较大小时,就自然引入了通分。但有个学生提出 $\frac{5}{6}$ 与 $\frac{4}{5}$ 可以直接比较大小,并且有条理地叙述了直接比较的思路和方法($\frac{4}{5}$ 比 1 小 $\frac{1}{5}$,$\frac{5}{6}$ 比 1 小 $\frac{1}{6}$,因为 $\frac{1}{5} > \frac{1}{6}$,所以 $\frac{5}{6} > \frac{4}{5}$)。这位同学的比较方法确实有自己的创见,思路开阔,老师大大表扬了这位同学有创见。

在自然常识课的教学中,老师更加注意激发学生的思维,激发学生研究问题、解决问题的积极性。

如在教学《杠杆》一课时,老师设计了一个游戏"看谁力气大",并故意挑选了班上身材最高大的男同学与身材最瘦小的女同学作为对手。女同学胆怯畏缩的样子,引起了同学们的哄堂大笑,都以为不用比赛,就能断定谁胜谁负了。力量悬殊的两位对手也不愿比赛,老师采用激将法动员后,要求男同学在接近门铰链处,把门往外推,让女孩子在远离门铰链的门把手处,用力把门往里推,比赛开始前,还用粉笔在门板的前后两面中间都画上一条白线,要求参赛者的双手都不能超越白线,看来极其公正。比赛结果,小女孩竟出乎意料地获胜了,什么道理呢? 游戏激起了学生研究这一问题的兴趣。

又如四年级教材《清水和食盐水》中,介绍了用嘴尝、蒸发、比重量、比浮力四种区分清水和食盐水的方法。上课时,学生又想出了许多种其他的方法。这个同学说:"伤口接触食盐水比清水疼痛。"另一个同学说:"如果把一枝花插进其中一只杯子里，花蔫了，这杯一定是盐水。"又有一个同学说："我用两个同样大的棉花球，分别浸入这两杯液体中，取出晒干，再称出棉花球的重量，较重的那只棉花球浸的是食盐水。还有，用食盐水浸过的棉花球阴雨天会还潮。"还有的学生说："我拿两勺一样多的食盐，分别倒进两杯液体中，先溶解完的那杯原先是清水。"还有一个说："要是我有一条小金鱼……"对于每个同学的回答老师都认真听，并给予热情的鼓励和肯定，学生的情绪十分高涨。

再如在讨论区分清水和食盐水这一问题时，孩子们除了掌握了书上讲到的四种方法外，又想出了养金鱼、浇花、导电等多种方法，每一种方法都闪耀着孩子们创造思维的火花。

还有教"惯性"这一课后，老师在黑板上画了一辆汽车，问装卸工坐在①②③哪一个位置最安全。孩子们用自己新学得的知识作出了创造性的选择，体会到自然知识与生产、生活的关系是多么密切。由于老师注意培养儿童的创造思维，鼓励儿童去想象，学生的积极性便被调动起来，他们积极开动脑筋，争先恐后地回答，一节课的时间往往还不够用呢。当然，儿童的见解并非每次都是正确的，偏差和错误常常出现，这时候老师不要轻易地否定他们，不要挫伤他们的积极性，而要鼓励他们进一步思考，继续创造，如在教《磁铁的两极》时，老师说："每块各种形状的磁铁都有两个磁极。"可是，有个孩子不同意这个结论，说："环形磁铁只有一个磁极。"尽管他说的不对，但他是积极思考的，提出了自己的见解，老师还是鼓励了他的这种精神，由于这个问题的提出和解决，这堂课学得更为活跃和有趣，同学们的印象很深刻。

低年级的说话教学和中高年级的作文教学更是培养发展学生创造思维的最佳阵地，我们组织老师着力研究创造性的说话教学和创造性的写作教学，努力使说话教学和作文教学成为学生们驰骋创造思维的天地。

老师们在备低年级的说话课时，重点备怎样使学生想说、能说、喜欢说，老师设计了许多学具、游戏和情景，折纸、吹塑板、做小玩意儿，创设"圆的世界""童话森林"……高年级的作文教学，同样为学生创设了许多条件，让学生多读，多看，多听，让学生自己编小剧，自己演，演了又画，画了再写，使学生有东西写，能写，喜欢写。我们还结合着开展多种多样的读书活动，让学生读，读了讲，读了画，讲了、画了再写。在教学实践中,课上的作文教学这条线牵动着课外许多活动,课外的许多活动又给孩子们增加了许多新的知识、新的感受,提供了极其丰富的写作内容和说话内容。

下面采撷宋老师和徐老师写的说话教学、写作教学的一点体会——

宋老师说:在说话教学时,我注意让他们在玩中学习说话。例如,动手能力的训练在学生智能发展中占重要地位。学生多动手,能促进感知、语言、思维的发展,使学生的才华得到发挥和施展。我曾经设计过这样一节说话课:让学生用土豆做小玩意儿,说说制作的经过及心情。我为什么选用土豆做学具呢?因为我发现土豆的形状千奇百怪,质地也较硬,保存时间又长,很适合学生做各种小玩意儿,是当学具的理想材料。课前,我把要求告诉了学生,让他们选好做小玩意儿的土豆。上课时,学生动脑动手又动口。有的用土豆、火柴梗和半个乒乓球做成了一只活泼可爱的"小鸟";有的用土豆、火柴梗和铅丝做成了一个逗人发笑的"猪八戒";还有的学生用土豆做了"啄米的小鸡""机灵的小黄狗"、形象逼真的"茄子"、摇摇摆摆的"不倒翁"……前后只用了 10 分钟。他们自豪地向伙伴们展示自己的作品,介绍制作的经过和感受。一个说:"我把'小猫'放在桌上,看了又看,觉得小猫似乎在对我说话'我和你一起玩皮球好吗?'我高兴得跳了起来。"另一个说:"我把自己的作品拿在手里,看了又看,爱不释手。看着,看着,那个'妈妈'好像在对我说'别看了,傻孩子,你小时候,妈妈也是这样背着你,送你上托儿所'我一下笑出了声音。"

徐老师在作文教学中的体会是:

要使学生在作文中有话可说,有事可叙,有情可抒,指导学生发掘题材十分重要。题材哪里来呢?我引导学生去观察周围的人和事。学生对生活中的小事和周围发生的事常常视而不见,充耳不闻,认为是小事。我告诉学生要从小学会捕捉生活中的小浪花。例如"值勤"中发生的一连串小事都值得一写,都是很好的题材,使学生懂得在这纷繁复杂的生活中到处都有写作题材(从我到我们的集体,再到家庭、社会)。我对学生说你们对自己的家十分熟悉,可以写《我的家》《我的爸爸》《我的妈妈》《发生在家中的一件事》《家庭的欢乐》《星期天我在家里》等。学生们听了恍然大悟,生活中可写的事太多了。鲁迅先生说得好:"必须如蜜蜂一样,采过许多花，才能酿出蜜来。"

活跃的课余生活，创造性的少先队活动，丰富的课余阅读，都是学生写作的源泉。在开展创造性的少先队活动中，少先队员们掀起了"办报热"。我看了一张图文并茂的报纸，眼前仿佛盛开一朵朵创造之花，我即兴出题：《这是一朵创造之花》。由于题目来自学生的生活，学生有话可说，有情可抒，第二天学生的文章交上来了，内容具体生动，记叙了自己办报的事，并抒发了自己的感情。有一位同学是这样写的：

"秋天的花儿是美丽的，然而花儿再美也胜不过我们校园里盛开的'创造之花'。花儿只能使人欣赏，但这朵创造之花既培养我们的创造能力，又丰富了我们的课余生活。我爱花，但我更爱校园里盛开着的创造之花。"我在文章旁批上：这一段赞美得很好！学生看了非常高兴，写作兴趣更浓了。阅读课上看了《科学世界》等杂志，我要求学生向别人介绍读了什么杂志，什么内容，什么最有趣……题为《我读〈      〉》，各人都向别人介绍自己的读物。总之，我在写作教学中做有心人，除了教材中规定的写作内容外，我想方设法让学生有写作题材，打开思路，同时也激发了学生的写作热情，学生就不再感到无东西可写了。

思维是写作的重心，从生活到写成文章，中间有一段距离，一定要通过思维这个桥梁。思维过程是发现问题和解决问题的过程，这个过程要经过多次反复，螺旋上升，不断深化。开展发散思维是培养创造力的重要环节。"一体多练"和"一事多写"的目的是训练学生多角度地思维，从而活跃写作思路。"一体多练"是在一定时间里集中练习某一种文体，有利于学生掌握这种文体的写作规律。我在教四年级时，为了给学生打下写记叙文的基础，集中一段时间要学生学会写"一件事"的文章，如《一件小事》《一件有意义的事》《难忘的一件事》《一件好事》等。通过一段时间的教学与写作练习，学生明确了写记事文章的六个要素，掌握了写记事文章的规律。"一事多写"就是让学生从多角度来认识事物、分析事物，培养、训练学生的创造性思维。有一次我们带学生去东海舰队某驻地进行夏令营活动。尽管天热蚊子多，但毕竟是夏令营，对孩子们来说还是快乐的、有意义的。怎样把这三天的生活让孩子们写下来呢？回校后先进行讨论，然后让学生写片断，写最喜欢的事，结果同学们各写各的：观日出，放风筝，瓜果晚会，参观登陆舰，等等。

最后指导写一篇大作文，题为《难忘的夏令营》，以后还写了《快乐的日子》，同样的材料从不同角度来写，就可以写好好多文章，使学生的思维不断深化。既活跃了写作思路，又开发了学生的智能，从而发展创造性思维。

作文教学实践使我深深懂得：作文指导要开拓学生的思路，调动学生写作的积极性，如果硬把学生的作文套在教师固定的框里，以教师的思路代替学生的思路，学生的写作能力则很难提高。

为了培养和发展学生的创造思维，我们在教学中鼓励多疑多问，多思多议，还鼓励学生合理联想和想象，创造力就包含着这种创造性的想象能力。儿童时期是最富于想象的时期，我们就大力倡导培养与发展儿童的创造性想象。语文老师看到孩子们爱读童话，就积极创造条件，把学生爱看童话的兴趣引导到创作童话上去，达到既培养想象力、创造力，又训练写作技能的目的。在教学《猫》一课后，老师让学生自己画一幅形态各异的猫，并且编一个猫的小故事，然后把同学们的作品全部展览出来，大家看看评评，十分有劲。其中，《梦中有条鱼》《阳光下的卷毛儿》等太像童话了，学生写童话的兴趣更浓、积极性更高了。于是，《大海边的小淘气》《白马上的小王子》《花丛中的小天使》《傻笑的小妞》……纷纷登场。队员吴皙子写的童话诗还在报上发表并获奖了，带动了更多同学投入童话写作。孩子们说："平时在现实中有很多美好的愿望不能实现，在童话中靠想象就能实现，写童话太有意思了。"

高年级的语文课则要求想象和课文中的人物对话，想象故事情节的下一步发展。学了《卖火柴的小女孩》，就让学生想象情节将怎样发展，学生纷纷写出了"卖火柴的小女孩来到我们家""卖火柴的小女孩到了火柴厂""卖火柴的小女孩参加我们的小队会"等。

低年级教学看图说话《离群的小鸡》，老师只出示三张图，先要求学生一张一张讲述清楚再要求学生给故事编一个结尾，孩子们张开想象的翅膀，编出了五种结尾。第一种，小鸡被救。他们说："老母鸡听到了小黑鸡的呼叫，伸长脖子，翘起尾巴，张开翅膀，飞一般地向野猫扑去，母鸡用尖尖的嘴狠狠地啄野猫，野猫斗不过母鸡灰溜溜地逃跑了。"第二种，小鸡被害。他们说："老母鸡听到小黑鸡的呼叫声，连忙寻声冲去，可惜已经晚了，野猫张开大嘴一口把小黑鸡咬死了。母鸡伤心地对小鸡们说'你们要记住这血的教训'。"第三种,小鸡受伤。他们说:"母鸡听到小鸡的呼救声,连忙冲过去,从野猫的爪子下救出了小黑鸡。小黑鸡受了重伤,躺在地上有气无力地说'妈妈,幸亏你及时赶到。要不,我就没命了。以后,我再也不离开大家了'。"第四种,母鸡受伤,鸡群斗猫。他们说:"也有这种可能,母鸡在搏斗中受伤了。小鸡看见了,急得叽、叽、叽地大叫,其中一只小花鸡大声说'人多力量大,我们一起去斗野猫'。小鸡们听了,一下子冲上去把野猫团团围住,你一啄,我一啄,野猫招架不住,只得狼狈地逃跑了。"第五种,公鸡斗猫。同学们说:"母鸡在搏斗中受伤了,小鸡们看到这情景急得叽、叽、叽地乱叫。这时,小黑鸡连忙叫来了鸡爸爸,公鸡又勇猛、又聪明,猛扑过去。这下野猫无法应战了,只得逃跑了。"

美术老师努力使课堂教学这一方圆之地成为愉快的乐园,运用情、趣、创三步曲培养学生的创造思维。

丰富多彩的少先队生活是孩子们施展创造才能的广阔天地。每一年的少先队活动表上,有许多节日,为孩子们提供创造的机会。

孩子们最快乐的日子是什么?是过节。老师们和学生一起创造了一个个丰富多样、富有情趣的节日。"数学节"中,孩子们办起了数学报,编出了算术歌谣,设计了趣味数学题,制作了数学邮票,把那些抽象的符号、枯燥的公式、机械的演算都赋予了色彩和感情:"书节"中,孩子们编小剧、演小剧、观小剧,对文学作品进行了再创造,还有的评书、编书、写书,真正把一本书读得有声有色,有情有趣。"彩灯节"中,校园里张灯结彩,五彩缤纷,犹如灯的海洋,那一盏盏兔子灯、玉兰灯、火箭灯就像一朵朵孩子们怒放的花儿。还有苗苗节、艺术节、播种节,科学月、体育月,真是欢乐说不完,趣味说不尽。

孩子们最喜欢的活动莫过于游戏了。孩子们在玩中创,创中玩,其乐无穷。"桌上运动会"把孩子们对体育健儿的敬爱,对振兴体育的向往在一张小小的桌上展现了出来。那以轻代重的推铅球和举重,以手指代脚步的跨栏比赛,还有以铁皮小圈代体操明星的平衡木表演,真是太有趣太奇妙了,那是孩子们智慧和创造的闪光和结晶。

一张薄薄的白纸有什么好玩?一片小小的叶子有什么好玩?可少先队举行

的"玩叶子""纸的故事""敲开地球的大门"等主题活动,让孩子们玩得愉快,玩得有益。当孩子们将收集来的叶子细细观察时,惊喜地发现一片片叶子形状各异,竟没有一片相同;当他们将收集来的纸张认真比较时,惊讶地发现世界上竟有那么多的纸种!世界上到底有多少叶子?有多少纸种?形状如何?用途是什么?他们在探索中懂得了很多很多。

少先队还经常组织各种爱好者的比赛,命名小画家、小歌手、数学迷、科学迷,举办儿童创作画展、"动手做"展览会,展览队员们的字、画、工艺品盆景和自制玩具,有的中队生物角里,饲养了"福寿螺"、小刺猬等,还把小刺猬成长的观察笔记改编成短剧演出。有的中队制作了各式小车,运用科常课中学得的"动力"知识异想天开地用小白鼠做动力,举行动物动力小车比赛。学生的课业负担明显减轻了,课外活动丰富了。学生生活活跃了,学生的心理状况是愉快向上的。全校百分之百的学生参加各种各样的课外活动,发展了各种兴趣爱好和个性特长,一大批学生获得了全国、市、区的各种竞赛奖。1986年全国第一届华罗庚数学邀请赛,我校获得二等奖2名,1989年全国第二届华罗庚金杯奖王海栋获金牌奖。1995年,王海栋终于获得了国际奥林匹克数学比赛的金牌,为祖国争得了荣誉。全国金凤凰童话赛优胜者也都有我校学生。1989年上海市小学生计算机LOGO语言程序设计,我校夺得团体第一。1990年静安区小学生计算机程序设计竞赛,我校参加人数最多,BASIC组29人获合格证书,个人名次得第1、4、5、6名。LOGO组32人获合格证。个人第一名至第六名全拿下了。静安区语文基础知识竞赛,小学作文竞赛都是团体第一,体育达标率年年优秀。围棋比赛获团体冠军,自从上海市设"健康杯"奖以来,连年获得,年年被评为市、区体育先进单位。1988年获国家教委奖励"德育先进学校",获团中央颁发的红旗大队称号。

自从1990年起在上海儿童中开展汉俳创作活动后,我们每年都发动儿童参加,并且年年获奖,至今仅五六年的时间,我校学生已创作了上万首俳句。孩子们在学习中学会了观察、想象、创造,运用到汉俳创作中,他们能够紧紧扣住一个自然景物作题材,一片云、一片叶、一朵花、一只小小的昆虫,以及自然界中丰富多彩的景物,运用朴素的语言,又适当运用比喻、拟人等手法进行描绘,抒发自己的感情。五年级陈元同学写的《小鸡出壳》:暖箱孵小鸡,小鸡出壳叽、叽、叽,妈妈在哪里？它形象地写出了小鸡破壳而出，首先寻找自己的妈妈，而小作者把它们安排在特定的环境——暖箱中，那叽叽叽的叫声，亲切而动听，似乎在呼唤它们的妈妈，可哪里去寻找妈妈呢？写得多么富有情趣。二年级张琦小朋友写《春风》：春天到来了，绿色柳条飘呀飘，甩绳给风跳。这首俳句又写得多么活泼可爱，反映了儿童丰富的想象力，把飘动的柳条想象成甩动的绳子。孩子们在这样的活动中，既寻觅和品赏了大自然的美，又开展了创造性的思维活动，不少作品还配上了美丽的图画，把诗、画、音乐、书法和自然科学知识结合在一起，丰富了孩子们的知识，启迪了孩子们的智慧，增长了孩子们的才干，还美化了他们的课余和家庭生活。

## 10. 愉快教育的教学原则：实、广、活、新

今天的小学生，他们都将在 21 世纪才开始他们的工作，挑起国家建设的重担。他们应该在各方面都比我们现在强，他们应该"会读书""爱思考""能操作""敢创造"。要培养这样的人，我们的教学再不能守着"老师讲学生听，老师演示学生看，老师出题学生考试"的旧框框，必须建立新的教学观和基础观。

"基础实、思维活"是我校的优良传统，要继续坚持下去。但按照新技术、新信息不断产生的时代特点，我们必须积极创设"知识广""方法新"的新教学观念，努力扩大学生的知识领域，充实新的教学内容，采用新的教学手段，创造新的教学方法。因此，我们明确地把"实、广、活、新"定为"愉快教学"的教学原则，让全体老师都建立起"实、广、活、新"的教学观。

那么，"实、广、活、新"是一种怎样的教学原则呢？它们之间的关系又是怎样的呢？

我认为，"实、广、活、新"是一个统一体，它们之间是相互促进，互为基础，又是相互制约的。作用于孩子的时候，应该以"实"和"广"为基础，"活"为目的，"新"为手段，给他们打下扎实的知识和能力基础，但又不囿于教材的要求与范围，而是尽可能地使学生热爱知识，追求知识，扩大知识面，增加信息量。这里，"实"是基础。基础实了，知识覆盖面宽了、广了，才会极大地促进学生思维的发展；"活"，就是要培养学生思维灵活、敏捷，有创造性；教学内容、教学方法（包括老师的教法和学生

的学法）、作业设计、教学工具、教学手段都要不断创新。因为是小学生，还只刚刚起步学习，没有扎实的基础，他们将无法学习更高、更深的科学文化知识，无法掌握现代化的一切，也无法迎接世界新技术革命的挑战。但是，也不能像过去那样狭隘地抓基础知识，一定要同时伴之以扩大学生的知识领域，我们形象化地称之为"上不封顶，下要保底"。目的是要发展学生的思维，培养学生良好的学习素质，专心致志、积极思维、寻根究底、不怕困难、敢于发表独立见解的学习态度和作风，高效率的时间观念，正确迅速完成作业的习惯以及科学的学习方法。当然，从广义来说，这些对小学生都可以说是基础，是起点。因此，我们努力用同样的教学时间，把"实、广、活、新"一起抓好，以"实、广、活、新"作为改革课程设置、改革课堂教学结构、更新教学内容、改革教学方法的依据。校长、教导主任则以"实、广、活、新"的原则加强对教学的管理。具体说来——

"实"。基础扎实是我校的优良传统，就是把教学计划、教学要求扎扎实实地落实到每个学生。从历届毕业生看，大面积的学生成绩是经得起检查的。我们十分重视抓备课的管理，假期抓，平时抓。在做法上，我们对老教师的备课笔记实行免检，对新教师则加强示范和检查；抓上好每节课，经常组织教学观摩和相互听课、评课，切实提高课堂教学的效率；抓学生作业的检查，抓年段把关和交接班的质量验收；抓培养学生学习的能力，指导学生掌握学习的方法。

教学中，在发挥教师主导作用的前提下，视学生为课堂教学的主体，努力把教的过程转为教会学生学的过程，从由教师指路子让学生走，转为让学生自己去找路走，也就是教学生从小学会怎样学。这对学生牢固掌握知识，打下扎实基础有着重要作用。

对每一门学科、每一个知识点如何打扎实的基础都有明确的目标。如教一年级学生学 10 以内数的认识，老师认真考虑怎样组织教学才能使小学生把感性的认识转变为抽象的概念，并且真正让初学的儿童建立起数的概念。老师不是光考虑自己怎样讲，而是为学生准备了彩色小棒、实物图等学具，让学生动手摆弄、观察，学会按顺序数数，再让学生思考、讨论，理解基数、序数的含义，明确地建立数的概念。如教学生认识"8"这个数，老师请学生每人桌上放 8 根小棒，有的放了 8 根红色小棒，有的是 8 根绿色小棒，有的 8 根颜色不同，有的 8 根长短不一。通过交流比较,学生懂得了"8"这个数可以表示8根同样的小棒,也可以表示8根不同颜色的小棒或者不同长短的小棒。老师接着出示各种实物图,有8支相同的铅笔,8件包括桌、椅、橱、床等家具,8样不同的学习用品等。老师进一步指导实际应用,要学生找一找周围或生活中哪些东西是用"8"这个数表示的。学生找出很多,如窗上有8块玻璃,第三组有8个小朋友,大衣上有8粒纽扣……再让学生学习"8"还可以表示次序,让他们翻出书上第8页,第8页前是第7页,后是第9页。这样,学生知道这里用"8"表示次序,7、8、9的序列。通过用脑和动手,进行观察、数数、应用、讨论,举一反三,学生建立了明确的基数、序数概念,掌握了一个数的内涵和外延。这样学到的知识是扎实的、牢固的。

"广"。当今时代,新技术、新信息层出不穷,现行的各科教材常常有跟不上时代步伐之感。为弥补这个不足,我们要求教师树立"知识覆盖面要宽些、要广些"的观念,设法给教学内容注入"三面向"的因素,加强了课外阅读课,各科教学都安排了适量的信息课,在活动课内,增设了电脑、打字、围棋、象棋、国际象棋、吉他、笛子、口琴、手风琴……;在课外,各学科都重视推荐各种补充读物,还省出时间介绍国内外科学新事,举办讲座,放映科技电影,组织智力竞赛,开展主题活动。如五年级专题了解"船的一家""激光的产生与用途""电子计算机的家族""航空航天事业的发展"等新知识,事后学生写出了不少兴趣盎然的信息短文。

我们鼓励学生自己去增长见识。少先队常常开展由队员自己收集、动手准备的科学性、知识性的队活动。如"我们的新朋友——电脑""种子聚谈""春天的叶子""邮票的知识""信息之窗""迎接挑战""飞向外星球"等活动,都给孩子们创造了丰富多彩的智力生活,扩大了学生的知识领域。四甲中队在"迎接挑战"的中队活动中,访问了在各条战线上工作的家长,了解了我国许多新的创造、新的知识,还把电子琴、电饭煲、电水壶、电控小汽车、光导纤维束小电筒等实物和玩具带到学校来,进行展览和表演,把电子、激光、光导纤维、遗传工程等许多新鲜知识,形象地介绍给同学们。同学们发展了多种爱好,全班40人,一学期中看课外书1523本,平均每人读38本;有23人集邮,22人种花,17人自学外语,7人学乐器,8人学国画,10人学书法,9人学打字,2人学装收音机,40人学国际象棋,25人学中国象棋,9人学围棋。

"活"。要使学生知识丰富,思维活跃、富有创见,将来才能善于迅速处理各种信息,驾驭层出不穷的新技术,高水平、高效率地工作。从未来需要考虑,教学不能只是灌输信息,学生的头脑不能只是储存信息,更重要的是能善于处理信息。所以,提高学生"学"的质量,核心是发展学生的思维。"活",就是要使学生的学习经常处于兴奋积极的状态,思维活跃,反应敏捷,在寻根究底中锻炼思维能力,在求异思维中培养创造思维。

在教学中,我们倡导要重视每节课的思维容量。从低年级起就有计划地加强思维速度的训练,把快速默词、快速听写、快速计算、快速反应组织到日常教学中去。一年级试验"注音识字、提前读写"最快的一分钟能直呼 160 个音节,最慢的也能直呼 50 个音节。五年级训练快速反应,在教完语文《太阳》一课后,老师以"再举一些事例,谈谈太阳与我们的关系"为题组织即兴演讲。10 分钟时间内,有 5 位同学相继演讲。有的讲太阳是个消毒师,有的讲太阳能威力无穷,内容各异,语言连贯,充分说明学生平时看得多,收集得也多,而且能以自己的语言,有条理地表达清楚。

每节课,我们都让学生有充分提问的环节,让学生主动地思考问题。语文课上,老师引导学生围绕课文中心,自己提出问题。如课文《幸福是什么》,书上只在课文后面附 3 个问题,学生经过认真阅读和思考,提出了 23 个问题,有的问题还确实比课文后面的问题要好。

对推理性的文章,老师更是紧紧抓住,用以培养锻炼学生的想象能力和分析、推理能力。例如,教学《黄河象》,这是一篇有趣的科学推理性文章,通过黄河象古化石,推想出当时黄河象生活的自然环境、气候条件以及大象是怎样失足落水的。老师运用启发式,引导学生学习推想、假想,自己得出结论。最后,还给学生留了一项作业:按科学家的推想,推想出黄河象的尾巴到哪里去了。学生对这样的作业非常有兴趣,人人开展了积极的想象。

又如写作文,老师改变了挖空心思命题作文的框框,放手让学生自己命题。听学生反映夏令营是难忘的,老师让学生围绕"难忘的夏令营"自己命题,学生想出了很多好题目,有《放风筝》《钓龙虾》《观日出》《乡村的早晨》等,学生思维活跃,写来津津有味。

为培养学生思维的习惯、思维的方法,各科老师设计了多种练习,创设了多种情景。数学老师经常设计一题多解、一题多变、一题多编的练习,还让学生自己出考题,运用数学编制算术游戏;音乐老师让学生为乐曲配动作,为故事和画面配乐曲;语文老师指导学生听音响,写作文,看电视、电影写影评,练演讲,学课文作图画,训练合理想象。在教学过程中,老师力求教得生动活泼,知识覆盖面宽,使课堂气氛愉快活跃,学生学得积极主动,求知欲强。

"新"。原先是指课堂教学结构、教学手段要不断更新。随着时代的前进,我们对"新"也不断赋予更丰富的含义。新时代出现了许多新信息和新知识,我们在教学中及时把时代的信息传递给学生,同时,还注意引进新的教学设备、新的教育理论和新的教学方法。

现代科学技术的发展与教学改革有着密切的关联,世界上一些发达国家都十分重视教学改革。国内外的教育家和优秀教师经过长期探索和实践,提出许多新的教育理论和教学方法。我们不能搞封闭式,要搞开放式;不能只学一家,要学百家之长。在实施愉快教育的研究中,我们认真学习了赞科夫的高速度、高难度进行教学的原则,苏霍姆林斯基关于对学生进行智力教育的观点,巴班斯基关于课堂教学最优化的论述,陶行知关于解放儿童的教育观和教、学、做合一的方法论。语文学科学习佳木斯的"注音识字、提前读写"的经验,数学学习顾泠沅大面积提高教学质量的经验,还引进了探究研讨法、尝试教学法,音乐学科引进了瑞士的体态律动教学法和奥尔夫节奏教学法。在学习引进和借鉴的基础上,全校教师投入了创造教学法的研究和实践,使工作有了新的进展。

我们对课堂教学,摒弃了满堂灌、注入式,让学生做学习的主人,新时代要求我们培养的学生要会读书、会思考、会操作、会革新创造,这就要求学校相应地更新教学设备,各学科都越来越重视运用教具、学具,培养学生动脑、动手的能力。科常课上,人人都有实验的器材,人人都有自己做实验的机会。算术课上,不管是学数和形,都借助学具,让学生自己拼、自己数、自己算。音乐课上,配有各种乐器,不仅进行音准训练,学生还学习运用乐器配乐作曲。现代化教学手段越来越普遍地得到运用,在小学,语文、算术、外语是基础工具学科,而要让学生掌握语言文字,大多要借助形象思维,老师们运用电影、录像教学《桂林山水》《威尼斯小艇》……这些现代化的教学手段,给予学生形象的感染力,又帮助学生理解、加深印象,还节省了教学时间。

对学生的学习,我们鼓励他们学习创造思维,像一年级教学谜语,不仅学会书上的谜语,解出谜底,而且鼓励学生自己创作谜语。学生看了挂图"公鸡",编出了不少有质量的谜语。有个孩子编了这么一则:"头戴红帽子,身穿花袍子,叫时伸脖子,喜欢吃虫子。"六年级语文教学《将相和》,课文讲了三个故事,学生掌握了为文字配画的本领,利用画面帮助记忆和复述,学生在脑子里把三个故事构思成三幅图画,复述时不死记硬背课文,而是通过想象画面,自己组成语言,进行复述。

实、广、活、新的教学原则,不仅用于课堂教学,而且用来指导课外活动,我们在课外经常组织学生开展丰富多彩的创造性的学习活动,如讲故事,编、演小剧,办报纸、作家作品展览会,制作各种科技小作品,以及开展考察伟大祖国的活动。

## 11. "三多、三鼓励"的教学方法和"讲、练、评"的课堂教学结构

围绕怎样有效地提高学生学习积极性这个问题,我们从教学方法上作了探索,在愉快教育的长期实践中,摸索提炼出了"三多、三鼓励"的教学方法——多启发、多直观、多引导学生动脑动手实践;鼓励学生提问、鼓励学生辩论、鼓励学生有主见有创见。在这一基础上,我们又着手建立了"讲、练、评"三结合的课堂教学结构。这也是"爱、美、兴趣、创造"四要素与"实、广、活、新"的教学原则和课堂教学方法,即在教与学的实践操作上的具体策略,也可以说是把"爱、美、兴趣、创造"与"实、广、活、新"的要素、原则融入教学的策略。

提高教学质量的着眼点是要发动学生积极投入学习,但又不能叫学生望而生畏。毛泽东同志一贯提倡"启发式"教学,我想其根本目的是激发学生的主动性。教学中不是牵着学生的鼻子跑,而是要启发和吸引学生愿意投入学习,喜欢参与学习。我们历来认为,教与学应该是双向的,不只是教师的单向行为。"多启发"就是教师把学生当作主体,进行谈话、提问、点拨,引导学生积极思维,多向思维;引导学生勇于自己尝试,乐于学会自学,"多启发"更充满师生间情感的交流。"多直观",就是用美的、有趣的、动态的、有声有色的教学内容和教学形式,调动学生的各种感官投入学习,使学生感到饶有兴趣,身临其境、其情,不觉得疲劳,也不会

产生厌倦。然而,真正对知识的爱、对学习的爱还不只是感受它,而是要能掌握它、运用它。所以我们十分重视引导学生动脑、动手实践,让学生通过自己的劳动自己转化,真正领略到掌握知识是一种需要,是为需要而学习,而不是一种负担。

鼓励提问,鼓励辩论,其实都是鼓励动脑动手实践。"问"是儿童好奇心和认识需要的表现形式,"问"反映了儿童对新奇事物的注意和探索奥秘的兴趣。学生在学习中能够提出问题,也是学生全身心地被发动起来投入学习的最好证明。"问题"是思维的起点,"怀疑"是创造性思维的始发环节,是知识之母,也是创造之母,有问题的提出,才有探索的目标,才有积极思维和创造活动。所以说,提问是一种能力,是寻根究底的思维能力;也是一种需要,是学习、吸收更多知识的需要,更是锻炼和发展创造思维的需要。当然,在教学中,要使学生能发现问题、提出问题,远比光有老师单向讲述的教学方法的难度要大得多,但也重要得多。单有老师的讲述,老师备课时只要研究教材,找参考资料就行了,而要指导学生自己发现问题,提出问题,那就要研究学生的"学",要研究怎样教会学生学,并且要教会学生怎样"主动学"。

"辩论"也是一种能力,是集中注意力听懂别人的观点的能力,也是表达自己观点的能力。辩论有助于同学之间相互学习,取长补短。不求一个答案一开始就是完整的,可以补充、可以删改;不求一锤定音,可以一题多解,可以变换多种不同的思考方式,对同一问题能从各个不同方面、不同角度进行思考。

"鼓励有主见有创见",是对学生学习的一种积极奖励,是把学生看作有独立精神和创造才能的人,尊重学生的首创精神,鼓励学生独立思考。课堂是发展学生思维的重要阵地,我们在教学中这样做了,就把这个阵地的作用充分发挥了。当然,在课外还有更广阔的发展思维的天地,但基础是在课内打下的。其实,这一切还不只是鼓励了积极思维、喜欢思维,还培养了乐学、爱学、主动学、创造性学的优良学风。在这里,可以看到"鼓励"带有更多的感情色彩,以教师的情,激励学生"提问"的情、"辩论"的情,以情促知,是从一种求知的积极性向求知的能力的转化,反过来又以知增情,求知能力的提高回过来又促进了求知积极性的高涨。如果说"启发""直观"是满足学生感官、爱美的需要,其中更多是情感的因素,发挥着"以情促知"的作用,那么提问、辩论、实践则是满足学生认知发展的需要,满足这些认知的需要,会更加激励学生乐学和主动学的情感。鼓励学生有主见有创见,则又向高一个层次进了一步,促进了学生学习的自信心和创造性的发展。

基于这样一点认识,我和老师们一起着手建立"讲、练、评"三结合的课堂教学结构,把"三多、三鼓励"组织在讲、练、评的教学过程中,以练为主线,培养学生"学"的能力,提高学生"学"的主动性、积极性、创造性。

以低年级语文教学为例。我们感到,在低年级培养听和说的能力很重要,于是强调把儿童的眼、耳、口、手等各种感官都调动起来,进行听和说的训练、速读的训练,训练学生的记忆力、注意力,培养学生学听、学说、学记、学读、学写的各种能力以及速度和灵敏度,把教学中的各个环节都运用起来,为培养学生听、说、记的能力服务。在指导看图中练说话,在教学字词中练说话。老师为学生创造练习语言的条件,启发学生说话的意愿和积极性,指导学生多想、多讲,结合教材设计听说练习,让学生从听说简单的句子到较为复杂的句子,再到短小的童话故事,设计速读练习,采用抽卡片的方法,让学生看,在一个很短的时间内,进行记忆默写或复述。这样把听与说、听与写、默读与记忆默写结合起来,组织在教学中,不间断地天天练习,低年级学生听、说、读、记、写的能力都较快地得到提高。有一个练习《看谁听的本领大》:"下雪了,小雪花穿上美丽的六角裙,小朋友喜欢它,小麦苗也喜欢它。小雪花飘呀飘,来到地面上,盖在小麦苗身上,像一条厚厚的棉被。"老师完整地读 3 遍,学生认真听,基本上都能把主要意思讲出来,一部分学生能一句不漏地讲出来。

对于能力的培养,各学科、各年级都各有不同的侧重点,像听、说的能力,各年级都要重视培养,但随着年级的升高,听和说的要求也不断提高,并且逐步把听转为读(阅读),把说和写结合起来,而且特别把重点放在培养阅读能力上。人们常说,语文水平的衡量标准是写作能力,其实不然。有一次,面对着一届四年级学生,老师们认为学生的阅读已经有了一定的基础,于是列了一个研究课题——指导观察与写作,老师也为孩子们创设了不少条件,从写校徽、写玩具、写文具到写动作、写小故事……老师绞尽脑汁,学生确实也写了不少,但终究比较局限。因为要不断地在孩子贮存的"仓库"里取材,有点榨油式,学生也感到很枯燥。老师们深有体会地说,这样指导写作,花的代价太大,于是掉过头来,创造各种条件去丰富学生的头脑,大力培养学生的阅读能力,并制定了完整的课外阅读指导计划:

（1）课上充分发挥阅读教学的作用，帮助学生提高理解能力及概括能力，加快阅读的速度。

（2）课外多读，把课外阅读与课外活动、少先队活动相结合，推动学生课外多读。

（3）以课外阅读带动说、写练习，重点放在说话的练习上，发展学生口头表达的能力。

（4）开展多样化的读书活动，多角度激发学生读书的兴趣，提高学生讲、演和评价书的能力。

全四年级组，一学期内开展了多种多样的课外阅读活动，用文艺形式介绍推荐图书，举行成语比赛，写读书笔记，举行故事会、演讲会和即兴演讲比赛，举办读书笔记展览会。通过多种多样的读书活动，把读和说、读和写紧密结合起来，更重要的是同学们读书的兴趣变得更浓了，连平时不爱读书的学生也积极跑图书馆借起书来，四甲班王晓行同学说："'爱书吧，书会给你知识和力量'这句话，我开始不相信，想书真会有这么大的力量？看了《世界五千年》，我对这本书喜欢到狂热的地步，书真的是会给我知识和力量。"学生爱读书了，一学期里，四年级组平均每人读22本书，读得最多的达59本，随着读书积极性的提高，读书数量的增加，知识丰富了，归纳整理知识的能力强了，语言表达和书面表达的水平都提高了，写作的能力随之也提高了。

"三多、三鼓励"的教学方法以及"讲、练、评"三结合的课堂教学结构，其核心环节是"练"。我们在教师中倡导要把"练"作为一门学问来研究。这是因为：

其一，"练"其实就是"学"。传统教学习惯于"先讲后练""先教后学"。现在我们以"练"为主线组织教学，通过"练"让学生进入主动学的状态，而不是被动地接受。我们明确把学生学习能力的培养组织在"练"中，把指导学生掌握"学法"组织在"练"中。例如，低年级教识字，我们就注意教给学生三套识字工具，教给识字方法，培养识字能力，掌握一定数量的常用字。三套识字工具：一是能运用汉语拼音识字正音；二是能运用构成汉字的零部件、独体字和偏旁部首等掌握字形；三是初步学会用工具书来查字。这样教识字，学生就不是被动地跟着老师咿咿呀呀唱会的，而是主动地运用识字工具在"练"中学会的。这样练识字，不仅学会了书上的一些汉字,而且能在课外去识很多字。一年级课本上只要求识 600 字,而我们的学生平均识字 800 多个,个别学生达到 1700—2000 个。

"讲、练、评"的"讲",是指教师指导性地教,较多地放在新知识的介绍和新课的引入。我们要求教师的"讲",要目标明确,时间适当,讲得精练、有趣、有启发性,切忌夸夸其谈,把 40 分钟都占了。我们以"练"为主线组织教学,也常用"练"引入新知识。特别是到了中高年级,老师有时设计一段听写练习引入新课。这一段听写练习,其实就是一篇新教材的中心句,老师让学生听写完后,按这一段话去自学新课。有时候老师给同学们几个启发性的思考题,如教学《董存瑞舍身炸碉堡》,老师先简要介绍了英雄的生平,接着就提出了几个问题,以此引进新课:

1948 年 5 月,为了解放隆化,董存瑞所在部队举行战前动员大会,会上董存瑞接受什么任务? 他说些什么? 想些什么? 怎么完成任务的?

有时背诵一首古诗引入新课,再学一首古诗。有时复习已经学过的知识引入新课。

算术课、自然常识学科,则常常让学生动手先"玩"一种新学具导入新课。

这样做都是首先对学生的情知状态进行调节,使学生具有积极、主动的情绪,开始新知识的学习。

其二,"练"实质上也是一种教学反馈。在"练"中,教师可看到学生哪些已经理解,哪些还没有理解,了解学生还有什么问题。在"练"中指导学生提出问题,也指导他们怎样去解决问题,每节课,让学生有充分发问的环节,鼓励学生质疑求异使学生在质疑求异中学得"活",也学得扎实。

二年级语文学《壁虎》一课,课文中讲壁虎有吸盘,有位学生在《十万个为什么》上看到壁虎没有吸盘,上课时就把这个问题提出来,老师没有忙着自己回答,而是鼓励学生查词典,词典上又都说壁虎有吸盘,这下学生问题更多了。老师就鼓励学生写信问出版社,不久就收到了出版社的回信,信上告诉孩子们:严格说来,壁虎身上长的不是吸盘,而是一种小钩,但一般粗略地说,也往往把它称为吸盘。信上还对孩子们这种质疑探索的精神,给予很高的评价。

在"练"中最要紧的是学会思考。陈鹤琴先生说:凡是儿童自己能够做的,应当让他自己做;凡是儿童自己能够想的,应当让他自己想;你要儿童怎样做,就应当教儿童怎样学;鼓励儿童去发现他自己的世界。陈先生在这些教学原则中所强调的,都是要把学习的主动权交给学生,以唤起学生对学习的自觉追求。

以四年级语文《捞铁牛》为例:

(1) 老师出示课题后,就启发学生思维。

师:捞铁牛是以写事作为题目的。你们看了这个课题能提些什么问题? 学生积极举手提出问题。老师把学生提出的问题板书如下:

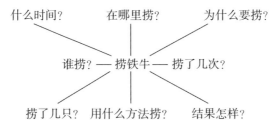

(2)引导学生自己阅读课文,自己来解决这些问题,解决一个,让学生上黑板勾掉一个,上面好多个问题通过读书都理解了,使学生懂得提问要围绕中心事件。剩下"用什么方法捞?"书上说是"我叫水送回来",孩子们不理解,老师拿出教具(一个玻璃缸、一个铅丝架、"大铁牛"沙袋),让学生自己动手做模拟实验,通过实验操作使学生弄懂:什么叫作水的浮力? 怀丙和尚怎么利用水的浮力捞铁牛?

(3) 指导学生认真精读课文,说说怀丙和尚杰出的才能体现在哪里?

经过师生共同议论,老师作出有条理的板书:

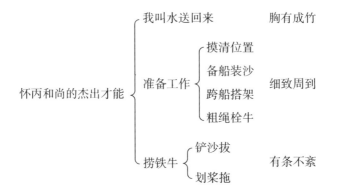

这样组织教学,课文上的知识学生都掌握了。还学会了怎样提问,怎样有条理地叙述一件事情。但教学到此还没有结束,老师进一步问学生:你们学了课文,还有什么问题？启发学生思维,激发学生对科学的兴趣。

学生又提出了不少问题,有的问题老师作答,有的问题启发学生自己课外找资料研究。

最后老师还补充了两个问题,培养学生扩散思维。

① 除了用书上的办法,还有其他方法吗？

② 这件事如果发生在现代,能用什么方法捞？什么方法效益最好？像这样安排组织课堂教学,教学容量比过去大,学生学习的积极性高,课内任务都完成了,对知识都理解了,信服了,懂得对事物要想方设法去解决它。爱国主义教育也进行了。思想品质也培养了。按课文本身不用留什么课外作业,留给他们的是进一步去思考,去探索更多的知识。

其三,"练"就是运用,就是引导和组织学生动脑动手实践。

在"讲、练、评"中,教师不仅要鼓励学生多问、多疑,而且要鼓励他们多思、会思、多讨论、多辩论;不但要按常规思维,而且要有求异思维;不但要有顺向思维,而且要有逆向思维;不但要有集中思维,而且要有发散思维。要鼓励学生对不同情况能变换多种不同的思考方式,对同一问题能从各个不同方面、不同角度进行思考。教师要能在课堂教学和各项活动中创造各种条件,激发学生的思维活动。

当学生知道了三个或三个以上数相加的算式叫"连加题"时,教师就要求学生编出答数为 10 的连加题。学生就编出了 $8+1+1=10;7+1+2=10$……很多道。但普遍都没有用 9 这个数,教师就提出:"$9+1=10$ 是否可以?"学生就议论开了。有的说,这不是一道连加题,但有的说只要把式子改成 $9+1+0=10$ 就是连加题。

教师常给学生一些变异习题,要求学生多思多议,识别解答:

(1) 机器厂计划生产 1000 台机器,已经生产 400 台,还剩多少台?

(2) 机器厂计划生产 1000 台机器,已经生产了 10 天,每天生产 40 台,剩下的还要几天完成?

(3) 机器厂计划生产 1000 台机器,已经生产了 400 台,余下的要 8 天完成,每天要生产多少台?

(4) 机器厂计划生产 1000 台机器,已经生产了 10 天,每天生产 40 台,余下的要 8 天完成,每天要生产多少台?

题目在条件和问题上稍加变化,让学生从变化中辨出差异,及时变换思路,提高思维能力。

教师也常给学生看图、看式子、看线段,要求编写应用题。如:

苹果　50 斤 └─┘

生梨　200 斤 └──┴──┴──┴──┘

学生通过发散思维,可以编出:

(1) 水果店有苹果 50 斤,生梨是苹果的 4 倍,生梨有多少斤?

(2) 水果店有苹果 50 斤,生梨是苹果的 4 倍,苹果和生梨一共多少斤?

(3) 水果店有苹果 50 斤,生梨是苹果的 4 倍,生梨比苹果多多少斤?

(4) 水果店有生梨 200 斤,是苹果的 4 倍,苹果有多少斤,生梨和苹果一共多少斤?

(5) 水果店有生梨 200 斤,苹果是生梨的 $\frac{1}{4}$,苹果和生梨一共多少斤?

学生能根据两个条件提出许多不同问题,就是因为在两个相同的条件下,从不同的角度来考虑就有不同的问题。这样不仅培养了学生完整、准确的语言表达能力,而且起到举一反三的作用,多思多想,有利于思维发展。

我们不但在课堂教学中鼓励学生提问,而且要求学生在日常生活和各项活动中细心观察、多问多疑。小李原是个不善于动脑筋的孩子,通过“爱科学月”活动,她也开动起脑筋。一天早晨起床后,发现玻璃窗上有许多小水珠,就提出了问题:“玻璃窗上的小水珠是怎样来的?”她再跑到室外摸摸玻璃上并没有小水珠,顿时悟出了道理。小于在观察叶子时发现长在树上的叶子都是正面朝上,而落在地上的叶子都是反面朝上,这是什么道理呢? 他的这种细微观察提出了一个很有价值的问题。在一次“爱科学月”活动中,全校 600 多名队员在一个月中共做了 1625 次小实验,提出和解答了 3249 个问题。上至天文,下至地理,大至宏观宇宙,小至微观粒子,如“人造纤维能有各种颜色,棉花为什么不能有彩色?”“鸭子有翅膀为什么不能飞?”等,这些问题像磁铁般吸引着孩子们去探索知识的宝库。

其四,“练”就是鼓励儿童有主见、有创见,就是鼓励学生去创造。

在儿童时期,依赖心理是占主要地位的,生活上依附父母,学习上依赖老师。但这时独立性心理已经萌发,创造性思维是以独立性思维为前提的。同时,没有充分的独立性,也就没有充分的个性发展。独立性心理在学习上表现为一种智力的独创性。老师应该十分注意发现和培养学生各种点滴的、哪怕是微不足道的独创思维。就像一位诗人说的,月光虽好,但萤火虫发的光比月亮更好,因为萤火虫那一星半点的绿光是自己发射出来的,而月光仅仅是伟大阳光的反射。要创造需要月光,更需要萤火虫的光。

二年级语文有一篇《找骆驼》的课文,课文中只说骆驼的左脚有点跛,学生认为骆驼有前后两只左脚,"左脚有点跛"指的是哪一只呢? 课文说:"我又看见路的左边有一些蜜,右边有一些米",学生也不同意这种写法,认为应该改为"脚印的左边有一些蜜,脚印的右边有一些米"。

在低年级数学课上,教师出了一道题:小朋友排队走,小明前面有 3 人,后面有 2 人,这一队共有几人? 学生回答是 6 人。教师问是怎样算的? 学生回答前面是 3,后面是 2,再加上小明自己:$3+2+1=6$。教师又将题改为:小朋友排队走,从前面数小明是第 4 人,从后面数小明是第 3 人,这一队共有几人? 这样又把许多学生搞糊涂了,教师便要他们用彩棒摆摆看,用一根红棒代表小明,前面再放 3 根蓝棒,后面再放 2 根蓝棒,和前一题一样仍是:$3+2+1=6$。但有一位同学说:应该用题目条件所提供的 4 和 3 相加,由于小明被数到 2 次,所以再减去 1,成了 $4+3-1=6$,教师大大表扬了这位学生有创见的思路。

思想中新的观点和形象来自合理的联想和想象,想象是智慧的火花,是认识中最活跃、最积极的因素。想象力丰富的人联想多,奇特的想象有利于揭开创造的序幕。创造力就包含着这种创造性想象的能力,儿童时期是最富于想象的时期,我们应该从小培养儿童丰富的想象,发展儿童创造性想象。儿童创作的价值,不在于创作的产品和成果,而在于创作过程本身。重要的并不是孩子们创作出了什么,而是他们在创作活动中受到创作想象和体现创作想象的训练。

美术、手工课的自由创作,音乐课的欣赏联想,是发展儿童想象的重要途径。在我校陈蓓蕾老师的音乐欣赏课上,孩子们不仅能想象小鸟飞,鱼儿游,大象走,乌龟爬,猴子玩耍,青蛙捉虫,还能把自己的想象通过动作表演出来。

低年级老师在教拼音符号"W"时,为了加深学生的印象,要求学生想象这个拼音符号像什么。有的说像大海的波浪,有的说像一座山峰,有的说倒过来就像是驼峰,有的说侧过来就是个"了"字,有的说像鸟的嘴巴,下面画一横就像鸟的嘴巴在吃虫(W)。

高年级的语文课文就要求想象和课文中的人物对话,想象故事情节的下一步发展。学了《卖火柴的小女孩》就要求学生想象下一步的情节,学生就写了"卖火柴的小女孩来到我们家""卖火柴的小女孩来到火柴厂""卖火柴的小女孩参加我们的小队会"等。在开展创造性活动中,更是充分发挥学生的创造思维,锻炼了他们的创造才干。

有一年,欧洲广播联盟组织"国际儿童故事创作比赛",曾提供了20多种音响,作为题材的内容。它既突破了年龄、年级的限制,又突破了语言条件的限制,为儿童驰骋创造性想象提供了广阔的天地,引起同学们浓厚的兴趣。作文课上老师先讲清要求,然后打开录音机,多种音响就在学生耳畔回响:轰轰、嘟嘟、叽叽、哗哗,学生听得那么认真,那么出神。随着一声声音响,学生记忆中储存的许多生动形象的生活素材化成一幅幅画面展现在眼前。这次作文获得了预期之外的效果,大部分学生写出了水平,有些学生通过想象创作了长达几千字的长篇故事。六年级学生陆阳爱研究昆虫,写了《梦游蚂蚁王国》,邓依琳写了《和美国小朋友芬尼游漓江奇遇》,宋晓怡写了《火星一日游》,三年级乐嘉栩构思奇趣,他是和"小灵通"一道坐上"未来号"飘行车,创作了《愉快的旅途》,获这次比赛三等奖。三年级陈播描绘了2000年"中国的春天",内容是借邀请安徒生故乡的小玛丽来中国喜马拉雅山参加世界儿童联欢会,写出了祖国河山的美丽和改造祖国山河的童心,获这次比赛一等奖。

其五,"练"就是指导学生学会自学,"练"就是培养和提高了学生的自学能力。

教师备课时,有意识地考虑把自学渗透到教学的每个环节,哪些课文要求学生独立阅读,哪些知识可以"先学后教",可以让学生"先练后讲",凡是经过老师点拨、启发,学生自己认真读书就能弄懂的知识,老师就不讲。学生自学能力的形成要靠多练,老师在教学过程中要为学生创造自学条件。如语文课教会学生运用工具书,独立理解词句,解决难题;设计动脑、动口、动笔的练习;指导学生自己整理知识,自己设法找参考资料。数学学科则启发学生自己制作和准备学具,采用尝试法导入新课。40分钟里,学生活动时间增加了,就相应要求教师课堂用语简练,讲解新课以引导为主,充分让学生进行思考,用已知去掌握未知,学生在课上自己想,自己提出问题,自己设法解决问题,把口头的、书面的练习尽量组织在整个课堂教学的过程中,现在数学课一般有15—20分钟练习时间,50％—80％的练习能在课内完成。

中高年级语文课特别重视设计指导学生自学,启发学生思考、理解课文、综合整理知识的练习。如四省市统编教材在第八册有一组课文:《骆驼》《松鼠》《小松树》等。对《骆驼》《松鼠》等课,老师设计要求学生列表回答问题的练习。对《小松树》一文,则让学生练习写一篇读《小松树》有感。下面是学生江汉悦写了一篇短文:

### 读《小松树》有感

我爱大自然,我爱大自然中的一草一木,它们虽然默默无闻但它们都充满着生命的活力。在课文《小松树》里,作者把小松树刻画得像一个奋发向上的孩子多么可爱!

小松树刚长出来时,是那么娇嫩,是那么矮小,它连龙骨草都比不上。小松树想看到龙骨草是什么,巴不得一下子就长高。读到这里,我不禁想到了自己,小时候我只和爸爸膝盖一样高,把脚跟抬得老高,也看不到桌面,和小松树一样,我是多么想长高啊!

过了一两个月,小松树长高了许多,它看见蓬蒿、蓼草和蒲公英等,读到这里我又想起了自己。在我上一年级时,我开始识字,做些简单的数学,我的眼界逐渐开阔起来,我开始热爱知识,像海绵吸水一样地学习知识,就这样一年级二年级三年级……往上升,我就像小松树一样,一点一点地往上长。

小松树已经可以看到树木上面的蓝天了,只不过是小小的一块蓝天,小松树还要长得更高,看得更远更多。一年又一年过去了,小松树长得越高,天空就显得越空旷、越辽阔。小松树长得更快了。现在,它已经可以望到它所在的森林了,是不是可以满足了呢!不,小松树还想看看森林后面还有什么呢!它还要长得更高,看得更远。

我想起了"学无止境"这句话，任何时候都不能以为自己什么都懂了。记得小时候，我以为一百是最大的数，后来才知道一百后面还有无数无数的数字呢。谁也说不出什么是最大的数。我原以为零是最小的数字，殊不知还有负数呢。有谁能说出最小的数字呢。

小松树长高了，它发现森林后面还有森林，还有……为了看个明白，小松树必须不断努力地向上长。我赞美和学习小松树奋发向上，永远不满足的探索精神。

这样的"练"实际也是一种学。学生能写出这样的读后感，说明学生对课文的寓意、文章的结构和写作方法都已经理解了，并且已经学会了怎样读书，怎样从读书中接受教育。

在愉快教学中，"讲、练、评"是一个整体，"讲"是指教师指导性地"教"，要求教师的"讲"目的明确，时间适当，讲得精练有趣，有启发性。"评"贯穿在教学的全过程中，不仅有教师的"评"，也有同学之间的"评"，还有师生相互的"评"，评学、评练、评问、评答。"评"是一种肯定，又是探讨与启发。我们坚持以学生为主体，紧紧扣住"讲、练、评"的综合运用，使学生学会学习，学会思考，学会运用，还学会去创造，锻炼了学生"学"的能力，提高了学生学的水平。现在我们已把"三多、三鼓励"的教学方法和"讲、练、评"三结合的教学结构，归纳整理为愉快教学的教学模式和策略体系，编制成《愉快教学法》。

## 12. 愉快教育的校风、教风、学风

一种舆论、一种风气、一项号召、一项实践、一个典型、一次奖励常常有效地激励少年儿童的成长，有的甚至会对一个人的一生产生深远的影响。

一位早年的毕业生，70年代底，在给母校的建议中说，一所学校应该倡导一种精神，这对她的学生们一辈子都会产生良好的作用。我理解这位校友所说的"精神"，也就是良好的风气、良好的行为、良好的思想和品德、良好的集体意志和环境氛围。我从中受到启示，于是发动了全校师生，并且把老校长、老教师、老校友都请回来，讨论与总结，建立起附小的校风、教风和学风。

经过全校师生上上下下的广泛讨论，又经过大家认真的实践和总结，最后由我负责加以归纳整理，确定附小的校风为"勤奋、诚实、礼貌、守纪、创造"十个字，

也称之为五种精神：钉子精神、春风精神、大雁精神、水晶精神、创造精神。它们之间是并列的，又是交叉的，它们是一个统一体。校风的建设是学校风貌建设的需要，也是儿童本身成长的需要，在一个具有良好风气、良好舆论、良好环境的集体里，孩子们潜移默化地受到感染，受到陶冶，他们的品格、个性、智力、能力都会得到完美和谐的发展。

在学校的建设与发展中，我越来越感到，校风的建设是一笔宝贵的财富。这是学校建设中的软件，是一股巨大的精神力量，促进着、支撑着整个学校的教育改革和发展，更是陶冶着教师、学生两代人的成长，并且带领着广大家长素质的提高。因为一个好的校风，首先它是一种良好的人际关系，反映在师生之间、生生之间、亲子之间和教师与家长之间，是一种和谐的、宽松的、互助互让、互敬互爱的优良风气。在这样的风气的熏陶下，孩子们从小学会与人相处，要"以诚待人"，真诚、诚恳、谦逊；要"以情待人"，对师长、对父母、对同学、对兄弟姐妹都要热情、要相互关心、要相互尊重，要多为别人着想，每当爱生节——老师为学生专门设立的节日，三八节——妈妈的节日，扩大为父母和长辈们的节日，六一节——师生一起创造美与乐的节日，尊师节——孩子们为老师过教师节。每当这些节日来临时，教师和学生以及爸爸妈妈们都通过各种形式，彼此献出一片爱心，使整个校园充满着"桃李美、园丁乐"的浓浓深情。我们把这种风气称为"春风精神"，希望校园里永远充满和煦的春风。

校风同时又是一种良好的集体舆论，人人爱集体，人人为集体出力，人人对集体负责，人人维护集体的荣誉，人人遵守集体共同确定的准则。集体关心自己的每个成员，每个成员关心集体的每项活动，响应集体的每项号召，积极担负起集体的每项工作。比如，上海市人民政府号召上海市民遵守"七不规范"（不随地吐痰、不乱抛果皮纸屑、不乱穿马路、不在公共场所吸烟、不讲粗话脏话、不损坏公物、不破坏绿化），学校少先队组织积极响应，不仅要求少先队员带头遵守，而且组织队员们在校内外进行宣传。又比如学校争当文明行为示范校，全校学生人人都以20条小学生行为准则规范自己的行为习惯，人人都为学校争得这个荣誉出力。我校的少先队的值日中队制度，建立40多年来，人人都参与，人人都学习当主人管理学校。为大家服务，反过来人人又都服从值日中队的管理，使整个学校生活有条不紊。

在我校，集体的舆论已逐渐成了大家共同遵守的准则。升旗仪式，人人高唱国歌、庄严敬礼；降旗仪式人人原地立正，热闹非凡的校园，一下子各个角落都保持安静。看见老师主动招呼，上、下楼梯一律靠右走。铃声就是命令，人人按全校的铃声统一行动。没有人讲脏话，没有人欺侮小同学，没有人丢纸屑，连春游、秋游在公园里吃了东西，掉下来的纸片都打扫干净。走路、排队，行为举止都能看得出这是附小的学生、附小的人。

在校风建设中，学校和少先队组织经常表扬努力学习、自觉学习、获得优良成绩及学有所创、学有所长的学生，为全校学生树立学习的榜样，推动全校形成良好的学习风气。附小的学生知道，学校希望他们自己学、主动学，还要有自己的爱好，发展自己的特长，最好能有所创造。这是附小经常倡导的诚实对待学习和诚实对待劳动的舆论，一旦形成舆论，就会促使大家都去实践。

校风又是一种有力的催化剂。学校是儿童少年集中的地方，孩子们是最富有朝气的人群，特别是在改革开放的今天，在孩子们中间，时时都有新事物在产生，天天向上，不断发展，永远是新时期儿童少年的主旋律。面对着充满朝气的孩子们，我感到学校教育一定要引导他们从小树立创造的志向，从小锻炼创造的才干，从小学习动手动脑去尝试创造。在学习中要自己去创造好的学习方法；搞活动要自己去创造新的活动内容和活动形式；换了新的环境，要创造如何去布置、如何去美化、如何去运用。引导孩子们学习创造，应该是我们这个时代学校教育的重要任务，"创造"也就成为附小校风中不可缺少的组成部分，并且成了附小前进中最活跃的催化剂。

当然校风不是一成不变的，它本身也在发展，不断充实新鲜的内容。我让师生们年年重温校风，年年自下而上制定"扬附小之风、做附小之人、建附小之班级（中队）集体"的规划，使附小好校风代代相传，年年发展。近 20 年来，附小不断发展、充实这 10 个字的校风，教育培养了一代学生，少先队大队多次评为全国红旗大队、雏鹰大队，还涌现了不少市、区先进中、小队集体和优秀少先队员，也锻炼培养了许多先进教师、优秀班主任及优秀少先队辅导员。教师和学生共同体现了"附小人"的风采。

在"校风、教风、学风"三风建设中，起主导作用的是"教风"，有什么样的教风，就会有什么样的学风，会形成什么样的校风。这一点我十分清楚，所以我当校长第一件事就是抓"教风"的建设。我常说附小是一片沃土，师资队伍是很整齐的，有许多能人，也有许多优点，他们都在各自的岗位上，各自发挥作用。而我抓教风的建设，则是要集众人之所长，使之成为全校教师共有的财富。

附小教师中间，有许多热爱事业、热爱学生的动人故事，有强烈的事业心，即使在艰难的时期，附小老师们凭着高度的责任感，顶着压力，顶着困难坚守三尺讲台。1978 年恢复高考，我校许多毕业生，就靠着这一时期里，小学老师为他们打的文化基础和养成的自学习惯、自学能力考上了大学，校友们非常感激童年时的蒙师。附小的老师执着的事业心表现在对教学工作的认真负责，每节课的 40 分钟都是每个孩子的宝贵时间，没有谁轻易浪费一分钟，从来都把 40 分钟看作一个教学单位时间，把每个 40 分钟都仔细地加以安排，教师该讲多少时间，多少分钟应该让给学生练，让给学生学，各种教学活动的进行，都考虑它的教育价值以及对孩子们的实际锻炼。对待学生的要求是严格的，从基础知识、基本技能的训练，从良好学习习惯的养成，从思维能力的发展，从语言表达、课文朗读以及书写格式的规范都有明确的目标，有周密的培养计划，从学生实际出发，启发和调动学生的积极性，真正落实到学生，我们称之为落到实处。教师自身也在这些方面规范自己，为学生作表率。

几十年来，附小的学生一茬接一茬，换了一批又一批，好些毕业同学现在已经当家长了，带着自己的孩子到母校报名上学，都仍然清清楚楚地记得当年老师们是怎样鼓励和培养他们良好的行为、习惯的，以至成为他们长大后处世、做人、工作和生活的准则。

当我访问了很多老师——已经退休的和至今还在教师岗位上工作的，接待了很多同学或者说是问了许多毕业校友和目前在校的学生，听了他们深情的回忆和介绍，我非常感动，深感优良的传统一定要加以很好的总结，继承和发扬，于是我把附小的传统教风概括为"三严、四认真"——严肃对待教育事业，严密组织教育、教学，严格要求学生也严格要求教师自己；认真备课、认真上课、认真批改作业、认真辅导有困难的学生。我这样归纳附小的教风，既是对前人成果的总结与肯定，又是规范现在和以后来到附小工作的教师的起点,使每位附小的老师都引以为荣,又以其为当教师的准则。

把附小200多位老师几十年里形成的优良传统,明确定为附小的"教风",这还只是建设教风的开始。"三严、四认真"好记也好理解,但不能束之高阁,而是要用以指导实践和运用。我们常以典型引路的办法,树立榜样,带动全校的老师,谱写附小教风的新篇章。臧慧芬、徐大全等老师的备课本,每一册、每一课都可以拿出来示范展览。李兰英老师教数学教了好几个大循环,对数学教材真是滚瓜烂熟了。临退休前不久的一个暑假,她又接了一个新的一年级,老师们开玩笑地说:"李老师,这下你可以闭着眼睛教了。"李老师却说:"不,我过去较多地是考虑老师如何教,现在愉快教学要改变单纯考虑老师教的教学方法,要改为指导学生如何学,我得把教案推翻了重新备课。"整整一个暑假,她不仅重新备了课,又从航模室里找来了经过处理的轻木,按指导学生自己学的要求,锯成了长短不同规格的小棒,并染上了各种不同的颜色,为每个孩子制作了一套数学彩棒。新学期开始后,李老师领着一班一年级的小娃娃,在有趣的数学世界里,数数、认数、学会基数、序数,再也不是用老师自上而下灌注的老办法,而是让孩子们摆弄学具,自己探索数的组成,自己编题,出题目给同学计算,做学习的主人。

为了教学生学习叶圣陶先生的名篇《瀑布》,特级教师臧慧芬看了100多本介绍瀑布的书和文章,查阅了世界各大瀑布的名称,它们的地理位置以及各大瀑布的规模和气势。这就是附小教师的教风。这样的教风,我们经历了一代又一代,臧慧芬老师最小的徒弟小蔡,如今也已长大,参加全市以及全国的语文教学竞赛,光荣夺冠。

附小的教师队伍,一直是一潭活水,从我在附小的40多年里,每年都有新生力量补充进这支队伍,并且常常一次就进好几人,多的时候,会有10多名,我记忆中就有过3次12名。第一次是我进附小的1952年,为了迎接新中国第一个五年计划,教育局给附小一次派了12名。1980年,教育经过了70年代底的恢复与整顿迎来了大发展,附小历史上就有了第二次的12名师范毕业生同时进附小的记载。1991年,随着众多老教师的退休高峰,附小迎来了第三次12名新教师群体。从这组数字里,可以看出各级领导对附小的关心与期望,也可以看出第一师范以及后来的师专给予附小的支持。我在第一师范暨附小 50 年校庆的时候说过,在附小发展的各个阶段、各项实验中,都深深感受到各级领导与第一师范对附小的厚爱,市、区的每一位教育局长都把附小抱在怀里,第一师范每年都把优秀毕业生留给附小。

面对这样一支年年补充新生力量的教师队伍,我们的教风也是既要坚持继承,又要立足发展。每次新教师到校的第一件事,就是拜师,校长一定给每位年轻教师选派一位优秀的师傅,要求师傅处处以身作则,悉心指导;要求徒弟尊敬师傅,虚心好学。继承是从学习开始的,学习好才能继承好。继承又是为了发展,只有很好地继承,才能更好地发展。经过了不断的学习与继承,经过了几代附小人的努力,新老教师写下了许多爱生、爱校的故事,研究了许多教育、教学的新课题,总结了不少新鲜的经验。附小的教风也发展了,在"三严、四认真"的基础上,又增添了四种精神——奉献、实干、进取、创造,这充分表现了附小教师们的精神面貌,除了严肃、认真之外,更充满了朝气,充满了活力。在这个教师集体里,人人不保守,不止步,不安于现状,个个敢于向自己挑战,勇于新的尝试,进行新的创造。

优良的教风必然带出优良的学风。教师对教学的孜孜不倦的追求与创造性的研究,以及对自己所教学科的热爱和喜欢,必然感染自己所教的学生对学习的喜爱,从而培养与形成了附小学生的学风——乐学、爱学、主动学、创造性地学。

教风表示了一所学校教师的教学风格,学风则表示一所学校学生对待学习的态度,对待学习的情绪与感情,也是对待学习的行动。我更把它看作是一种学习的品质。从小形成什么样的学风,不仅对儿童时期的学习有用,对他们长大后继续学习、终身学习以及对待工作都是有用的。小学打基础,不只是教会学生基础知识、基本技能,更在于教会学生怎样做人,形成良好的学习习惯、学习态度、良好的学风,也是教会学生怎样做人的重要组成部分。

我经常给孩子们介绍居里夫人、华罗庚、杨振宁教授的治学精神,其实就是他们的优良学风——一种勇于探索、勇于攀登、勇往直前、不怕挫折、锲而不舍的治学品质。这也是给孩子们树立学习的榜样。科学家们的这种学风,又是一种创造,是他们在长期的学习和实践中的积累,启示孩子们向敬爱的科学家们学习,总结和形成自己的学习习惯和学风。

　　愉快教育倡导"书山有路趣为径,学海无涯乐作舟",还把学风说成是一种浓浓的情趣,一种美妙的享受。在一个个班集体里,甚至在整个学校里,倡导和营造一种趣学、乐学、好学、主动学的氛围。这种氛围,首先营造在课堂学习的全过程中,老师们组织教学,既重视教会学生掌握知识和能力,还着眼于培养学生优良的学风。如四年级的数学课,老师运用文字题进行逆向思维的训练:比一个数大"4.1"的数是"6",逆题意思就是"6"比一个数大"4.1",或一个数比"6"小"4.1",求这个数。二年级学生在学习了自编文字题的基础上,老师出了一道 $16+9-10$ 的算式,让学生不限道数,能编多少就编多少。对于这样的学习,学生是颇感兴趣的,人人积极地编出了许许多多道,如:

　　(1) $16+9$ 的和再减去 10 的差是多少?

　　(2) 有三个数,分别为 16、9、10,它们先加后减得多少?

　　(3) 比 16 多 9 的数与 10 相差多少?

　　(4) 10 比 $16+9$ 的数少几?

　　(5) 16 加最大的一位数,减最小的二位数的差是几?

　　学生边编边找规律,他们乐学、爱学、主动学、创造性地学的精神,也就在这些编编、排排中发展起来。

　　高年级的数学课,老师则更重视在教学中为学生创设充分思考的教学过程。引导学生多向思维,知识让学生自己探讨,规律让学生自己发现,引伸让学生自己推导,鼓励学生发表多样化的独特见解。例如,教学分数、小数混合加减运算时,老师出示 $\frac{7}{8}+0.4$,学生在具体的解法上有分歧,有的把 $\frac{7}{8}$ 化为小数后计算,有的把 0.4 化成分数计算,各执己见。老师不急于求统一,而是鼓励双方讲清道理,最后得出结论。当分数能化成有限小数时,一般把分数化成小数计算;当分数不能化成有限小数时,则把小数化成分数再计算,至此学生仍有异议,举例说: $\frac{1}{3}+$ 0.15 $+\frac{1}{6}$ 题中分数虽不能化成有限小数,但可将 $\frac{1}{3}$ 先加 $\frac{1}{6}$ 得 $\frac{1}{2}$,再化成小数 0.5 与 0.15 相加, $\frac{29}{32}-0.5$,题中的分数虽然能化成有限小数,但计算较烦琐,容易出错,还不如把 0.5 化成 $\frac{1}{2}$ 再计算较为简便。在这样的教学过程中,孩子们好奇质疑、多思、多想的优良学风得到了锻炼。这就是愉快教育倡导的主动学、创造性地学的具体表现。

愉快教育所倡导的学风——乐学、爱学、主动学、创造性地学是一个整体,它们之间是互相关联、交叉发挥作用的。我们常说,乐是基础,由乐产生爱。乐又是主动学习、发展创造思维的内燃机。学生的心情处于快乐的状态,这是学习的最佳时机。孩子们学习的主动精神和创造思维多半产生在欢乐的愉快的时刻。在教学中,老师们千方百计地为学生创设这种愉快的氛围。课外,则更多地发动孩子们自己去创造欢乐。如在课外发动学生自己办报纸、编小剧,学生自己设计"报名",自己找材料、写报道,自己排版面、画插图,主动地学会了许多课堂上没有学过的知识和本领。编、演小剧也是如此,没有现成的,他们就自己编、自己排、自己演、演了又画、画了再写。编成了、演成了、画成了,孩子们也得到了最大的快乐,从而又激发他们更主动地去学、去创造,很多孩子一个假期可以收集十几本剪报。参加汉俳比赛,孩子们会写上 10 首、20 首,有个孩子一个人写出了 40 首,在愉快教育倡导的学风的熏陶下,很多孩子把学习看作是一种享受。恩戈、蒋琼耳兄妹俩星期天主动要求到学校来画"灯展"。到佘山、浏河去野营,到植物园去参观、游览。爱画画的孩子,都会带回丰硕的写生画。王延同学的学习堪称是一种创造,学了字词,自己学会归纳整理,在他写的文章里,可以说没有错别字或者说很少找到错别字,奥妙全在于他学会了自己找路走。

儿童时期形成的学习习惯、学习方法、学习态度,总起来说都是学风。优良的学风,将对每个人产生终身的影响。凡是从附小毕业的校友,都赞扬附小老师们培养了他们一种好学风。沈建国、崔家骧两位同学都是靠着这种好学风自学成才的。

# 四 愉快活动

## 13. 活动——愉快教育的重要途径和载体

随着时代的发展,在教育教学的改革实践中,人们越来越清楚地认识到活动在培养现代化建设所需要的人才方面的重要作用。今日的活动,人们不再把它看作是课外的事,一种可有可无的辅助性教育教学途径;而是把它与学科教学视为一个整体,作为培养全面发展人才的重要渠道之一。

我校开展的愉快教育,追根溯源,也是从活动中得到启发的。要是我没有当过长时间的少先队辅导员,没有长期生活在孩子们中间,也许我就不会提出"愉快教育"的实验。我没有上过正规的大学,感谢孩子们、感谢少先队让我念上了"儿童教育大学"。儿童世界是绚丽灿烂、丰富多彩的,我在其中充分感受到了儿童稚嫩而又极其天真的喜、怒、哀、乐,感受到他们的童趣,了解到他们最喜欢什么,最想干什么,也看到了他们中间蕴藏着宝贵的创造潜能。我当辅导员,习惯于常常问问孩子们想开展些什么活动,问问他们能做些什么,凡是从报纸上、书刊上看到新鲜的信息,就及时告诉孩子们,并且启发他们:"想不想去试试?"我从孩子们的希望和要求中体会到,也能理解到他们心田里的追求是寻找快乐。而我们当老师的则看到了就在孩子们感受到愉快的同时,他们的德、智、体、美诸方面都得到了愉快的发展。

　　有一次,我和辅导员小谢组织了一次四年级近 200 名队员的夏令营,住在郊区解放军一个简陋的营地内,吃住都比较艰苦。因为人多床位少,我们让两个孩子合睡一张床,人人都被蚊子咬了。我想这次孩子们吃苦了,谁知他们仍然十分兴奋,无论是晨曦时分起身看日出,踩着露珠去钓龙虾,还是顶着骄阳下农田,傍晚夕阳西照时放风筝,这些活动在校内是看不到也体会不到的,每一项都觉得新奇有趣,他们早把被蚊子咬忘得一干二净,逢人就说夏令营真快乐。夏令营结束后,老师没有布置他们写作文,可孩子们自觉地写了许多。历来写作文,都是老师苦思冥想出题目,学生苦思冥想造文章;而通过活动,学生有感而发,有情可抒,题目与材料拈来就是,他们积极主动地想说、想写,说得有血有肉,写得生动活泼。所以,愉快活动与愉快教学一样,是实施愉快教育的主要途径和载体。

　　要是从孩子的需要出发,我甚至认为"没有了活动,也就没有了愉快"。孩子的成长,离开了活动,可能就会逊色不少,孩子的童年,就会缺少光泽。基于这样的认识,在我当辅导员的日子里,开展了数以千百次的活动,在当了校长以后,仍然十分重视组织各种活动,最终,把活动定位于儿童成长的需要,列入愉快教育的重要途径,发挥着不可替代的作用。

　　我当年辅导过的大队长、现在已经成长为作曲家的奚其明是这样来回忆各种活动对他的影响的——

　　"'五星红旗颂'是我和同行们构思创作的一部大合唱,当我轻吟起'亲爱的五星红旗,亿万人民注视着你……'这一行行诗句,我心中激动而又清晰地浮现出儿童时期的母校——一师附小每天早上升国旗时神圣的情景:一条条鲜艳的红领巾在初升的太阳照耀下更加光彩夺目,我们整齐的队伍高唱起'中华民族''前进、前进',在这纯洁、天真、带着稚气却朝气蓬勃铿锵有力的国歌声中,庄严的五星红旗,徐徐升起,辉映在晴朗的天际。我,就是这几百个孩子每日高歌的第一首合唱曲的小指挥,虽然当时才不过十岁。

　　"我的父母并不从事文艺工作,但是我有一个最好的启蒙老师——课余的红领巾合唱队。去少年宫表演,和外宾联欢,每星期六参加电台少儿教歌节目……我愈来愈喜欢唱歌了。在音乐老师的辅导下,我成了红领巾合唱队的小指挥。我记得，每天完成作业后，常常对着大镜子双手比划着，右手打着拍子，左手慢慢抬起，做着渐强的表情，可真使我入了迷。当我知道母校要送我去报考音乐学院附中，我高兴极了，可是又担心自己不会弹钢琴、拉提琴，辅导员和老师对我说：'可你会唱歌、会指挥呀！'真的，我就凭了少先队教我的这两样'法宝'，考进了上音附中，开始了专业的音乐学习。

"母校的少先队活动丰富多彩，每个小朋友的天赋都得到了发现和发展。当年的我们，画过和平鸽，为志愿军叔叔做过针线包，曾听过战斗英雄讲故事，我们还和吴运铎叔叔通信；我们办起了中队图书馆，参观工厂，开辟了小小农场，养了家禽；我们举办军事野营，我们唱歌演戏……我们学会把课堂知识用于实践，我们知道要爱美，追求美；我们更懂得，从小就应当爱祖国、爱人民，让胸前的红领巾和五星红旗一齐飘扬！我们每个一师附小的少先队员怎能忘记这'好好学习、天天向上'的金色童年，每天都是那样新鲜，我们也总用新奇的眼光迎接每一个清晨。毕业后的30多年来，我学会了弹钢琴，学会了管弦乐法，会唱许多歌，然而最亲切的曲调还是'红领巾胸前飘'！是少先队教会了我，一个社会主义艺术家，应该永远歌颂光明、歌颂生活，我创作了交响诗《向往》以歌颂祖国粉碎'四人帮'后春天的来临，我创作了芭蕾舞剧《青春之歌》鼓舞前进在'四化'大道上人们的斗志，创作和演出了大合唱《五星红旗颂》，鼓舞亿万人民用新的拼搏争取新的胜利。而我这位老少先队员，更愿意和无数红领巾在一起，再次举起右手在队旗下宣誓，时刻准备着！"

从奚其明这段充满感情的回忆中，我深深地感受到了，愉快的、有意义的活动对孩子们产生的影响是久远的，甚至可以绵延一辈子。其实，孩子们对活动的作用并不是等长大以后才理解，他们小小年纪也会对活动作出深刻的评价。

一天，到上海一师附小来参观的法中友协妇女代表团的随行人员、法国国家第三电台记者兼《布莱塔尼亚》报记者突然提出："请允许我采访一位少先队员，回答我提出的十个问题。"对外国记者提出的要求，我一点儿没有思想准备，但我仍然立刻把大队长何雷——一个小不点个儿的男孩子找来。

"咔嗒"一声录音机里的磁带咝咝地转动起来。气氛有些紧张，大家猜测着："这位搞突然袭击的外国记者会问些什么呢？"

何雷脸上带着微笑,用手正了正红领巾,目光像闪电一样扫了在场的老师们一下,仿佛说:"真有趣,我也来个'答记者问'!"他平静得像一湖没有涟漪的春水……

"你是否喜欢你的学校?"

"我很喜欢我的学校。我感到在学校很愉快,老师和同学们都十分亲热。"

"你认为学校的含义是什么?"

"我认为,学校对我是不可缺少的。我是一个学生,学生的主要任务是学习文化知识。我们每天有一大半时间是在学校度过的,学校使我获得许多知识,还开展了各种活动,它是我成长的摇篮。"

"你喜欢自己班上的同学吗?"

"我喜欢我班上的每个同学。我们是一个集体,我们大家相互学习,相互帮助。课余时间,我们一起游戏。我们都希望我们的集体能进步。当集体有了荣誉,大家都很高兴。假如我们集体中有人生病了,大家都会去关心他,慰问他。"

"你是独生子女吗?"

"是的。"

"因为你是独生子女,家里没有兄弟姐妹,所以你才喜欢你的同学?"

"我与周围邻居的孩子也很好,老师教育我们都要团结友爱。我们班上有些同学,他们不是独生子女,但是他们也很喜欢班上的同学,大家都很团结。"

"你长大了准备做什么?"

"我长大了要像爸爸一样,搞通信工作。我们的祖国在通信上与科学先进的国家相比,还有距离。我想,我们国家搞'四化',也需要先进的通信工具。我要为祖国的通信事业做贡献。"

"你是少先队员,你觉得少先队员意味着什么?"

"少先队员意味着是祖国的小主人,是建设祖国的预备队。我们的团中央领导人说过,我们现在是预备队,将来是建设祖国的突击队、先锋队。"

"你觉得,对你来说,什么是最重要的?"

"对我来说,全面发展是最重要的,也就是说品德要好,身体要健康,要学习更多的知识。"

......

外国记者的问题一个接一个提了出来,何雷不慌不忙地一个一个回答。何雷的谈话录音还被拿到校长、区委干部几个集会上播放,很多人也问我:这样的人才幼苗是怎样培养起来的? 一师附小究竟靠什么把共产主义理想的种子如此深深地埋在了孩子们幼小的心灵中......

探讨儿童成长规律的人们接二连三地来到附小。上海社会科学院青少年研究所和上海团市委的同志在附小整整待了两个月,他们几乎找了所有的教职员工谈话,看了不同年级的不同内容的少先队活动,听了课,和各年级学生们广泛接触。最后,他们说:当前,不少学校把少先队活动和教学工作对立起来,认为活动多了影响教学质量和升学率。可是,一师附小的少先队活动既生动又新鲜,从校长、书记、教导主任、老师直至后勤人员个个都确认少先队组织的力量和它在学校的重要地位;大家一致认为,少先队教育和丰富多彩的各种活动是提高教育教学质量必不可少的重要保证。

孩子们对活动的评价则给予了我更有力的启示。对于何雷的出色谈话,我曾在全校学生中给予赞赏,并希望同学们向他学习。不久,我随孩子们外出活动,无意间又说起何雷,站在我边上的林锋接口就说:"何雷之所以能这样,是因为他参加的活动多,要是我也有那么多参加活动的机会,我也会像何雷一样反应快,答得好的。"林锋一段短短的心里话,帮助我形成一个深刻的观念——孩子们喜爱活动,不只是他们的年龄特点,而是他们成长的需要。活动给予孩子们的,也不只是快乐,还给予了他们许多书本以外的知识,开阔了他们的眼界,并且锻炼了他们的能力,培养了他们活泼开朗的性格和勇于探索、不怕困难的品格。从此,我一直有一个想法,要开展各种各样适合儿童的活动,让每个学生都有参与的机会。

每一次我在构思和制定计划时,既考虑教学的改革,一定也认真设计活动的开展。愉快活动与学科教学不一样,学科有课程标准,而活动则没有现成的教科书,我认为活动不可能、也不需要像学科课程那样,运用统一的教材,把活动框在统一的教材里,容易把孩子们的思维束缚起来。

苏霍姆林斯基说过,有六种力量同时对儿童施加影响。这六种力量是指教师、家庭、学生集体、学生本人(自我教育)、书籍、街头结交(广泛接触社会)。教育要"三个面向",也要求我们从多方面教育培养儿童,即在探索教学现代化、信息化的同时,重视建设和发挥课堂教学以外的各种教育力量的作用。我在"愉快教育的要素""创造"这一要素中,着重讲到了在教学中重视发展儿童创造思维,而创造才干的培养,则更多地需要在活动中,特别是在创造性活动中得到锻炼与发展。我们努力按照邓颖超同志在第一次全国少代会上的号召"把少先队活动创造性地开展起来",让孩子们从小学习创造,会创造,喜欢创造,懂得在创造性活动中锻炼创造才干。

愉快教育实验,大力改革了课堂教学,使学生学有余力,学有余时。我们及时提出把课余时间的支配权还给学生,教育和指导学生学做时间的主人,这样为孩子们开展多种多样的活动提供了条件,使少先队也有时间、有可能开展多种多样的创造性活动。

## 14. 唤起学生求知欲望的读书活动

在林林总总的愉快活动中,我们常把读书活动放在优先考虑的位置上,学校是学生学会读书的地方,当然离不开书,而学生的成长更离不开书。不管是丰富儿童的知识、扩大信息的来源、发展儿童的智力,还是继承发扬中华美德、陶冶学生的情操,都要紧紧抓住读书这个重要环节。

考虑到教科书不可能包罗学生所需的各种知识,也不可能及时反映社会发展中不断更新的知识,为此,我们在抓读书活动中,决定通过课外阅读,引导学生喜爱读书,启发他们去探索未知的世界,激励他们对周围世界的深思。我们把学校图书馆作为开展读书活动的前哨阵地,根据上海课程教材改革方案的要求,重新制订了指导课外阅读的"序",对每个年级都提出了确切的阅读要求。对刚入学的一年级小学生,指导他们观看《书的故事》录像,让他们了解龟甲书、竹片书、丝绸书都是古代的书,而现代又创造出了立体书、音响书;又领他们参观学校图书馆,孩子们看到图书馆里一排排书橱,整整齐齐地排列有几万本书,更引起了对书的向往和读书的兴趣。从三年级起,我们又为每个学生准备了一本课外读书笔记,要求他们在小学阶段能读完50—70本课外书。孩子们在读书笔记的扉页上记下所读的书目,摘录自己喜爱的章节,自己按内容插图配画。少先队大队部设立了书节,开展"爱书月""书海漫游""书的剧院"等各种读书活动,收集有关怎样读书的格言,访问出版社,参观报刊编辑部。《小主人》报、《小伙伴》报都在学校建立记者站,沟通了报刊与小读者的心。书籍和报刊为孩子们提供了丰富的精神食粮。

老师们根据课外阅读的"序",也为学生精心地选择阅读的报刊和书籍。比如,三年级结合课内教《海底世界》,就向学生推荐《海洋》一书;结合学校的各项活动,学校举办科学月,就向学生推荐《科学家的故事100个》《科学小实验》等书;教师还根据班级实际向学生推荐各类书,如针对学生粗心大意,推荐《粗心的小画家》《马小虎办奇案》……随着阅读面的拓宽和阅读量的增加,书籍与报刊成了学生吸取信息,接受教育的重要渠道。

课外阅读的"序",就如读书活动的纲要一样,给予学校读书活动以指导,从读书的内容、数量到时间和方法,都提出了明确的要求,坚持执行这个"序",就使读书活动在愉快活动阵地里扎下了根,并且在各种活动里起着领头和指导的作用。

在课外阅读的指导中,我们从上好课外阅读指导课做起,研究了各种指导课的类型,有读物介绍课、读物叙述课、读物评讲课(包括检查总结)。对小学生来说,读物介绍课非常重要,通过对读物内容的简明扼要的介绍,激发学生阅读的兴趣和愿望,指导学生用正确的方法进行阅读,同时也向学生提出阅读的要求,以提高阅读的效果。

这里,着重介绍一节陈玲棣老师执教的三年级的读物介绍课——《"小伞兵"和"小刺猬"》。课分四步进行——

第一步:教师进行启发谈话,引出被介绍读物的书名和作者。

师:小朋友,你们知道吗? 大自然中有无穷无尽的知识。每一种动物、植物是怎样生长的? 有哪些生活习性? 又是怎样繁殖后代的? 都有它的特点和规律。你们都爱大自然,要做大自然的主人,那么我们就要学习、掌握这些知识。怎样才能获得这些知识呢? 除了上课的时候从课本里学,叫大人讲,看电影、电视以外,还有什么办法可以学到这些知识呢?

生:还有一个办法,就是去看关于大自然的书。

师:对,看书。看什么书呢? 我知道小朋友很爱看童话故事。今天老师向你们介绍一本科学童话集,书名就叫《"小伞兵"和"小刺猬"》。这本书是中国少年儿童出版社出版的,是吴文渊叔叔画的封面和插图。

第二步:介绍读物的内容。老师告诉同学,这是一本科学童话集,一共收集了16个科学童话故事。老师采用了多样化的教学方法,重点介绍了其中几个。首先联系课内学习过的《植物妈妈有办法》介绍了"小伞兵"和"小刺猬"。

师:看了这本书的封面,请思考"小伞兵"和"小刺猬"是指什么呢?

生:"小伞兵"是指蒲公英,"小刺猬"是指苍耳。

师:你们是怎么知道的呢?

生:因为我们上学期学过《植物妈妈有办法》。

师:你们能不能把《植物妈妈有办法》里讲到蒲公英和苍耳的句子背出来呢?

生(背):"蒲公英妈妈准备了降落伞,把它送给自己的娃娃,只要微风轻轻一吹,孩子们就纷纷出发。苍耳妈妈给孩子们穿上带刺的铠甲,只要挂住动物的皮毛,就能走到田野山洼。"

师:这本书里的第一篇就给我们介绍了"小伞兵"和"小刺猬",具体地介绍了蒲公英妈妈和苍耳妈妈是怎样传播种子的,"小伞兵"和"小刺猬"离开了妈妈以后,生活得怎么样呢? 这一篇童话里就会告诉我们。你们看了以后一定会觉得十分有趣,而且会使你们获得许多植物方面的知识。

接着,陈老师打开录音机,播放了介绍《爱打扮的鸵鸟爸爸》这篇科学童话的全文,同时还挂出了经过放大的插图,要求学生通过自己认真读书,弄明白这个故事讲了什么。

对阅读这一则童话,老师作了详细的指导,师生还展开了议论。

师:《爱打扮的鸵鸟爸爸》,看到这个题目,你想知道什么?

生:我想知道鸵鸟爸爸是怎么打扮的?

生:我想知道鸵鸟爸爸为什么爱打扮?

生:我想爱打扮的全是小姑娘,怎么会是爸爸呢?

生:我想知道鸵鸟爸爸打扮了有什么用?

师:刚才小朋友提了几个问题,那么我们来看看这篇文章是怎么写的。请小朋友听老师读,边听边看书,还要边想,想想这个故事讲了什么。

(放录音:《爱打扮的鸵鸟爸爸》全文)

师:刚才你们听了这个科学童话,书里有三幅插图,陈老师把其中的一张插图放大了,画成彩色的。(挂出插图)这个故事讲什么?

生:这个故事讲了鸵鸟爸爸和鸵鸟妈妈在沙漠里生了几个蛋。后来,鸵鸟爸爸在白天孵蛋的时候,猎人来了,很快就发现了它。而猎人白天在沙漠里看不见鸵鸟妈妈,鸵鸟爸爸后来才知道,原来鸵鸟妈妈身上披着灰褐色的羽毛和沙漠的颜色一样,所以猎人看不见它。鸵鸟爸爸知道了,不爱打扮,有短处,也有长处。在孵蛋的时候,是有长处的。

师:你们看这张图片,能不能找到鸵鸟妈妈呀?

生:细细看是能找到的。粗看,鸵鸟妈妈的颜色和沙漠一样,不容易找到。

师:你现在找到了吗? 哪一个是鸵鸟妈妈?

(一生在图上指出雌鸵鸟)

师:(指图)这是谁啊?

生(齐答):鸵鸟爸爸。

师:那么,你们说,这个故事还告诉我们什么?

生:还告诉我们,光爱打扮是不好的。

师:小朋友,刚才×××讲了这个故事的情节。这个故事是科学童话,那么它是告诉我们哪些科学知识呢?

生:还告诉我们,在沙漠里,鸵鸟爸爸这种黑色和白色是非常显眼的,而鸵鸟妈妈的颜色跟沙漠差不多,它这种颜色是不显眼的。

生:还有,鸵鸟妈妈快要生蛋的时候,鸵鸟爸爸要挖一个很大的沙坑,然后要搬石块,堆在周围,就做成一个舒舒服服的产窝了。

师:这个窝是谁做的?

生:鸵鸟爸爸。

师:还有吗?

生:读了这篇文章,我还知道了鸵鸟妈妈生蛋不是生一两个的,一般都要生十几个。

师:书上写了它一次生了多少个蛋?

生(齐答):12 个。

师:还有呢?

生:这个故事还使我知道,要是鸵鸟妈妈孵蛋的话,鸵鸟爸爸就要去寻找食物;它们有分工的。

师:那么你们想,谁在白天孵蛋?

生:鸵鸟妈妈在白天孵蛋。

师:晚上谁孵蛋?

生:晚上是鸵鸟爸爸孵蛋。

师:还告诉我们什么?

生:还告诉我们鸵鸟爸爸是男的,也会孵蛋。(笑声)

生:还告诉我们,鸵鸟的腿很长,跑起来很快。

生:我还知道,不光是女孩子爱打扮,鸵鸟爸爸也很爱打扮。(笑声)

生:我还知道鸵鸟是非常非常大的鸟。还有鸵鸟妈妈穿着灰褐色的衣服,不光是不爱打扮,而且能保护自己和自己的孩子。

生:我还知道,鸵鸟遇到危险时,总是绕着圈子狂奔才逃出性命的。

师:小朋友,我们看科学童话,不能光看故事情节,一定要看说明了一个什么科学现象,给我们介绍了哪些科学知识。

在介绍《鳄鱼》时,老师还播放了《鳄鱼生蛋》的录像片。

师:你们看见过大鳄鱼吗?

生:看见过的。

师:大鳄鱼生小鳄鱼,你们看见过吗?

生:我看见过的。

师:你在哪里看到的?

生:我在《动物世界》的电视里看到的。大鳄鱼生蛋的时候,不是生一个蛋,而是生许多蛋。等到小鳄鱼孵出来以后,它就用可怕的大嘴把小鳄鱼装在嘴里,然后运到它的窝里去。

师:真有趣。其他小朋友还没有看见过,现在请你们大家来看一看。(放录像片段《母鳄生蛋》)

师:刚才我们看了录像,小鳄鱼生出来,跟它妈妈像不像?

生:像的。

师:在小鳄鱼出世之前和小乌龟出世之前,鳄鱼妈妈和乌龟妈妈还差一点打起来了,发生了一个天大的误会。关于这方面的知识,也向我们介绍得非常详细,你们想不想看这本书啊?

生:想看的。

第三步:老师除了形象地介绍了内容外,还十分重视指导学生养成良好的读书习惯。

指导学生拿到书后,先要看一看目录。看了目录以后,就会知道这本书的内容是什么。还屡次提醒学生:"我们看科学童话,不能光看故事情节,一定要看它说明了一个什么科学现象,给我们介绍了哪些科学知识。我们掌握了这些知识以后,就会变得聪明起来。"

最后,还和同学们一起讨论为什么要用"小伞兵"和"小刺猬"作为这本科学童话集的书名这个问题,引导学生阅读"编辑后记"。

师:这本科学童话集的书名是《"小伞兵"和"小刺猬"》,你们认为编者为什么要把这一篇科学童话作为书名呢?

生:有两个原因。(1)《"小伞兵"和"小刺猬"》是这本书的第一篇。(2)这个题目很吸引人。

师:讲得有道理。还有一个原因,请你们到书的最后"编辑后记"里去找。

生:编者希望科学童话像"小伞兵"和"小刺猬"一样,到处传播,到处扎根,开出千千万万鲜艳的花朵。

师:现在大队部号召我们编书,你们想想,我们可以编一些什么?

生:科学童话。

师:对了,让我们学校里,也开出科学童话的鲜艳花朵来。

第四步:在这堂阅读指导课结束时,老师还让学生在读完这本书后,完成一项阅读练习,以检查自己的阅读效果。

### 《"小伞兵"和"小刺猬"》课外阅读练习

你同意下列看法吗?(同意的用"√",不同意的用"×")

1."小伞兵"挂在小鹿的毛上来到了远方 ………………………… (　　　)

2. "小刺猬"长大了,长着有刺的叶子开着美丽的小黄花 ……………（　　）

3. 秧鸡把房子造在岸上的草丛里　…………………………………（　　）

4. 知了是害虫,它的嘴是一根细管子,靠吸树干里的液汁过日子　…（　　）

5. 鸵鸟爸爸披着灰褐色的大衣跟沙漠的颜色一模一样　…………（　　）

6. 蝙蝠两只大耳朵壳上的毛,碰到什么轻微的东西都能立刻觉察
出来　………………………………………………………………（　　）

7. 青菜妹妹长得又瘦又黄,主要是缺少磷 …………………………（　　）

8. 蚊蜘蛛被蚂蚁活活咬死了　………………………………………（　　）

9. 草鱼住在鲢鱼的楼上,青鱼住在鲢鱼的楼上　…………………（　　）

10. 小鲤鱼住在水稻田里,水稻长得焦黄焦黄　……………………（　　）

11. 山雀自己不会做窝,抢占麻雀的窝　……………………………（　　）

12. 山雀、燕子、啄木鸟、猫头鹰都是益鸟　………………………（　　）

13. 乌龟妈妈把蛋生在河边的水草里,小乌龟一出世就长得和妈妈
一模一样　………………………………………………………（　　）

14. 大象的身体太重了,陷进又烂又软的泥沼里再也爬不出来了　…（　　）

15. 大象一小时能游 1600 米,一口气能游 6 小时 ………………（　　）

16. 大象能走过烧着的草地,火焰烧不伤脚掌　……………………（　　）

17. 养蜂人给蜜蜂吃惯哪一种香味的糖汁,蜜蜂就爱上带有这种香味的花儿
家里去采蜜　……………………………………………………（　　）

18. 啄木鸟把松果嵌在树缝里,作为过冬的食物　…………………（　　）

19. 貂鼠把叼到的小田鼠一只只穿在树枝上晾起来准备过冬 ………（　　）

20. 小熊吃得饱饱地睡在树洞里过冬 ………………………………（　　）

课外阅读指导课上,老师花大力气指导是十分有益的,使孩子们有目的地去选择书,还学会了如何去读书,怎样像蜜蜂采蜜那样吸取有益的精神食粮。但阅读一定不能停留在读,而要学会运用。我当辅导员的时候,自己也是从书上学来很多东西,包括如何建立"红领巾剧院",如何运用书籍开展"假想旅行"。于是在少先队活动中,我也着力组织读书活动,每年都举行"读书月",每年都积极开展"红领巾奖章读书活动",奖励读书积极分子。除了学校图书馆之外,几乎在个个

中队都建起中队图书馆。每天中午都有读书活动,发动和鼓励队员们主动读课外书,主动寻找和积累读书的格言,使读书活动成为孩子们的自觉行动。同时,我们还努力做到,凡是在学校里开展的活动大多都离不开书:举办信息广播台要运用书籍、报刊;见闻报告会要运用书和报;讲故事或开展儿歌、朗诵比赛,要依靠书;写观察日记,要运用书;举行成语比赛,要用书;很多学具的制作,很多实验的操作都离不开书,连创造游戏也离不开书。后来,我校在各种创造性活动的开展中,书的作用就更加突出地显示出来。读书之后,有些孩子雄心勃勃地进行写书、办报,比如办起《春笋报》《闪电报》,等等。此外,很多著名的儿童文学作家,如包蕾、任溶溶、圣野、鲁兵、孙毅、陆星儿,他们经常参加我们孩子的读书活动。这不但开阔了孩子们的视野,而且促使他们主动积极地去读书,去与好书交朋友。

下面列举的几则"读书活动",就是生动的写照——

### "读书活动"之一:"书的剧院"

"书的剧院"是我校从 50 年代以来读书活动的老传统了。常常是读了一本书,组织起一台节目,书里的一切都活灵活现地走到孩子们中间,成了儿童生活中的一部分,一辈子也忘不了。《敲开地球的大门》就是读了《人和宝藏》一书后的产物。

### 敲开地球的大门

《敲开地球的大门》是由陈蓓蕾老师辅导改编的一个引导队员汲取科学知识的队活动。举行队会前要让全体队员通过课外阅读《地球的宝藏》《十万个为什么》等书,了解地下资源的有关知识。

一、活动目的

1. 通过队活动使队员热爱科学,热爱知识,从小有探求知识的积极性。

2. 树立远大理想,今天"敲开"地球大门去探求地球的奥秘,明天要唤醒沉睡的大地,向地球深处进军!

3. 创造性地制作道具,布置环境,通过活动发挥自主自动精神。

二、人物分配

1. 中队长(小主席)

小博士,地质迷,火箭迷,地球妈妈,少先队员甲、乙、丙、丁。

2.氧　硅　铝　铁　铜　金　铀　银由八位男同学扮演。穿一件盔甲似的背心也可用彩色纸剪好,钉在前胸(似古代大将装束),手持一面三角小旗,上面写上名称。

3.钼、锑、铋、钴、镍、砷、石油、铅、锌、铜由十位女同学扮演。

用各色绉纸做成十顶头饰。手中捧一只盘(可用硬纸或其他代用品),盘中央立一块各种形状的纸板,涂上颜色和花纹,中间写上名称。

4.玉蜀黍,金龟子,海带,细菌。拟人化化装,也可以戴一只象征性头饰。

群众甲、乙、丙(在队员座位上发言)

三、环境布置

1.会场布置成一个地下宫殿式,队会主题写在宝石形状的纸上,如果能装上电灯闪闪发光就更好。

2.准备一扇门似大型地层图,作为地层书。气氛和布置带有民族色彩,使队员们产生奇异的幻想,激起对地下宝藏探索的积极性。

四、队会实录

长:下面我们请读书迷——我们中队的小博士,介绍少年自然科学丛书——人和宝藏,

咦?小博士呢?队会开始了,他到哪儿去啦,同志们,你们等一下,我去叫一声,小博士,小博士。

博:来啦,来啦!

长:啊呀,队会开始了,你上哪儿去啦!快,去介绍吧!给,书。

博:中队长慢点,慢点,慢点!同志们,我迟到啦。不过我遇到了一件十分有趣、奇怪的事,看,我刚才收到了一段奇怪的电波。

长:电波?电文是刻在云母片上的。

博:是呀,一段奇怪的云母电波。

长:让我想想,这波长看来有一亿兆周,一亿兆周好像是从地底下发来的。

博:地底下?经你一提醒,对啦这波长肯定是1500公里的地下发来的。

长:这云母电波上写着什么呢?

博:我不认识。不过不要紧,找个我们中队的地质专家来翻译一下吧!地质

迷,地质迷,你在哪儿?

质:我听到啦,我在这儿呢!

博:快来,快来给同志们翻译一下吧!

质:呀! 好消息,太好了,太妙了,太有劲儿了,太……

博:什么事呀,光一个人高兴,快译出来让大伙儿也乐一阵吧!

质:这云母电波是从地下打来的! 上面写着×月×日地爷爷举行"宝藏博览会",他邀请我们地质爱好者,都去参加呢!

博:好极了! "宝藏博览会"我小博士正好在研究人和宝藏,我去,我肯定去。

长:你别光想着去参加宝藏博览会呀! 同志们等你介绍科学书呢!

博:喂,少先队员同志们,参加宝藏博览会后,你们就不用我介绍了,咱们大伙先去参加宝藏博览会好吗?

(齐:好! 可怎么去呢?)

质:别急,小博士,这儿还刻有地址呢! 纬线 75°,经线 40°。天池火山口进入地下公路,沿着公路走 1500 公里,看到一扇奇怪的大门,只要打开这扇大门,就直通地下宝石宫,那儿正在举行宝藏博览会。

博:有了地址,能去了,快走吧。去晚了怕博览会要闭幕了!

长:别急,小博士研究一下,坐什么去呢?

博:坐什么去? 这好办,火箭迷,火箭迷,快上来呀!

火:来了! 好消息长了翅膀,我都听见啦,不用着急,我们火箭第三试验站,已经研究成功了最新入地火箭,乘入地火箭去吧! 它能钻入地下,不怕高热,每分钟行 100 公里,15 分钟就可到达宝石宫。

博:哈哈,太好了! 真带劲儿,现在我们上天有路,入地也有门啦!

质:火箭迷,太感谢你们啦!

长:好吧,就这样决定了,中队会到宝石宫继续举行。同志们注意,同志们注意,紧急通知,14 点 26 分 54 秒最新入地火箭起航,前往宝石宫参加宝藏博览会,大家作好准备,大家作好准备。

齐:好! 入地火箭起航啰!

[歌曲:自选火箭起航的曲]

长：奇怪的大门到啦！

博：这门真大。石头做的，让我来敲一下，咚咚咚，开开门，里面有人吗？你们邀请的客人来啦！

地：谁在大声嚷嚷，把我的好梦也惊醒啦！我地妈妈在这儿几亿年，从来没有人惊动过，你们都是些谁呀？

火：我们是地面上来的客人，前来参加你们的宝藏博览会，地妈妈，请您开开门吧！

地：噢！地面上的来客。欢迎欢迎，可是开门？不行啊！我地妈妈是不为别人开门的，这门只有你们自己去打开。

质：这怎么开呀，这么厚的石头，我们推也推不动呢！

地：小傻瓜，动动脑子吧！这入地之门难道只能用手把它推开吗？动动脑子，动动脑子……

火：来，我们来仔细看看，有什么机关！啊！"无字地书"，原来这门是一本石头大书。

甲：多大、多厚的一本石头大书。咦！上面画着什么？还记着什么符号？（集体甲）我们知道无字地书记载着许多特殊的文字、图画和记号，学会了、认识了这些"石头语言"，它就会告诉你许多有趣的故事，并且把找寻地下宝藏的道路指引给你。

质：这扇石头大门，就是一本地球的地质书，地妈妈把自己亿万年的生活日记都记在这上面。

长：看，这地下最深的一层是

（集体乙）火成岩。它是无字地书的封面，这火成岩的上面覆盖一层一层的是

（集体丙）水成岩。我知道，各种水成岩的颜色和石头颗粒的粗细，就是石头大书的特殊图画。如红色土层告诉我们远古时代这儿天气炎热多雨，温暖潮湿，而灰色的石头在远古时代一定是严寒干燥的，远古时代靠近海岸湖畔的地方，就造成一层又一层泥岩和页岩，再往上面看（集体丁）是泥沙岩。

火：最上面那是土壤，我们就住在土壤上。

博：宝藏们都居住在火成岩、水成岩上，地妈妈，我们答得对不对啊？

甲:地妈妈,我们答得对吗?

地:哈哈哈哈,真是些聪明的孩子,你们自己找到答案了吧! 这本书是世界上最厚最厚的书,它有十几公里厚呢! 你们要探宝,就得先学好这"本"石头大书——无字地书。现在,大门为你们敞开了,进来吧,参观完宝藏博览会,就把这本书带回去,好好学习,好好研究,从此地妈妈的大门就永远为你们敞开了!

齐:谢谢地妈妈,地妈妈再见,再见!

氧:快集合,我接到振动波,地面来客啦! 立正,向客人们致敬!

博:好神气的一支队伍啊! 金灿灿的,白花花的,乌黑油亮的,红光闪闪,真好看,真灵,真是宝贝。

氧:我们是宝藏之家的成员,我是氧,化学符号 $O_2$,是我们宝藏之家的老大哥。

质:氧不是金属元素,是非金属元素吧!

氧:对,我是非金属元素,我是宝藏之家的老大哥,因为我的体重差不多占整个地壳的一半——50%,我跟许多金属合在一起,我和气活泼,大家都喜欢我。

硅:我是老二,叫硅,跟氧大哥一样是非金属元素,我的体重占了地壳的 26%。

铝:你们不认识我吗?

博:认识,我知道你是铝,"钢精",我们每天跟你打交道。

甲:我们烧饭的锅子是你做的,叫钢精锅;

乙:我们洗脸的脸盆是你做的,叫钢精脸盆;

丙:飞机身体是你做成的。

丁:用你还可以做表带。

铝:对呀,我是人类最喜欢的铝。看,我多灵,浑身闪耀着银白色的光辉,我又轻又亮,人们称我"银白色的金子",虽然我被人们利用还只有 100 多年的历史,可是,现在全世界每年生产的铝,已经远远超过钢的产量,人们没有我,根本无法生活呢!

铁:铝大哥,别太骄傲了,虽然你的用处大,可别小看了我铁老四,我的历史总比你长吧,别看我黑不溜秋的,人们也少不了我呢!

甲:铁大哥,我们炼钢一定要你参加。

乙:我们的农具,都是铁做的。

丙:炒菜的铁锅,用你做的。

铁:咳! 怎么样!

铜:我说铝、铁二位老兄,要说藏量我比你们少,可是人类最早是用我铜做工具的,我才是历史上最悠久的宝贝。

金:铜老哥,最早被人利用有什么稀奇? 你总没有我贵重吧! 我是金,金光灿灿的金,要找到我可不太容易,我可以锤成比纸还薄的金箔,还可以拉成比头发还细的金丝,现在人们还把我制成金币,我才是宝藏之家里最高贵的成员。

铀:金大哥,我看你只不过是物以稀为贵罢了,要稀有,我才真正少呢。我是一切火箭的原料,你纯金既不硬更不中用,还记得吗? 几千年前你还在山洞口哭鼻子呢! 人类刚刚发现你,用你去做刮骨针、切兽皮,你不但切不开,剥不动,反而刀口一下子就卷了,那时人们把你丢在山洞口,都没人理你呢!

银:好了,好了,都别争了,金大哥别骄傲,铝大哥也别神气,我们大家都各有各的用处,反正人的本领最大,他们都能把我们请出去,为人类服务。

博:银大哥,讲得真对! 都别争了,你们对我们都有用,都是我们的宝贝,你们每个人都有自己的功劳,我们都记在心上,将来还要更好地让你们发挥作用呢!

氧:地面客人好不容易来到我们宝石宫,就让他们看看我们宝藏的秘密吧,姑娘们,把宝献上来吧!

博:呵! 多漂亮的帽子!

箭:怎么,宝藏还穿衣、戴帽?

质:当然! 地妈妈就喜欢把宝藏献给人类,这就是宝藏的活广告。

长:哈,我在电视里经常看到广告,怎么,地底下也做广告呢?

质:当然,这是矿物的活广告,地质叔叔阿姨就是根据活广告,找到了矿藏的。不信,我们请他们来介绍介绍。

［歌舞］

铜:请看我,头戴大铁帽,身上藏铜宝。铜矿在哪里,先把铁帽找。

长:地面上看到铁帽,地底下就有铜矿,真有意思。

钼:头戴淡黄帽,底下藏着宝,特种金属矿,钼在地下藏。

锑铋:头戴黄白帽,锑铋真不少,找我先找帽,宝贝就找到。

钴:头戴玫瑰帽,外表长得好,地下藏着钴,蕴藏量真不少。

镍:头戴翠绿帽,请把镍矿找。

砷:头戴草绿帽,请把砷矿找。

石油:我戴沥青帽,不戴不得了,若是找到了我,石油就往外冒。

铅:我头上长一棵草,名字叫铅草,铅给我养料,我给铅做广告。

锌:我头戴一朵花,颜色多美啊,与众都不同,因为地下有锌矿啦!

铀:头开粉红花,身穿绿"疯草"。植物做广告,铀矿就找到。

博:哈,真是此地无银三百两,这帽子都把地下秘密揭开了。

铜:地上来客们,今天我们做广告,希望你们快快来探宝,我们愿意献人类,地下宝贝任你们挑。

质:真有意思,快快拍下彩色照片,带回去好好研究,我定要把这些美丽的姑娘请到地面上来。走开,走开,我照相,什么东西飞来飞去,咦?金龟子,你怎么飞到地下宝石宫来啦!

博:咦! 玉米的妈妈玉蜀黍大婶,你怎么也来啦!

玉米
金龟 :我们是特邀代表来参加宝藏博览会的。

箭:别瞎扯了,你是动物昆虫,你是植物,跟宝藏是毫无关系的。

龟:不懂就别咋呼,我们怎么不能上宝藏博览会来,我们才是活的宝藏制造厂呢!

博:越说越神奇了,我看要么等地壳再来个大翻身,你们埋到地下,几万年后可能是宝藏呢!

玉:别小看人。我说出来,你别吓一跳呢。我是玉蜀黍,专门喜欢吸收土壤里的金子,所以长大后把我烧成灰,一千公斤灰里就含有 10 克黄金的金丝丝。

质:哟,一千公斤泥土里只有 200 毫克的黄金,你比泥土本领大 50 倍,真是聚金的能手。对不起! 我刚才太没礼貌啦。

龟:还有我,金龟子,看我浑身多灵,金光闪闪,有的妇女还把我作装饰品呢,因为我整天飞来飞去，就有吞金的本领，只要把我烧成灰，一公斤灰里就有 25 毫克的黄金的粒儿，我是吞金大将军呢！

带：还有我是海里植物，海带。我可是聚碘的干将，缺碘的病人多多地吃我，甲状腺病就会减轻。

龟：小人国的使者来了——细菌你好！

细：小博士，看到我别害怕，我们细菌不全是害人精。比如我就对人类有益，我天天在泥里吞吃铁，死后就堆成铁山。还有我的表姐，专门吞吃泥土里的锰，我的表妹天天从麦秆灰中提炼硫磺。我们都是聚宝能手呢！

龟：这下，你说说我们能参加宝藏博览会了吗？

博
　：能！能！
长

质：聚宝的将军们，我想长大后去办一个"特殊的采矿厂"，邀请你们来做特殊采矿厂的工人。

长：是呀，请你们吸收土地、空气、海洋中的矿物质。浓集加工，最后再到冶炼厂、药厂、科研所去。

玉：好啊！我们就盼这工厂建成，我们愿意做特殊工厂的工人，为人类造福。这下，地球上的矿藏不是越用越少，可能是越用越多呢！

博
　：（争论"用得完""用不完"）
质

群甲：小博士讲得对。你听，人工地震的炮声回响着。你看，探矿飞机轻快地掠过高山和平原，地球资源卫星日夜不歇地从天空向人们发回地下宝藏的情报。电子计算机用每秒钟上亿次的运算速度，分析计算无数关于宝藏的数据和信息。地下宝藏一个接一个地向人民"投降"，这样，地下宝藏不是很快就会被人们找完吗？

群乙：不对，不对，还是地质迷说得对。人们虽然不断地从地下找出许多宝藏，但同时又会有更多的东西将成为新的宝藏。像铝呀、铀呀，这些宝贝一百多年以前还是废物呢！

甲：可是，你要知道现在每年大约有 45 亿吨以上的矿藏被人们从地下掘出来,今后肯定还要多,这样下去……

乙:你急什么? 从地球的表面到中心有 6300 多公里深,现在的最新式的钻探机还只能达到 10 公里,还没有钻透地球的一层皮呢! 而且一个矿也不是一下子就开完的,像我国云南有个锡矿已经开采了二百多年了,还没有开完呢!

群丙:对对。四川省的地下天然气已经采了二千多年了,产量还很丰富呢! 何况,有许多金属开采出来以后,并没有消耗掉,而是制成了各种产品,这些物质仍然是永远存在的呀!

甲:那么石油呢? 现在不是已经在闹能源危机了吗? 而且地球虽然很大,但终有完,只有一万亿立方公里,它又不会再长了,人类这样找下去,就像蚂蚁啃骨头,终会啃完的。

乙:别担心,到那时你会看到岩石,用一座热到几千度的高温火炉,把石头全部烧化,然后用强大的电流来分解这些岩浆,使里面的金子归金子,铜归铜、铁归铁、铅归铅,这样你还用担心吗? 到那时,我将乘上宇宙飞船来到别的星球上,寻找我们需要的宝藏,宇宙那么大,你总不要再发愁了! 到那时,我在地球和别的星球之间架起一座天梯,供你自由来往,你可以清晨去火星上班,傍晚回到地球上你的家里吃晚饭,你满意吗?

长:11 月 5 日我们在现代城——工业展览馆,拉开了科学月的序幕。雄伟的建筑,琳琅满目的展品,把我们带进了现代化的世界。科学月里大队部提出的"4354"活动,更要求我们成为建设四化有用的人,我们从小要探索浩瀚奇妙的科学世界。去年我们探索了石油的奥秘,今年我们要去敲开地球的大门,地球是宝藏的摇篮,地球是资源的宝库。地球在召唤我们向科学进军。

众:小博士,我有个问题,地球上的宝藏到底找得完找不完呢?

质:我说是找不完的。

博:我说找不完。

长:我看还是问问地球妈妈吧,让我们一起去寻找这个谜吧!

地:我是不会告诉你们答案的,你们还是自己去找吧。

众:今天我们敲开了地球的大门,地球是宝藏的摇篮,地球是资源的宝库,我们要进一步唤醒沉睡的大地向地球深处进军!

### "读书活动"之二:"拇指剧场"

如果说,"书的剧院"规模盛大,办一场要花大力气,那么拇指剧场则是最简便灵活了。拇指剧场用课桌搭舞台,借用学习用品搭成布景,大拇指或食指套上纸偶为演员。根据课本或课外儿童读物的故事自编、自导、自演、自娱、自乐。活动地点小,活动场所灵活,不论在午间、课余,还是课间都能演出;也不管场地如何变换,演出都不受影响。

#### 课本剧《聪明的大公鸡》

甲(解说词):公鸡在路上遇见了狼。

狼暗暗高兴,想吃掉公鸡。

(乙、丙的拇指上戴上狼和公鸡的纸偶。摆动纸偶出场)

乙:好朋友,你上哪儿去?

丙:看朋友去。

乙:我们两个一起走好吗?

丙:怎么是两个? 后面还有一只狗呢!

甲:狼一听赶快逃走了。

#### 寓言剧《自相矛盾》

人物:卖主,买客,观众几人

[幕启]卖主一手拿着矛,一手拿着盾,在街上叫卖

卖主:诸位,在家靠父母,出外靠朋友,有钱帮个钱场,有人帮个人场,请大家不要散场,在下不是江湖卖艺的,我是来出让传家之宝。眼看中秋佳节来临,我想换些路费好与家人团聚。(举起矛)这是张飞、罗成、岳飞使用过的长矛,身经百战。我这长矛,穿铁如泥,舞起来八面生风。杀敌时百刺百中,战无不胜!

买客:哦? 这支矛有这般神? 不知刺起盾来怎样?

卖主:我这支矛能穿透金、银、铜、铁各种盾。刚才我不是交待了穿铁如泥嘛!

买客:不论什么盾都戳得穿?

卖主:当然。

买客:如果有的盾戳不穿呢?

卖主:我分文不取,送给先生。

买客:决不反悔?

卖主:一言既出,驷马难追。

买客:好! 请各位作证。

观众:好!

买客:因为我还要你的盾,等会儿买盾的钱一并付,请你介绍一下你的盾怎么样?

卖主:好! 提起我的盾,是举世无双的。当年关云长的青龙偃月刀砍不断,岳飞的千斤锤砸不烂,薛仁贵的方戟也戳不穿。

买客:哦? 真想不到你的盾也如此神!

卖主:那当然,这不是吹的。

买客:我试试如何?

卖主:行!

买客:那就用你的矛戳你的盾……

卖主:哎……

观众:(笑)

买客:怎么样?

卖主:这……

买客:你不是自相矛盾吗? 哈哈哈。

### "读书活动"之三:到"全知道"爷爷家做客

星期六放学前,老师告诉同学们:"下个星期,大队部要开展一项活动——到'全知道'爷爷家做客。"有同学问:"全知道爷爷是谁?"老师笑咪咪地说:"这就是我要你们猜的谜。"放学的路上,同学们七嘴八舌议论开了。有的说:"全知道爷爷胡子一定很长很长,戴着一副老花眼镜,脑袋特别大。"有的说:"全知道爷爷可能就是陈伯吹爷爷或者是圣野爷爷吧?"有的说:"不对,全知道爷爷什么都知道,那一定是图书馆。"这个百思不解的问题一直在同学们脑中盘旋。

这一天终于盼来了。几百名少先队员在队旗、鼓号的引路下,迈着整齐的步伐出发了。一路上,他们不停地问老师:"到了吗?"老师笑而不答。队伍终于在一扇大门前停下了。"噢,这就是全知道爷爷的家呀,门牌上写着少年儿童出版社哩!"顿时,鼓号齐鸣,队员们昂首挺胸地走进了大门。

　　秋高气爽,绿茵茵的大草坪四周插上了许多面小红旗。草坪前挂上了我校写的两条横幅。一条写着"向全知道一家问好";另一条写着"祝贺科学月开幕"。少儿出版社像过节似的热闹。早在等候的"全知道"一家热情地迎接了前来做客的几百名少先队员。在大草坪上见面会开始了。编辑部的曹阿姨向同学们介绍了全知道爷爷一家的成员。他们中有《少年文艺》阿姨,有《小朋友》阿姨、《少年科学》伯伯、《十万个为什么》叔叔、《动脑筋爷爷》,还有一位是队员们最崇拜的著名科普作家叶永烈伯伯。大家亲眼看见了叶伯伯,高兴得使劲招手。曹阿姨告诉队员们:《十万个为什么》是根据全国各地小朋友提的问题选编的。她说:"小朋友,我们很欢迎你们提问题,使我们的《十万个为什么》能继续编下去。"

　　说着,她拿出一个"全知道"信箱来,队员们把随身带来的问题投进信箱,一下全满了。曹阿姨捧着箱子乐极了。有的同学当场就问叶永烈伯伯:"叶永烈伯伯,您那么多的科学信息是从哪儿来的?"叶永烈伯伯没有直接回答这个问题,而是给大家讲了一个故事:"从前,有个大科学家,名叫法拉第。他从小就非常爱思考。有一天,他给人家送报,走到一户人家院子的栏杆边,伸进头正要钻过去,突然脑子闪过一个问题:我现在该属于栏杆的哪一边? 是算栏杆内,还是算栏杆外? 他就这样呆住不动了,过路的行人都很奇怪,纷纷围上来看热闹。……法拉第就是这样爱读书、爱思考、爱提问而成为一个科学家的。一个人要从不知道到全知道就一定要爱看书、爱提问。"叶永烈伯伯和出版社同志向队员们赠送了珍贵的礼物——书。

　　见面会结束后,队员们有秩序地参观了出版社的各个编辑室。原来我们平时看的那么多丰富的书就是在这里编辑出版的呀。来到《小朋友》编辑部,何雷同学不禁想起自己小时候最好的小伙伴就是《小朋友》杂志。那时他只有 5 岁,识字不多,就是从读《小朋友》开始尝到了读书的乐趣,他说:"《小朋友》是我最早的启蒙读物,它给了我最早的哺育。"在《少年科学》编辑室,伯伯叔叔们正在征求小读者的意见呢!"你们最喜欢看什么?"快嘴姑娘吕奕欣抢着说:"科学幻想和童话。"唐其时说:"我喜欢叶永烈伯伯写的科学幻想惊险小说。"《少年科学》的阅读对象是小学高年级和初中同学,没想到来参观的中年级同学中,有一大部分都订阅,这可把伯伯、叔叔们乐坏了，他们再三说，欢迎你们经常来。一位阿姨风趣地说："你们不是想认识全知道爷爷吗？我来给你们介绍。"她带着同学们走进二楼会客室，指着桌上陈列的一大堆书说："看，就是它。"同学们欢呼雀跃，如饥似渴地阅读起来。他们爱不释手，在书籍前迟迟不肯离去，只恨时间过得太快了。活动虽然结束，但是留给同学们的印象很深。他们最有体会的一点就是：国家是多么关怀我们下一代。为了让我们得到更多的精神食粮，出版社的叔叔阿姨们要付出多少辛勤的劳动！汪一帆说：过去我以为当作家，当编辑坐在办公室是很舒服的。现在才知道，出一本书是多么不容易。队员们亲眼看见一位已退休的编辑伯伯，为了赶出一本书正在拼命工作，他们就是在为我们少年儿童写书、编书中度过了自己的大半生。党爱我，叔叔阿姨们爱我，我们的童年是多么幸福啊！

### "读书活动"之四：盛大的"书节"

最使孩子们喜欢的读书活动，要数"书节"了。"书节"，不是国定的"节"，也不是民间传统中的"节"，这是少先队员们自己创造的丰富多彩、饶有情趣的节日。

那么多的作家为孩子写了那么多的好书，难道还不应该为他们庆贺吗？少先队员就是为了让众多的作家、众多作家写的书、众多书里的主人公——春娃娃、夏弟弟、秋姑姑、冬爷爷、地球妈妈、快乐王子，还有小金鱼、丑小鸭……还有……都能在一起欢聚，所以决心建立起"书节"。

为了筹备"书节"，全体少先队员和辅导员们、老师们，着实忙碌了一个多月。选书、读书、评书，有的还学着编书、演书、写书呢！

书太多了，各年级都确定了读书的重点。二年级的儿童团员们爱读《小朋友》，他们请了《小朋友》的顾问圣野爷爷来学校介绍《小朋友》的昨天和今天。儿童团员们原以为好朋友《小朋友》和自己一样大哩！一听说《小朋友》已是 65 岁的"老爷爷"时，都哈哈大笑起来。他们感谢《小朋友》给了自己无穷的智慧。

三年级的少先队员爱看《少年报》，报上的"丁老师""小白花"曾给他们讲过童话故事，于是他们集体去访问《少年报》的家。原来丁老师并不是报上画的剪短头发的阿姨，而是一位和蔼可亲的伯伯。"小白花"阿姨当场为队员们讲了新创作的故事。从此，三年级的少先队员们更爱读《少年报》了。

在举办"书节"的日子里，全校上上下下出现了读书热，队员们的书包里装满了书。课余看的是书，说的是书。第一届"书节"，四年级共有 178 名同学，一学期共读书 3883 册，平均每人读 21.81 册，写读书笔记 3132 篇，平均每人写 17.60 篇，有的队员读书达 50 多本，不少人还从书中摘录了许多名言、格言。

队员们翘首盼望的"书节"来到了。这一天，整个学校成了书的海洋。书的使者——一个立体大书纸偶，笑容满面地站在校门口，欢迎来参加书节的队员、老师和应邀参加盛会的作家们。队员们戴着以自己喜爱的书做成的头饰，在"书的使者"身旁又唱、又跳。这一天，映入每个人眼帘的就是书，好像别的什么都不见了。

会场布置得像童话世界。天幕上挂着"书是我们的好朋友"八个大字。等作家们坐定以后，他们笔下的一个个人物都栩栩如生地走进了会场，走到了作家和队员们中间。童话家族里糊涂的小鲤鱼、快乐的王子，科学世界里的太阳公公、小水滴……都活灵活现地出现在大家面前。包蕾爷爷笔下的小金鱼、老萤火伯伯、大蚌公公、蝴蝶姑娘，都是为了帮助别人解除痛苦。不考虑自己利益，同学们被这样的高尚品德深深感动了。

高年级的队员们看的书更多了。他们举办的"书展"，收集了作家的生平，还写了文章、诗歌赞颂自己钦佩的作家。五年级的几个中队联合办了一个"文化古宫"，金碧辉煌的门楼横匾上写着"文化古宫"，两旁的柱子上贴着一副对联，上联是"浩瀚诗篇照千秋"，下联是"璀璨文化传万世"。古色古香，一派中华民族的传统风格。古宫里排满了古代的名诗，画出了一幅又一幅的寓言故事。设计了各种成语游戏，还给参观者介绍一本本中国的世界名著和作者的生平事迹及照片。再挂着一些没有抄完的名诗让大家填写完整。还有春、夏、秋、冬四季图，让同学们看图吟诗。更为有趣的是，文化古宫里还设置了一个小小的舞台，让队员们看了成语、寓言故事后即兴表演，队员们有声有色、兴趣盎然地表演了"守株待兔""狐假虎威""拔苗助长"等小品，博得了满堂的喝彩声。

如果说"书节"很盛大，它确实很盛大。因为全校每个人都为它出了力。要说举办"书节"有什么收获，那么每个人都会说："我爱书，我太爱'书节'了，书是知识的源泉。"

## 15. 激发儿童向往未来的科技活动

1978年春天,党中央召开全国科学大会,发出了向现代科学进军的号召,郭沫若同志为科学大会写下了充满热情和幻想、迎接未来的诗篇——《科学的春天》,给了我们极大的启示。20世纪里,整个世界科学技术迅猛发展,信息技术、生命科学、生物技术、空间开发等高新技术相继登台。我们每个生活在20世纪的人都感觉到了,我意识到必须把时代的信息引进我们的教育改革,引进少先队的活动。于是,我当校长后的第一项教育活动,就是组织全校师生寻找科学的春天,并从此开始了使少先队活动更加科学化的尝试,把积极组织少先队员开展"爱科学、学科学、用科学"的活动作为新时期少先队组织的重要任务,力求少先队的活动能让儿童热爱知识、热爱科学,创造性地学习各种科学知识,发展创造思维,掌握各种能力,树立勇于攀登科学高峰的雄心壮志。

我把附小的科技活动,主要定位在以下几个方面:

一是重视对少先队员进行热爱最新科学技术的启蒙教育,尽可能把孩子们领到现代先进科技的入口处,让他们去窥探浩渺奇幻的科学殿堂,大胆地去观察那些光辉灿烂的科技成就。我们曾组织孩子们去参观新建起的金山石化城,去安亭访问现代化的汽车城,去游览上海"科学城"(把上海最新科技成就展览会称为"现代科学城")。我们还举行过《电脑,我们的新朋友》主题活动,把世界上最简单的算具与大规模集成电路"联结",使孩子们意识到未来更先进的电脑的功用;在组织《小主人迎接挑战》主题活动中,我们将人造地球通信卫星与第四次工业革命中的"九大支柱""联结",使孩子们朦胧地意识到激光、光导纤维、空间工业、海洋工业、机器人工业、计算机工业、新材料、新能源、生物工程的新兴与崛起;在举行《敲开地球的大门》主题活动中,我们又把玉蜀黍、金龟子、海带、细菌与各种稀有金属"联结",孩子们在活动中第一次认识到钼、锑、铋、钴、镍、铀、砷都是地球妈妈的宠儿,地球是宝藏的摇篮,资源的宝库,知道未来的21世纪将是生物世纪。我们在孩子们中间组织生物爱好者协会,发动孩子们积极参加全国小学生生物百项竞赛。我们通过许多以"爱科学"为主要题材的活动,开阔了儿童的科技眼界,丰富了儿童的新科技知识,激发起儿童们浓厚的科技兴趣。

二是重视儿童创造性想象的培养。愉快的爱科学活动是一片开发创造性想象的沃土。丰富的想象力是创造力的可贵品质。爱因斯坦说："想象力比知识更重要，因为知识是有限的，而想象力概括着世界上的一切，推动着进步，……严格地说，想象力是科学研究中的实在的因素。"有些教育、心理学家提出，人的大脑有四个功能部位：感受区、储存区、判断区、想象区。一般想象区用得比较少，其实，从儿童时代起，尽早开发想象区，对发展儿童思维、发展儿童创造力是极为有利的。我们努力在一个又一个"爱科学"的活动中，使各种科技信息得到交流：智能机器人，最新式的断层扫描 X 机，远洋轮的最新燃料，超音速 21 倍的飞机，手表内的微型彩电……在信息交流中，许多孩子们也出现了不少稚嫩的科学假设，什么蛋白质加细菌的生物电脑，什么人工鳃、夜光眼，什么微晶玻璃、云母电波，等等。在尊师节里，队员们还设想要送给敬爱的老师许多新礼物：簿本自动整理机，消疲止痛按摩椅，为路远的老师设计的私人空中弹跳椅，全自动傻瓜汽车，为家住外地老师设计的思乡电视机，为年轻妈妈老师设计的送小宝宝上托儿所的遥控摇篮……从这些设想中，我们不仅看到了孩子们对老师的爱，更看到了儿童的创造想象力得到开发，上升到一个新的台阶。

三是引导和鼓励儿童提出问题。革新、创造、发明都需要从发现问题、提出问题开始。李政道曾对科大少年班学生说过："最重要的要会提出问题，否则就做不了第一流工作。"学问就是要问，连孔夫子都主张"每事问"。在我国古代，屈原"天问"170 多个问题，才引出后来不少"天说""天论"。牛顿从树上苹果都往地面落这个常规现象出发，提出"为什么苹果不是往天上落？"从这个问题开始，引起思考、探索，最后发现了"万有引力"。哥白尼从日升日落的常见现象提出"为什么不是地球围绕太阳转"的问题开始研究，最后创立了"日心说"。少先队工作要引导孩子爱好提问和敢于提问，特别要鼓励提倡"打破砂锅问到底"的精神。有一次，在"爱科学月"活动中我们曾发动队员"寻找世界之谜"。全校三至五年级 629 名队员，共提出了 3241 个问题。"人造纤维有各种颜色，那么棉花为什么只能是白的，而不能种出彩色的来呢？""鸭子有翅膀，为什么不能像老鹰飞那么高？""天外究竟有没有宇宙人？"等等，这三千多个问题涉及气象、天文、地理、航空、航海、植物、动物、人类、水、电、石油、工业、交通、建筑、生活现象等各大类。各种稀奇古怪的问题像磁铁般地吸引着孩子,促使大家探奇索隐,寻根觅底,有时甚至还向权威挑战。如一次上科学常识课,老师讲自由落体运动,有个孩子就大胆提出:"伽利略的结论不一定对。我曾到桥头观察过,自行车下桥重车总比轻车下滑快。"孩子的问题尽管囿于知识浅薄,近乎天真,却是那么认真,他们那种敢于怀疑的求知精神是难能可贵的。一个个问题闪耀着探索的火苗,随着他们年龄、知识的增长,如果持久不灭,日益扩大而熊熊燃烧之时,便能转化成巨大的创造热能。我校 60 年的毕业生小沈,当年从科学画报上看到:宇航员离开地面时,向自己幼小的儿子告别,等他返回地球时,发现儿子的年龄比作父亲的还要大,这是为什么? 童年时的小沈当然无法回答,但小沈一直把这个问题藏在自己的记忆里,决心要去寻找它的答案,就这样,这个"为什么"在小沈脑子里打转了整整 15 年。他一本接一本地阅读科学书籍,爱上了物理、化学,迷上了那些数字、公式和符号。15 年过去了,在他读懂了爱因斯坦的相对论以后,这时,他兴奋得竟然忘记了当时是白天还是黑夜,跳着,笑着,深夜里去敲同学家的门,告诉自己的好朋友,他终于搞懂了一个大问题。

四是鼓励儿童乐于动脑动手。认识世界是为了改造世界,有了认识能力还要有实践能力。愉快教育鼓励儿童乐于动脑动手,就是为了从小培养孩子实践的能力,让孩子们在"爱科学"的活动中敢于大胆尝试,喜欢动脑动手实践,反复探索,反复琢磨,不怕失败。我们创造条件,引导孩子们做小制作、小实验,饲养小动物,种花植草栽树……孩子从树上摘下长满绿叶的嫩枝,插在墨水瓶里,几天后,绿色不见了,叶子全变成蓝色的了,这是什么现象? 要是孩子不亲自动手,不作观察,是不会提出这样的问题的。入冬了,花谢了,叶子也都掉了,孩子剪下当年长得粗壮的玫瑰花枝条,插入瓶中清水培养,过了一段时间,光秃秃的枝条上,长出根来,枝条又显示出它的生命力。妈妈从菜市场上买来鲜活的螺蛳,孩子挑几只大的养在生物角的玻璃缸里,仔细看它们没有脚是怎样"行走"的,它们吃什么。几天后,大螺蛳又生出好多小螺蛳来,孩子们又忙乎起来,观察小螺蛳又怎样渐渐长大。孩子们在动脑动手的实践中,不断提出问题,不断有新的发现,不断获得新的知识,也不断获得成功的快乐。实践使孩子们发展了兴趣,增长了才干,锻炼了胆量,还培养了他们科学的态度和创造的意识。我校的很多毕业生,就是从小实验走上科学研究道路的。

有了好的指导思想，有了恰当的"定位"，那么怎样引导孩子们从小爱科学，养成爱科学、学科学、用科学的优良风尚？郭沫若同志说："科学是老老实实的学问，来不得半点虚假，同时科学也需要创造，需要幻想，有幻想才能打破传统的束缚，才能发展科学。"读了这些充满哲理又富有诗意的语言，我们的思想豁然开窍，要使今天的少先队员能把老一代革命家和科学家点燃的火炬接过来，成为挑得起振兴中华重任的新一代，一定要让科学和幻想进入少年儿童的学习、生活，进入少先队的工作和活动。于是，我们组织孩子们也来学习全国科学大会的精神。记得在1978 年春天，我们曾发动全校少先队员开展了以"寻找科学的春天"为主题的群众活动，并从此形成"爱科学、学科学、用科学"的传统和制度，每年选择一段时间，集中地开展丰富多彩的群众性爱科学活动，称之为"爱科学月"，也称"科技节"，全校师生人人参与。1978 年至今，从未间断，年年主题不同，届届有发展，有创新——

　　第一届（1978 年）："寻找科学的春天"；

　　第二届（1979 年）："三三三三一"竞赛；

　　第三届（1980 年）："漫游科学城"；

　　第四届（1981 年）："他们全知道"；

　　第五届（1982 年）："为四化准备一双勤巧的手"；

　　第六届（1983 年）："为着理想勇敢前进"；

　　第七届（1984 年）："我们在奋飞"；

　　第八届（1985 年）："播种明天"；

　　第九届（1986 年）："数学与创造"；

　　第十届（1987 年）："今年我十岁——驾火箭、添新星"；

　　第十一届（1988 年）："科学＋创造＝快乐"；

　　第十二届（1989 年）："学习赖宁，热爱科学"；

　　第十三届（1990 年）："冬天里的春天"；

　　第十四届（1991 年）："为浦东设计蓝图"；

　　第十五届（1992 年）："考章与争章""争科技章"；

第十六届(1993 年):"中华叶——叶子的世界";

第十七届(1994 年):"自己来编书造书";

第十八届(1995 年):"绿色科技节"。

从 1978—1995 年,附小的"爱科学月"已经连续开展了 18 届,每一届的主题都很鲜明,容量都很大,意境都很美,给附小的所有学生,留下了深深的印象。请看——

### 第一届:"寻找科学的春天"

为了使队员人人爱科学,在全校形成爱科学的好风气,我们开展了科学普及活动,让孩子们自己去寻找科学的春天。队员们外出参观科技画廊,访问市少年宫天象馆,和科学家见面,举行科学家事迹报告会,阅读科普书籍,观看科技电影等。孩子们的眼界大大开阔了,他们形象地把陈景润研究哥德巴赫猜想的新成就,把杨乐、张广厚攻克数学难题的新成绩,把少年破格进大学,科普书籍的大量出版,等等,都比作科学春天里开放的朵朵鲜花。课余时间,回家路上,孩子们常常热烈地谈论各种各样的新知识,倾吐自己对科学的想望。但要使孩子们真正了解科学,热爱科学,学习科学,不能仅仅让他们停留在听听、看看和口头上讲讲,还必须让他们自己动手,在实践中增进运用知识的本领。于是,我们及时向全大队少先队员发出了"人人争当科学世界的小主人,个个参加'科学小世界'活动"的倡议,引导队员们去探索浩瀚奇妙的科学世界,做实验讲科学道理,做小制作锻炼动手能力……科学小世界盛大极了,充分展示了孩子们的聪明才智和对科学的兴趣,他们兴奋地说:"科学的春天比大自然的春天更美丽,我们热爱科学的春天。"

### 第二届:"三三三三一"竞赛

我们积极鼓励孩子们发现问题,提出问题,解决问题,在全校各中队间展开"三三三三一"竞赛。即每人做三件科技制作、做三项小实验、看三本科学幻想故事、向科技馆提三个问题,写一篇实验报告。这次竞赛中,各中队涌现出许多小灵巧、小聪明、小问号。据不完全统计,全校队员共做科技制作 2287 件,进行科学小实验 1625 次,提问题 3249 个,看科普书 3399 本,写实验报告 3543 篇。期末大队委员会举办了"三三三三一"竞赛的科技成果展览会,向同学、老师、家长汇报。

在组织这场竞赛之前,少先队大会举行了一个别开生面的报告会。报告会有个醒目的标题："你知道世界之谜吗?"队员过去只听说哥白尼揭开了天体之谜,富兰克林解开了雷电之谜,宇航员敲开了月球之门。而如今,在这个有趣的报告会上,孩子们又听说了诸如蜜蜂换脑子、百慕大三角洲、金字塔究竟是谁造的等许多世界之谜。科学世界真是千奇百怪,丰韵多姿,有趣极了。特别是报告的叔叔最后还向大家提出了一个与队员们直接有关的问题——少先队员怎样为解开世界之谜作好准备? 这样的报告会,极大地唤起了队员们对未来的向往和探索科学的浓厚兴趣,也唤起了队员们参与"三三三三一"竞赛的积极性。队员们看的书更多了,爱上了各种各样的书刊杂志,收集了许许多多自己没有弄懂之"谜"。有的队员养成了这样的习惯,头脑里经常在问"为什么",也更喜欢动手了。不少队员都有自己喜爱摆弄的小制作、小实验。

三年级小唐磊就是这样的少先队员。有一次,唐磊从书上看到介绍"火焰中的火焰"这个实验,觉得非常有趣,立即试着做起来。家里没有酒精灯就找了个玻璃瓶来代替,又找来了玻璃管。点火后,照着书上说的在火焰中插上玻璃管,这时奇怪的现象发生了,玻璃管的另一端果然冒出白烟来,点上火,白烟竟然也能燃烧起来,试验成功了。但这是什么道理呢? 小唐磊不明白,他去问奶奶,奶奶也不明白,还是再做一次试验吧,结果与前次完全一样。他仍然不明白,这样一连做了6次,还未想通,老师知道了,启发他写信问《少年报》。可小唐磊不愿意,他说我要再实验下去,一定会搞清楚其中的道理的。他把问题装在自己的脑子里,命令自己去观察、去学习、去思考,这是多么可贵的探索精神啊! 后来他终于弄清楚了,原来白烟是火焰里还没有烧尽的物质,所以点上火,就会继续燃烧。

小唐磊爱做实验,也爱摆弄小工具,过节时,叔叔、姑姑问他要什么礼物,他不要玩具,也不要糖果,要求送他锉刀和电烙铁。在他的抽屉里,各种各样的工具都有,他希望自己能有一双灵巧的手。光有希望是不够的,一定还要去实践,他常常动手做各种各样的科技小作品。有一次,他跟爷爷去玩具商店,看见大大小小的电风扇,喜欢极了,要求爷爷给他买一台,爷爷却对他说,你能不能自己做一个。他受到启发,回家找了块木头,就动手做起来,削呀,削呀,削成了叶子板,又绕了线圈,成了小马达,通上电,叶子板真的转动起来了,实践获得了满意的成果。小唐磊增长了新知识、活知识,也变得更聪明了。

### 第三届："漫游科学城"

1980年秋天，第三届爱科学月开始了，正巧上海举行最新科技成果展览，地点就在展览馆。我们借这个机会，把上海展览馆称为"现代科学城"，决定到那里去举行第三届"爱科学月"的开幕式。征得了展览会的同意，他们专为我们开放一场。那一天，全校少先队员举着队旗，敲着队鼓，排着整齐的队列，行军到了展览馆，主题集会后，漫游了"科学城"。这里陈列着上海最先进、最尖端的产品。大至车床、仪器，小到电子元件、工艺品、日用品，真是应有尽有，琳琅满目。这座"科学城"是上海工业的窗口，队员们窥一斑见全豹，透过窗口，对上海工业战线取得的新成就有了一个大概的了解。参观过程中，孩子们不住地向讲解员叔叔阿姨问长问短，讲解员们赞扬他们是最认真的观众。离开科学城前，队员们说："将来我们要亲手设计制造出比这更先进的产品陈列在科学城内。"

### 第四届："他们全知道"（详见"读书活动"之三）

我们带领孩子们去"全知道"爷爷"家"（上海少年儿童出版社）作客。和"全知道"一家见了面：有《少年文艺》阿姨，《小朋友》叔叔，《少年科学》伯伯，《动脑筋》爷爷，《十万个为什么》奶奶。编辑大朋友向小朋友介绍了各种刊物的编辑情况。同学们问科普作家叶永烈叔叔："您的那么多科学信息从哪儿来？"叶永烈没有正面回答，而是给同学们讲了科学家法拉第小时候的故事，他意味深长地说："一个人要从不知道到全知道，必须从小爱读书、爱提问、爱思考。"于是，我们进一步引导队员多看书，多问为什么。孩子们对生活中原来不为人注意的各种自然现象开始产生疑问，好朋友——书帮他们从中找到答案，渴求知识的愿望加速了他们思维的发展。

少先队大队委员会设立了"全知道"信箱，鼓励队员们提出问题。二年级朱纪刚同学，在科学月中，每周都要"寄"40个左右的问题给大队部的"全知道"信箱。他一有空就收听广播、看书，并对地图产生了强烈的兴趣，他还出了许多地理问题考考老师，成了班上的"多知道"。

赵忻宇同学对"天文"开始感到有兴趣。一个暑假，他每晚在晒台上观察夜空，写了二本观察天文日记，观察使他从大自然中获取了真知。还培养了钻研探索的能力，孩子自己提出问题后，自己去钻研学习，自己找出答案。李薇同学原是个不善于动脑的孩子。有一天早上起床后,她发现窗户上有许多小水珠,她便问妈妈:"这是怎么回事?"妈妈让她自己想,李薇跑到室外,再跑回屋内,顿时悟出了道理,原来室外的温度比室内低,自己提出了问题又解答了问题。

### 第五届:"为四化准备一双勤巧的手"

1982年,少先队组织队员学习了胡耀邦同志的《预备队的光荣任务》后,队员们懂得了,长大了要参加到突击队、先锋队的行列中去,我们不仅要学文化,还要学习劳动,学习为人民服务的共产主义精神,为"四化"建设准备好一双勤巧的手。大队部要求队员既要学习生活本领,又要学习发展智力、能力的技巧。在中、小队里,队员们开展了钉纽扣、削铅笔、穿衣(鞋)、洗衣(鞋)、做饭菜等比赛;还开展了弹奏乐器、魔方魔棍做盆景和扎灯比赛;举行航模船模表演……队员们懂得了爱科学一定要爱动手、会动手。获得科学知识要靠手,把科学知识变成伟大的力量更要靠勤巧双手。

### 第六届:"为着理想勇敢前进"

结合考察中国近代史,让队员们了解中国爱国科学家、爱国将士事迹,并学习他们的理想志气。我们举办讲座,介绍詹天佑——第一位设计京张铁路的中国人;冯如——中国近代爱国的飞机设计师;邓世昌——中国近代北洋海军管带。还发动广大队员自己动手制作航模、船模、车模,学会自己操作,参加学校、少先队大队联合举行的"海、陆、空"比赛。

### 第七届:"我们在奋飞"

按照全国第一次少代会上,邓颖超奶奶的号召——未来需要你们去创造,全体队员都被动员起来,积极参加全国万名创造杯竞赛,设计安排了"奋飞四高度"。从创作集体舞、创办报纸开始,在科学月里,集中创造各种科学小玩具和小游戏,开展"我们在奋飞"系列活动,有600多名队员,开展了将近一千项小小的创造,获得了全国的创造杯奖。

我们把这一年的科学月定名为"创造月""奋飞月",鼓励队员们努力创造,天天奋飞。每个小队编演一个微型小剧,每个小队拥有自己的导演、剧作者、演员;每个队员利用各种材料,创造一个玩具。同学们编的小剧,在每个中队会演后,产生出第一名,再向全校师生演出。元旦"小剧会演"的60多出小剧,分别演出了6

场。同学们做的玩具、棋谱,摆满了小礼堂,件件闪烁着孩子们创造的小火花。

孩子们的小小创造离不开知识基础,创造学习的小经验、好方法更能帮助他们打好扎实的基础,做一个会学习、善学习、爱动脑、能创造的聪明孩子。创造月里,各中队还分别举行学习经验交流会。五(甲)中队同学的学习经验可有趣啦。张成钢谈了他速算的体会;李广斌介绍了他怎样利用"最佳记忆时间"背外语单词,克服了自己记忆差的毛病;朱韵青同学总结了自己提高写作水平的做法……这些来自同学实践的小经验,虽然是点点滴滴,但对大家都是有益的启发。

### 第八届:"播种明天"

1985 年,是附小建校 40 周年。1985 学年开学,市委、市政府的领导来附小视察,参加了以"播种明天"为主题的开学典礼,江泽民同志为附小题词"祖国的明天,民族的希望",给全校师生极大的鼓舞。第八届科学月里,我们进一步组织队员们学习老一代科学家垦荒播种的精神,发动少先队员为播种明天作好准备,积极参加创新家活动。

各中队纷纷行动,组织各种各样的创新家活动。有举行现代信息发布会的,有访问科学家和创新能手的,有开展"100 个创造"主题活动的,有举行"我们的新朋友——电脑"主题活动的,有演自己中队生物角的故事的,有组织"小主人迎接挑战"主题会的……

就这样,我们从各个角度让孩子们了解我们这个时代。孩子们懂得了,科学迅猛地向前发展,长辈们为播种今天进行了长期不懈的努力,今天的少先队员们要为播种明天时刻准备着。

### 第九届:"数学与创造"

围绕"数学与创造"的主题,我们组织队员考察工厂、工地、商店,了解数学与建筑、数学与工业生产的密切关系。根据《中国少年报》上的经验介绍,大队举办小小华罗庚金杯奖竞赛。每个中队都有队员获得了金杯奖,全校有 90 多位队员荣获了"数学迷"称号。各中队积极创造各种有趣的数学活动。有的年级举办数学宫,有的年级创作数学游戏,有的年级运用数字、数学符号"＋ － × ÷"和数学的学具三角板、直尺、圆轨、量角器等创作了几百幅数学邮票,有的年级还组织数学旅行,还有的自编数学题,摆起了数学擂台,全体少先队员都行动起来,热热闹闹地度过了第九届"爱科学月"。

### 第十届："今年我十岁——驾火箭、添新星"

从观看百年难逢的奇观——"日环食",我们拉开了第十届"爱科学月"的序幕,组织了"五个一"的驾火箭、添新星的活动:读一本科普书(着重读有关火箭的书);提一个关于宇宙的问题;制作一件科技玩具;举行一次科学主题队会或科普演讲会;写一篇实验报告或创作一篇科学童话。

说到"制作一件科技玩具",五(丙)中队的队员们正好从科学常识课上学到"动力",知道了风是动力,水是动力,电是动力,马、牛等动物也是动力。队员们异想天开,生物角饲养的"小白鼠"也可以作为一种动力,并且设想制作动物动力小车。他们找来喝剩的可乐瓶,残缺的棋子,软管壳,……都成了制作动物动力小车的基本原料。孩子们运用各种工具把它们制作成一辆辆精美的小车,还给予了各种装饰,有的小车装上了一对小铃铛,有的给小白鼠头上撑一顶华盖,有的车身上贴满了花花绿绿的粘纸,也有的则自己动手画上心爱的小动物……他们取的车名更有趣,有"皇后号""永胜号""西班牙红蚁号""米吉号",还有"迪斯尼乐园号"的广告车。

小车比赛那天,赛场就在小操场中央,一只只小白鼠被关进了大转轮。一声令下,小车启动了,队员们再也抑制不住兴奋的心情,几乎全部趴在地上为小白鼠们加油,鼓劲,他们早已忘记小白鼠根本听不懂人的语言。

第十一届以后(略)

以上写的爱科学月是集中活动,其目的不仅为了集中提倡、树立爱科学的精神,更主要的是为了推动、加强经常性的爱科学活动。我们通过集中活动,逐步建立和加强了经常性的活动阵地——图书馆、生物角、儿童植物园、生物爱好者协会、兴趣小组、午间俱乐部、小小科教电影院等,培养了儿童经常阅读科技图书,经常做小制作、小实验和爱观察、爱记录的良好兴趣和习惯。我们还设立了"灵巧奖""智慧奖""创造奖"和"科技章""种植章""种子章""小实验章""巧手章"……并开展各种竞赛,从智力竞赛,制作和操纵三模(航模船模车模)、风筝,到操作电脑、快速英文打字机等,鼓励孩子们对科技活动的兴趣和积极性。

当然,我们的老师都明白,爱科学活动不是最终目的,而是培养学生良好素质,教育孩子做一个什么样的人的一条途径。爱科学活动是开启儿童智力门扉的金钥匙,为孩子们的美好理想插上科学的翅膀,引导儿童不断扩大获得知识的领域,培养探索真理的精神和勇于创造的能力,促进学生主动地、生动活泼地向着科学世界一步步迈进。

## 16. 开发儿童创造潜能的少先队活动

开展绚丽多彩的少先队活动,丰富学生的精神生活,为儿童的童年留下无数灿烂的篇章,这是愉快活动的重要目的之一,也是儿童生活中最为活跃的部分。早在 50 年代,我当辅导员的时候,就和孩子们一起首创了"创造性游戏节",让少先队员们自己当家作主,自己创造游戏,自己组织活动,并且坚持年年举行一次,成了少先队自己创建的传统节日。70 年代末,借全国科学大会的东风,我们支持少先队又首创了"爱科学月",80 年代初,我们发动少先队响应邓颖超同志"树创造志向,增长创造才干,开展创造性活动"的号召,创造了"奋飞四高度""苗苗儿童团"等一系列新型活动,获得了共青团中央授发的全国少先队创造杯大竞赛的标兵奖。在开展"愉快教育"实验中,我们把"创造"列为愉快教育的基本要素与重要目标。愉快活动,则是为少先队活动与创造性教学紧密结合起来提供了条件,给孩子们以创造启蒙教育,培植儿童的主人翁意识,激发他们自己设计活动的兴趣,锻炼和发展他们当家作主的才能。而给创造性活动评价最高的则是孩子们,问孩子们最喜欢什么活动,孩子马上就会说,他们最喜欢自己设计的活动——喜欢玩自己创作的棋,喜欢跳自己创作的舞,喜欢玩自己创造的游戏,并且他们会很自信地告诉你,他们会开展创造性活动,他们也有能力自己开展创造性活动。

少先队活动为什么受孩子们欢迎呢? 一个很大的特点是愉快的少先队活动把学与玩结合起来了,把学习与创造结合起来了。

在我看来,少先队活动中充满着教学因素,各科教学中,又充满着活动的因素,充满着启发儿童创造的要素。因为愉快教学不是死教书,不是死读书,不是从书本到书本。我们的教学只有密切联系实际,通过活动,才能调动孩子们学习的主动性积极性,才能启发他们浓厚的学习兴趣,提高他们学习的能力,动手实践的能力。客观上,各科教学中的活动因素也会常常激发着孩子去动手试试,而老师们也都很重视结合学科开展各种创造性的少先队活动。

例如,语文学科要大力培养学生口头表达的能力,少先队设计举行"我爱祖国一分钟演讲会",人人都可从书本、电视、广播收集到有关伟大祖国的知识。演讲会上,人人演讲,从小队到中队,再到大队举行的"读书好处多"主题演讲会,不仅扩大了学生知识面,而且极好地锻炼了学生口头表达的能力和创造性的表演能力,以及当家作主的组织能力。

有一个时期,我们发现一些学生对学数学的劲头不足,有的说:"数学枯燥。"有的说:"我头脑中数学细胞太少。"为了促使孩子们对数学增加兴趣,少先队倡导"红领巾爱同数学交朋友"的活动,讲数学家的故事,制作数学学具,搜集编写数学趣味题,还动手布置"数学宫",拼搭各种图形,组织各种数学游戏,学数学变成了玩数学,使枯燥的数学变成了有趣的思索和愉快的享受。

孩子天性是好动的。对孩子来说,学与玩是不可分的。特别是活动类的学科,尤其是这样。音乐课上学了各种知识,少先队年年举行各种形式的歌咏活动:民歌演唱会,歌唱老一辈专题音乐会,还有彩色的四季歌会、迎春音乐会,等等。在这些活动中,孩子们自己评选出最佳歌手、最佳器乐演奏员、最佳合唱队,使学习与表演紧密结合起来,既提高了孩子们的艺术素养,又满足了孩子们表演自己艺术才能的愿望,学习艺术的积极性更高了。其实,学习本身也是活动。学习本来就是用来指导实践的,知识越能用于实践,学生就越学越高兴。

况且,还有许多活动是要让孩子们在玩中学,在玩中实现孩子好奇好动的愿望。"玩",其实也是学习。有个中队对玩叶子产生了浓厚的兴趣,他们连续几个学期开展玩叶子的活动。毕业前夕,他们举行了一次以"玩叶子"为主题的活动,孩子们采集了各种叶子,用课上学到的知识自己编儿歌;运用叶子贴画,创造了一幅幅叶子组画;以叶子的用途为题进行"智力竞赛",比一比谁知道的多;以叶子的形状创造"叶子编队"的游戏。这个中队还集体学习了泰戈尔描写叶子的诗,他们决定把最美的叶子送给老师,歌颂老师的事业是"叶"的事业。这是一组"玩"的系列活动,也是一组学的系列活动。孩子们是这样说的:

"我们中队和叶子打交道已有两年了。我们爱玩叶子,叶子可以告诉你许多知识。打开地图,你可以看到,不论是冰封的北疆,还是莽莽的热带丛林,在植物世界里到处都生长着叶子。"

"奇妙的叶子是人类不可缺少的好朋友，每片叶子都是天然的小能源工厂，它每天为人类提供氧气，为自然界的植物提供养分。"

"叶子的形状大小各不相同，生长在南美洲亚马逊河流域的王莲叶子直径有2米多，叶子中央能站上一个35公斤重的孩子；而最小的叶子比鱼鳞还小；热带的长椰子叶有27米长，竖起来有七层楼房高；非洲沙漠中的百岁兰叶子，寿命长达100岁以上呢。"

"世界上植物叶子的形状和大小没有一片完全相同，有羽状形的、椭圆形的、丝带形的、卵形的、手掌形的、针形的、心脏形的。"

"奇妙的叶子给了我们启示，现在我们玩叶子，长大了我们还要研究叶子，创造叶子。"

这是一组"玩"的活动，孩子玩得非常快乐，并且很有创造性；这也是一组"学"的活动，是在"玩"中"学"，又是在创造中"学"。创造性活动与学生的学习紧密结合，使教学与活动都有了广阔的天地，有了取之不尽的题材，也就会出现无数的创造小火花，我们的书节、灯节、盆景比赛、冬天里的春天……都是这样产生的。

我们的少先队活动之所以那么受孩子们欢迎，还在于它符合儿童的年龄特点。我看到过许多孩子们自己创造的活动，比如黄佩玉小队举行魔方比赛，参赛的人包括组织者小队长黄佩玉都没有手表，怎么算时间呢？这个小队长竟然用右手按住了左手腕，用数脉搏的办法来计时，通知参赛者"你几跳""你几跳"，评出了一、二、三等奖，真是太有意思了！

四年级有个小男孩纪律涣散。一次，小队开会，他捣乱。会后，小队长田颖之找他谈话，提醒他说："不要为你一个人影响集体啊！"过了几天，这个同学的小弟弟过生日，田颖之小队的队员们用手搭成轿子，抬着这个一年级小学生在学校操场绕场一周，然后把小弟弟围在中间，热热闹闹地为他开了歌咏庆祝会。这么多哥哥姐姐为他过生日，小弟弟开心得嘴都合不拢了，他深受感动，经过大家帮助，在少先队活动中，这个同学成了热爱集体的好队员。这些小队员们用集体的力量教育了一个同学，他们的方法虽然幼稚，却又很有成效。

又比如，前几年，举世瞩目的东亚运动会在上海举行。按照有关部门的要求，学校要动员每个学生捐一元钱,以表示对东亚运动会的支持与关心。这本来是一件极简单的事情,孩子向家长要一元钱,转手交给大队部就行了。可是,我感到这太成人化了,不符合孩子的年龄特点。于是,我和孩子们商量,征得孩子们的赞同,在全校倡议筹备和举办"东东义卖活动"。

义卖那天,学校操场上挂起了大幅标语,四周插起了彩旗,而最令人目不暇接的是全场那琳琅满目的"商品"。这些商品,全是孩子们动脑筋、想办法,用自己的小手制作而成的。平时一吃就扔的果冻杯,做成了五颜六色的小帽子;普通的高橙饮料瓶,变成了多姿多彩的花瓶、花篮;喜欢摆弄电器的学生在家长支持下做出了电动小模型;爱好书法、绘画的孩子送来了他们的得意之作;还有小木片、破纸板拼接成的小家具;还有许多用废旧小药瓶做成的美丽的风铃、有趣的娃娃、纸折的帽子和大小船只……这些"商品"的价格全由制作者自己定,不过不能超过一元钱。"营业员"神气活现,肩上挂着"东东义卖商场"的绶带。"顾客"则是本校的学生。义卖所得的 1200 多元,大大超过了下达的指标。从义卖活动的实际效果看,使学生感兴趣的不是钱,而是一种情感,一种精神。当东亚运动会在上海拉开帷幕之际,他们感到非常亲切,因为这里面也有他们的一份心血。这样的活动,符合孩子们的年龄特点,他们人人都积极参与了。

我校的少先队活动受孩子们欢迎,还有一个原因,就是它做到了把创造的主动权交给孩子们。邓颖超同志对孩子们说:"你们的创造活动,应该从今天就开始。""要培养创造精神,就要把创造性活动开展起来。"

21 世纪将是一个创造的世纪,也是创造力大竞争的世纪。没有创造精神和创造才能的人,将会无所作为。我们必须从现在开始,从小让他们学习创造,学会创造。加之,少先队活动怎样才有生命力,怎样才能取得最佳效果,归根到底是要让孩子们自己来创造,老师和辅导员要把创造的主动权交给孩子们。

有一年,团中央为我们创造了条件,让一师附小和北京第一实验小学的少先队员展开友谊竞赛。我和老师们商量怎样用好团中央给我们创造的条件,最终决定把这个任务交给孩子们去创造。大队委员会非常高兴地讨论了团中央给予的任务,并一起制定了饶有趣味的计划——1、2、3、5 计划。

"1",就是开展一项竞赛——与北京第一实验小学的竞赛,定名为"小主人竞赛",意味着要动员每个队员都要做新时代的小主人。

"2",就是培养两种精神——创造精神、自主精神(主人翁精神)。

"3",就是贯彻团中央当年提出的三项要求:爱祖国、爱知识、爱集体。

"5",就是组织五项活动——(1)倡议在全校开展"抢救冷箭竹,救救大熊猫"的行动;(2)利用春天大好时光,进一步建设学校"儿童植物园";(3)以"欢乐的早春"为题,举行创造性活动;(4)按少先队的传统制度举行校"少代会",为了提高队员们学习的自觉性、主动性、积极性,提倡自己学,并把这届少代会定名为"自己学少代会",以表扬自己学的队员,交流自己学的经验,倡导自己学的学风;(5)积极参加、积极创造"快乐的小队活动"。

这个"1、2、3、5计划",简单明了,队员们个个都记得住,总的目标也很明确,每项活动都实实在在地贯穿了锻炼培养主人翁精神和创造精神;每项活动又都可以操作,又真正可以在操作中落实爱祖国、爱知识、爱集体的要求;每项活动又都很有趣味,是少先队员们喜欢做的,喜欢参加的。

这个计划,不仅队员们知道,辅导员知道,全体老师也都知道,全校上下都明确把开展创造性活动的主动权交给孩子们,又都积极支持和帮助少先队员们创造性地执行"1、2、3、5计划",有意识地在各项活动中培养锻炼孩子们的创造精神和自主精神。

在这里,把创造的主动权交给孩子们,意味着真正让孩子们做各项活动的主人,鼓励他们主动积极地参与各项活动,并真正在活动中受到教育得到锻炼。这一年,附小少先队的创造性活动更加蓬勃地开展起来。"自主""创造",成了各类少先队活动的主题词。

上面讲的,是在大范围内、大面积中把创造的主动权交给孩子们;而面对在日常生活中,孩子们迸发出来的创造火花,作为教师又该如何对待呢?

一次,在课外阅读时,叶雅萍、马天乐几个队员议论了一个问题:这么多的书和报,怎么都是大人编给我们看的? 我们见过的主编、副主编,怎么不是老爷爷就是老奶奶? 我们为什么不能办报? 为什么不能当主编?

他们把想法告诉了辅导员,辅导员很支持他们。几天后,"红领巾广播"里发表了一项宣言:一师附小"学校之窗"编辑部成立了! 同时,还宣布了主编、副主编、文编、美编、小记者的名单,正副主编由叶雅萍、马天乐自己"出任"。

当主编,就得带头干,马天乐决定先去采访学校里的"先进人物"。她第一个找的是成雨秋,成雨秋很不好意思,不说话就往教室里跑。她紧追不舍,闯进了人家的教室。老师批评她"多没礼貌!"她连忙退出,重敲了一次门,进门鞠了一个躬,说了声"老师好!"又出示了"学校之窗"记者证。在老师的帮助下,她写出了第一篇精彩的"本报讯"。

小记者还采访了"小美编"小王,最后提出:"你给张照片好吗?"小王回家挑了一张右手握笔、左手拿鸡蛋的照片来,说:"这表示我早晨一起床就开始学画了。"

孩子们的愿望实现了,他们享受着成功的喜悦,创造活动的积极性更高了。对来自少先队员的创造小火花,我们不仅支持他们的愿望实现,还大力加以发扬,鼓励更多的孩子去奇思异想,主动创造。

孩子们中间,真是蕴藏着极其宝贵的创造潜能,常常是一个小主题,在他们手里做出了一篇大文章。

少先队建队 40 周年时,我们归纳整理了附小少先队员和辅导员们合作创造的,并且是常办常新、长盛不衰的 12 个传统节日,称之为"附小 12 节",也称之为附小少先队的风采。现列举于下:

1. 灯节。

2. 爱生节。

3. 播种节。

4. 书节。

5. 数学节。

6. 艺术节。

7. 游戏节——创造性游戏节。

8. 尊师节。

9. 金秋体育节。

10. 科技节。

11. 敬老节。

12. 创建苗苗儿童团,建立红星节。

其实,在附小,少先队的创造性活动又何止这些"节"呢? 还创造了极其多彩的大、中、小队活动和各种经常性的课余阵地活动。

儿童文学作家李金本同志在上海一师附小采访时,他是这样描述我校少先队创造性活动的——

"翻过一页页采访记录,我仿佛走进了一个瑰宝闪烁的世界。这里的少先队活动,真是太引人入胜了:红领巾植物园、中队生物角、信息广播台、'三三三三一'竞赛、苗苗儿童团、值日中队、垂直绿化、桌上运动会、学校之窗编辑部、黄佩玉小队……每个活动都闪着光泽,令人眼花缭乱。""我觉得在一师附小最熠熠生辉的,是少先队员在活动中焕发出来的创造精神。创造精神,是 80 年代少先队员最明显的特征,同时又是他们做到'三个面向'至关重要的思想品质。于是,我抓住了这个问题,写了《为了明天去创造》,既反映了一师附小活动的本质,又抓住了时代的特征。"

现在,我们就不妨沿着作家李金本先生的采访足迹,去亲自看一看孩子们营造的那一个个被称之为瑰宝闪烁的世界——欢乐的"灯节"、使人聪明的"数学节"、苗苗儿童团的"红星节"……

## 欢乐的"灯节"

附小的"灯节",是孩子们也是辅导员们的创造。小礼堂里挂满了灯,各个教室里也都是灯。但没有一盏灯是买来的,这几百盏色彩鲜艳、形状各异的灯,都是少先队员们和辅导员们亲手制作的,当然也离不开广大家长的支持与帮助。这样过节,非常热闹,也特别快乐。

举办"灯节",是为发动队员们创造各式各样的灯提供氛围和条件。老师们过去也只见过民族传统的元宵彩灯、宫灯、兔子灯、金鱼灯、五角星灯,孩子却异想天开去创造,高年级的队员翻看了很多科学画报,扎出了卫星灯、月亮灯、火箭灯、航天飞机灯、电视机灯、机器人灯……看到体育健儿不断捧回奖杯,受到启发,又扎起了金杯灯;看到报道农村丰收,又扎起了五谷丰登、六畜兴旺灯;还联系平时少先队的活动,扎起了书灯、苗苗灯、娃娃灯。低年级的儿童团员们不会弯竹片、扎铅丝,他们就捧来月饼盒、蛋糕盒做成了方灯、圆灯。虽说没有哥哥姐姐做得新奇、扎得好,但毕竟也是自己动脑、动手做出来的,提在手里也十分自豪。本来要求每个小队扎一盏灯,结果 60 多个小队扎了 300 多盏灯,有 60 多个品种。各科老师都在扎灯活动中寻找到了结合点,把字、画、诗、文、工艺、科技都集中反映到一盏盏灯上去。图画和书法老师指导队员怎样用画和字美化灯;科常老师在扎灯活动中指导孩子扩大科技知识;灯做好以后,语文老师指导孩子给一盏盏灯创作儿歌、配上诗、写出吸引人的介绍词……

元旦前夕,全校举行了热热闹闹的灯会,把几百只彩灯都挂在大厅里。队员们一队队登上讲台,介绍自己扎的灯,通过观赏大家扎的灯,队员们写出了一篇篇优美的作文。

### 使人聪明的"数学节"

徐迟同志写的报告文学《哥德巴赫猜想》,给了我们启发,要进入科学世界,探索科学的奥秘,首先必须掌握数学。为了让孩子们都爱上数学,喜欢和数学交朋友,我们在少先队的节日表上,建立了"数学节"。集中一段时间,宣传数学、了解数学、运用数学,在全校形成学数学热。

1. 宣传几位数学家的事迹,让孩子们在脑子里树立起一个个数学家的榜样来。

2. 介绍几本有趣的数学课外书籍。如:《趣味数学》《算得快》《漫游近似分数》《速算与验算》《数学游戏俱乐部》《我＋数学＝聪明》……

3. 发动队员收集和编写趣味数学题。

一个月里,少先队员收集了一万多道趣味数学题,高年级同学从学习收集古老的算谣中感到很有趣,就自己编起算谣来。如蔡民同学以 7 的 4 次方编了一道算谣栽树:

少先队员去栽树,来到一座大山前,一座大山七座峰,一座峰上七个坡,一个坡上七棵树,一棵树要七人种,栽树一共多少人?

又如,另一位同学编的"摘鲜桃":

两只猴子摘鲜桃,老猴多来小猴少。

小猴摘了六十六,老猴摘了八十八,

小猴嫌得桃子少,开口就问老猴讨,

老猴应给几个桃,桃子不多又不少?

4. 发动队员运用数学。

五年级的同学运用数学、数学符号"＋、－、×、÷",以及各种数学学具"尺、三角板、量角器、圆规"等,制作了几百幅数学邮票。

有的中队制作了"计数器""星期手表""绳算尺""简易乘除计算盘"等有实用价值的学具。

5. 以年级组为单位,举办数学宫,组织学生"玩数学"。

比如,快速计算、快速拼图、数实物接力赛等,高年级则组织数学擂台赛、表演数学儿歌等。

### 苗苗儿童团的"红星节"

1978年,共青团召开第十次全国代表大会,决定恢复少先队的工作,并修改了队章,确定了队歌。但随着教育的恢复与发展,随着早出人才的要求,上海儿童入学的年龄提前到6周岁,全国各地的孩子也相继提前进入小学。考虑到6周岁的孩子还不够加入少先队的年龄。再说少先队的呼号、队礼、队旗的含义较深,队龄前的儿童理解有困难,为此,我们就试着建立"苗苗儿童团",主要任务是进行队前教育。

在"苗苗儿童团"里,我们建立了"苗苗角",设立了"'好苗苗'光荣册",举办了"苗苗俱乐部"。

小朋友们在"苗苗儿童团"里要生活两年,在四个学期中各有一个努力目标:争取入团,争当绿苗苗,争得红花花,第四个学期争得金果果,加入少先队。

有了苗苗儿童团,低年级孩子组织起来了,活动开展起来了,生活丰富了,他们每周都举行"苗苗乐"活动。小苗苗们办"苗苗报",读"苗苗书",做"苗苗小实验",别小看这唱唱跳跳、写写、做做玩玩,最适合六七岁孩子的年龄特点了。

1984年10月,国家教委彭珮云副主任来到我们学校,亲自观看了"苗苗乐"活动。一年级的儿童团员举着布袋木偶,大大方方地为彭奶奶表演"苗苗戏"。玩拼图玩具的孩子,主动热情邀请:"奶奶,您和我们一起拼苗苗玩具吧!"彭奶奶看着孩子们用简单的图形拼出小鸟、鱼、兔,并在本子上用拼音写道:"小鸟在蓝天上飞呀飞,小兔在地上跳呀跳,小鱼在水里游呀游。"彭珮云同志笑得直点头:"这个活动真有趣。小苗苗辅导员很老练,组织能力很强。在一年级建立苗苗儿童团,很有小朋友特点。"

从 1979 年建立苗苗儿童团起,至今第一代苗苗儿童团员已经大学毕业了,但他们仍然记得儿童团的难忘的生活,充满着感情。我们曾在少先队员中作过一次调查,了解到:百分之百的队员喜欢儿童团,百分之百的队集体活动是从苗苗儿童团时代得到培养,百分之八十五的队员为儿童团做过有益的事……给他们印象最深刻的活动是发苗苗芽、吃苗苗糕、歌唱王二小。每届三年级的少先队员都要当一次苗苗辅导员,他们对弟弟妹妹可好了,弟弟妹妹在路上看到他们,也会亲热地打招呼:"小辅导员好!"

## 17. 培养学生自己管理自己的课余活动

把课余活动的支配权交给学生,让学生学会自己管理自己,学会自己来组织有规律的生活,做课余活动的主人,这是愉快活动的又一指导思想,也是重点倡导的活动之一。

人们常说,现在孩子们学业负担重,还有什么时间可以让他们自由安排? 实际上,孩子们课余时间还是有的,只不过不是完整的一大块,而是分散的、一个个零星的时间。我们则把这些零星的时间组织起来,分别冠以名称,赋予每段时间以不同的活动内容,统起来加以运用。我们称每天早晨上课以前为"朝气蓬勃的早晨";每节课之间十分钟统称为"轻松愉快的课间";中午时间较长,组织的活动较多,称之为"欢乐活泼的中午";下午文化课后,我们开展各种活动,供孩子们自由选择参加,称为"丰富多彩的下午";傍晚,泛指放学以后这段时间,我们鼓励学生自由安排,开展自己喜欢的活动,并称之为"自主自动的傍晚"。这五段时间,分散看,每一段都只是很短的片刻,但统一起来则成了一个不小的整体。我认为,每个孩子都拥有这五段时间,也就是说每个孩子都拥有这片自由的天地。课余活动,尽管所占时间尽在课余,却是愉快活动、愉快生活的重要组成部分。我们的着眼点,不仅是让学生的课余生活有安排,活动内容丰富、充实、有规律。更在于为学生个性自由、充分、全面地发展创造条件,为锻炼学生独立自主的主人意识,学会与人相处、与人交往的能力提供机会和阵地。

亮出"五段时间",实际上是给予孩子以引导,帮助孩子们用好这五段时间。

1. 朝气蓬勃的早晨。早晨,孩子们的精力最充沛,晨间活动的内容由各中队自己定,低、中年级的队员爱开展游戏类的小队活动;高年级的队员常利用早晨学雷锋做好事,集中反映在少先队值日工作中。少先队鼓号队常在早上进行练习,三年级以上各中队轮流运用早晨进行体锻达标训练,大队部于每周四早晨组织全体队员学跳集体舞。

值日中队在晨间最活跃。平时,孩子们管理好自己的教室和包干地块的环境卫生,值日中队则要管好学校这个"大家"。值日期间,晨间打扫校园是一项重要而艰巨的任务。操场大,树木多,扫帚高,学生矮。中队委员会把大场地划分成小片,每块安排 4 个队员,从每一块的四周向中心扫,扫清每块地后,由小队长负责检查队员劳动的情况,每天只花一刻钟,就使整个校园变得整齐、干净、美丽了。

除打扫校园外,每个值日队员都有自己的岗位。劳动完毕,人人都主动到自己的岗位上认真值勤。学校门口,十几位队员排成两列,迎接走进校门的老师和同学,他们恭恭敬敬地向老师行礼问好,认认真真地检查红、绿领巾佩戴情况和同学们的个人卫生。值日员还常常为前来听课或参观的老师热情带路,主动为老师拿本子送黑板,为弟弟妹妹们提水。

为了开展好晨间锻炼,体育老师安排好锻炼表,把活动内容、时间、地点都写得清清楚楚,各中队体育委员全面负责,值日队员们都来帮忙,借好活动器具,使活动开展得有条有理。

清晨,值日中队还负责观察校园自然景色的变化,及时向全校同学发布各种信息:迎春花开了,白玉兰、山茶花长花蕾了,梨树开花了,桂花树飘香了,无花果长出果子了……

有一天,校园飞来一只猫头鹰,白天栖息在梧桐树枝叶繁茂的枝干上,科学常识老师及时拍下了照片,孩子们很快把消息传给全校,证明我们学校生态环境保护得好。

2. 轻松愉快的课间。课间十分钟,确保孩子们自由活动,开展踢、跳、拍、游戏等小型分散的活动,让孩子们的精神、情绪都能得到很好的调节和休息。

对一年级刚入学的小朋友来说,课间活动放给他们自己去安排还有困难,我们以老师教他们玩为主,请朋友班的哥哥姐姐们带着玩为主。常常是有组织地玩各种集体游戏:"丢手帕游戏""木头人游戏""换位子游戏"等。或者是围成圆圈跳集体舞,也轮流组织他们去玩儿童乐园里的各种大小水车、荡船、平衡木、转盘等。

二、三年级的学生有了一定的活动能力,就放手让他们自己组织小队休息与游戏活动。按不同的季节开展跳绳、踢毽子、跳橡皮筋,夏天常开展小型的室内游戏。

高年级则让他们玩活动量更大的打乒乓、打羽毛球、投篮等活动。有一个时期,中队辅导员刘老师发现男孩子们迷上了著名歌唱家费翔,课间聚在一起一遍又一遍地唱着"冬天的一把火",女孩子们悄悄议论着琼瑶的小说。刘老师就及时找来了小队长们,告诉他们课间闲谈内容不要太单一,不要谈论不适合自己年龄特点的话题,既指出了孩子们的不足,又不损伤他们的自尊心。队长们积极动脑筋出主意,决定利用课间休息组织小队智力竞赛,一段时间里,这个中队一连开展了天文、地理、兵器、歌曲、卫生等方面的智力竞赛。课间,孩子们都抓紧时间准备竞赛题,同学之间谈论的话题广了,也更有生气了。

3. 欢乐活泼的中午。午间大休息,时间比较长,在校吃中饭的学生多。经过半天紧张的学习,孩子们认为此时可以不受课堂纪律的约束,可以自由自在,放松放松。于是,一些好动的学生,在走廊里奔跑追逐,推推搡搡;在教室里也同样是一片喧哗,说说笑笑,打打闹闹。怎样让孩子们在午间既得到充分休息、调节精神,又感到轻松愉快,身心得到健康发展?像所有活动一样,我们把这个问题提给学生,让孩子们讨论:怎样的午休,才是真正欢乐愉快,有益于身心健康发展?通过讨论,孩子们意识到自己是集体的一员,组织午间活动,人人有责。于是,一个个建议提出来了。经过师生们共同筛选,将队员们的各项建议作了归纳整理,午休活动分成两部分:第一段时间为午间俱乐部活动,时间为半小时。内容有桌上游戏,各种棋类活动、阅览图书、读书读报、学唱新歌、欣赏音乐、讲故事等。由中队值日队长负责活动的安排和管理。第二段时间为午间队会,时间为 10—15 分钟。内容大致可分为三类:一类是表演性的;一类是比赛性的;一类是有主题的,围绕学校教育中心的。表演性的,形式不拘,内容由队员们自己设计创造,每个队员轮流当主持人,既是主持人,又是活动的设计者;既是导演,又是演员。当中队长将午间队会的要求和做法向大家宣布发动后,队员们个个情绪高涨,经过酝酿思考,纷纷将自己设计的内容提交中队委员会,中队文娱委员将队员们创造设计的命题进行编排,在中队报上公布。

从此,午间活动由孩子们自己组织安排,教室气氛有张有弛。第一段时间以静为主,第二段时间以动为主。孩子们学习"创造技法",加一加,减一减,改一改,用他们自己的智慧,创造设计了许多有趣的桌面游戏,如吹气乒乓赛,桌面斗蛙、桌面弹射等。他们还去图书馆,翻阅书籍,于是"奇妙的图案""有趣的数字""成语接龙""世界之最""生活小常识""名人猜谜"等竞赛内容都在孩子们的阅读中编写而成。孩子们当家作主,使午间活动真正做到了有张有弛,欢乐活泼;并且让孩子们个个都有了创作和表演的机会,为人人都得到锻炼提供了舞台。孩子中间涌现了一批相声搭档,游戏创作能手。其间,也培养了孩子们爱集体、爱同学,团结合作的良好品德。

4.丰富多彩的下午。新课程改革方案从儿童的年龄特点出发,减少了必修课,给孩子们的活动增加了较为充裕的时间,也就是为孩子们提供了更多动脑、动手的时间和阵地。在改革方案里,学科课程极为具体详细,有时间,有科目,有教材;活动课虽不像学科课程那样有现成的教材和目标、要求可供参照或依靠,但给了我们更大的自由安排的时间和空间。我们从学校和儿童的实际出发,开设了具有附小特色的活动课,除按改革方案的基本要求加强课外阅读指导,加强体育锻炼和兴趣活动的安排外,我们从低年级起按教学班开设了棋课——学习围棋、国际象棋;器乐课——学习娃娃吉他,学习手风琴和笛子吹奏、快速打字,还增设书画课,从三年级起,增设电脑基础训练。另外,还按不同兴趣爱好组织红领巾合唱队、舞蹈队、戏剧队,建立生物爱好者协会、红十字会等开展各种兴趣活动。

除固定活动课和兴趣小组外,我们还倡导配合各科教学开展活动。如语文课学了童话和寓言故事,我们在活动课上让学生人人动手做七巧板,拼动物讲故事。五年级语文活动课,老师向学生介绍了中外名家的写作故事,指导学生剪报、办报、写采访札记,举行填成语比赛等,这样的学科活动既增加了学生的知识量,又培养了学生动手操作的能力、应用能力和应变能力。

社会实践活动,使学生与社会有了较为广泛的接触。学校周围新建了许多高楼和繁华的百货商场,还有云峰人剧场,还有资源丰富的集市和菜场。这些学生们既熟悉又陌生的地方,成了考察点、社会实践点。学生们在这些社会实践基地受到了"二史一情"的教育,开阔了眼界,锻炼了各种能力。

我们还极其重视支持和发动少先队员们用好少先队活动的时间,开展多种多样的创造性活动,使丰富多彩的下午成为联系社会、参与更多的实践,丰富与扩大信息量的下午,成为发展儿童思维、锻炼儿童创造才干的下午。

5. 自主自动的傍晚。学生经过一天的学习生活,放学回家,傍晚时刻应该由学生自由支配。在学校里,铃声就是命令,孩子都是按铃声行动的。放学以后,应该比较地机动和自由,不仅时间由他们自己支配,内容也要让学生从自己的实际出发,进行自由选择。但因为他们毕竟还是孩子,需要学校和师长给以必要的引导。

第一,要让孩子懂得一天 24 小时,每一分钟都是珍贵的。放学了,往往孩子误解成自由了,有些孩子离校后不回家,就在外面游逛起来,要等到父母快下班了,才匆匆赶回家去,摆摊做作业。为此,老师对孩子反复进行珍惜时间的教育,教育孩子要学习好,也要玩好、休息好,最要紧的是要学会合理安排和使用时间,尤其是一个人的时候,也不要让时间悄悄溜走。老师还经常在全班面前发扬一些自控能力强的学生所作的时间安排表,鼓励这些孩子坚持自己管理自己,又启发大家学着做。例如,学生小徐,放学后回家休息片刻,即做当天的作业。4:30—5:15复习及做语文作业;10分钟做眼保健操,接下去做 20 分钟英语作业;6:00—7:00 吃晚饭及听看少儿节目和当天的电视新闻;7:00—7:30 完成数学作业。余下的时间进行自己有兴趣的活动,练琴、练书法。9 点活动基本结束。这样的做法,既做完了当天的作业,又发展了自己的兴趣爱好,使生活过得有规律、有节奏,从小学会了做时间的主人。

第二,对学有余力的学生,我们鼓励他们利用"自主自动的傍晚",自己进行安排。学生到了高年级,他们的兴趣、能力、脾气、性格等个性倾向开始显露出来,有的对书法、绘画、数学、英语或体育很感兴趣,并显示出较强的接受能力,我们就鼓励诱导他们运用自主自动的傍晚发展自己的特长,积极参与市、区组织的有关比赛。

第三,教育学生做家庭生活的主人,要求孩子建立家庭劳动岗位,不仅自己的事都要自己做,还要做父母的小帮手,家里的事帮着做绝对不做家庭里的"小少爷"。

我感到安排好课余五段时间与安排好课堂教学同样重要。

我们给孩子们安排好这五段时间,经多年的实践证明,这为孩子们的个性爱好充分发展创造了条件。

1992年初,上海市政府教育督导室对附小愉快教育进行了特色督导(或称专题督导),给了我们很高的评价,特别讲到愉快教育全面提高了学生素质。

(1)学生具有五爱精神,爱祖国、爱人民、爱集体、爱劳动、爱护公共财物。有较好的相容心理,有正确的道德判断能力。同学间团结友爱,尊师守纪,文明礼貌,学生日常规范良好。有健康的兴趣爱好和个性特长。经测试,学生的合群、谦让、勇于克服困难、进取心强占91.9%;掌握少先队知识,正确率达82%;对国旗法有关知识的掌握达80.5%。

(2)文化基础知识扎实。近三年来,一至五年级无留级生。每年升中学合格率为100%,优良率达98%,语文、数学、外语会考成绩均超过区平均水平。学生养成了良好的学风。上课积极思考,敢于发表自己的见解,表达能力强,课后作业认真。从抽查情况看,学生书写端正,格式规范。在此期间进行的各学科知识能力测试成绩良好。

(3)学生身体素质不断提高。体锻达标率1989年91%(全区为86%),1990年为93%(全区为87%)。身体素质测试(四年级),1990年为区第3名,1991年为区第6名,近视率、常见疾病率较低。

他们又说:一师附小"愉快教育"取得了丰硕成果,大面积提高了教育质量,为国家和社会培育了一批又一批人才。就参加国际、国内、市区各类比赛而言,几年来获团体奖5个,个人奖222人次。其中国际比赛获奖达30人次,全国比赛获奖达21人次,市级获奖62人次,区级获奖109人次。其中有获华罗庚金杯奖的王海栋,获全国好少年称号的蒋琼耳,获全国书信接力赛一等奖的胡怡闻,还有获华东六省市作文赛一等奖1人,全国作文比赛二等奖1人,海峡两岸书信赛一等奖1人,三等奖1人,全国汉字规范比赛一等奖、二等奖等共12人,全国规范书写,学校获集体优胜奖。1990年、1991年世界儿童俳句比赛获一等奖的有5人,共获奖

28 人,其他如英语、生物、计算机以及文艺、体育、美术、围棋、航模等均获得全国和市级的奖励和荣誉。

以上成绩的取得,说明了附小的老师和同学不仅在课内努力教与学,还在课外的五段时间下了功夫,更有广大家长给予积极的支持。

恩戈、小琼、姚之盈、朱显等,尽管他们的绘画始于幼儿期,进小学后,他们的课余时间绝对不会比别人多,要鼓励、扶植他们继续发展自己已有的绘画、书法特长,我们就给予更多的关心,教会他们学会挤时间,学会充分利用零星的课余五段时间。恩戈常利用课余时间画速写,外出参观,不要他作文字记录,而是让他用图画作动态的记录。学校办灯展,恩戈、小琼兄妹俩要求周日来校画灯,我们就把彩灯展厅的钥匙交给兄妹俩,满足他们的要求。知道哪里举行画展,就让他们去参加。《小朋友》杂志要选登儿童的作品,就及时让孩子们画了送去。平时,我们还主动将孩子的作品送出去参展和参赛,孩子画图越画越好了。

对姚之盈也是这样,小姚从小爱画画,但不大爱说话,集体选举他当队长,锻炼他的说话能力和组织能力,又把出版墙报的任务交给他,让他有更多的作画的机会。

对于这些有培养发展前途的幼苗,我们总是大力发掘并加以扶植,不仅校内老师教,还常从校外请来名师指点,如请国际象棋大师林锋来校指导,请国家乒乓冠军惠钧来校与小选手对垒,请击剑名将栾菊杰来校与学生见面,学校多方面给以引导发扬,小心地培育他们成才。他们的课余生活是充实的,丰富的,他们的志向、个性特长得到了良好的导向和锻炼,对于他们取得的成绩,我们总是加以发扬,鼓励他们再接再厉。这一两年里,就先后为姚之盈、朱显举办个人书画展、书法作品展。像为姚之盈办书画展,专辟了教室陈列展品,光大小镜框就特制了 60 多个,专请老作家杜宣先生为书画展题词。杜宣先生和静安区的政府领导都亲临姚之盈书画展开幕式,并在会上致辞祝贺,给予孩子极大的鼓励。第二天,孩子把心爱的画轴——“大吉图”义卖,所获 2000 元,全数捐给残疾人。为筹备这个书画展,姚之盈天天晚上作画到深夜,为每一份请帖,都画上一幅水墨画,可见孩子的诚意,同时也是对自己作画能力的一次考验和锻炼。一个小孩子,经过七八年的努力,我们喜见“小荷已露尖尖角”。

在课余活动中,我们一贯积极倡导孩子做课外生活的主人,学习自己管理自己;引导孩子自己教育自己,自己要求自己。

对孩子们来说,丰富的课外活动也是学习,是在活动中学习,是在活动中学会运用所学的知识,是一种能力的实践,一种自我教育、自我要求的实践。

例如,我们依靠社会力量,组织高年级的少先队员到佘山营地去活动,取名为"飞向大自然——彩色天地星期营",就是抓住了野外生活的特点,创设集体教育的环境,在辅导员精心合理的指导下,以少先队的组织形式开展各项实践活动,使队员扩大视野,丰富大自然的知识,进一步学习自治,发挥自主和创造精神,活跃身心,促进队员愉快发展。从活动的指导思想看,就是突击了两点:一是丰富知识;二就是学习自治,学会自己管理自己。从丰富知识看,参观佘山天文台,参观林场,参观血防展览会,参观养鹿场,可以获得许多课本上学不到的大自然的知识。而从彩色天地星期营的组织机构看,就可以看出活动强调锻炼队员的自治能力。

① 正副营主任和有关教师、辅导员、队长组成领导班子;

② 聘请两名武警战士;

③ 下设中队两个,小队八个;

④ 每小队内设九大员,学习自治管理。

宿舍管理员:自己的寝室自己管。

餐厅服务员:自己的饭菜自己端。

行车服务员:自己的队伍自己带。

活动宣传员:自己的活动自己搞。

生活管理员:自己的同志自己帮。

卫生保健员:自己的健康自己争。

资料搜集员:自己的资料自己集。

情况通讯员:自己的信息自己传。

文体活动员:自己的生活自己乐。

每小队设九大员,做到了人人管小队,小队人人管。队员每天作自评,锻炼吃饭、睡觉、起床、漱洗、衣着、梳头、洗衣、整理书包等各种自我管理的能力;各项集体活动,如做风筝、排节目、准备礼物、写家信、写感谢信,人人动手动脑,个个积极参与。连"飞向大自然"这个活动的总主题,也是队员自己设计的。

又如,我校从1954年建立起的值日中队制度一直坚持至今,其所以长盛不衰,原因在于这项制度首先是锻炼队员为人民服务的责任心,同时又学会了交往和组织活动、管理学校的能力。

组织开展丰富多彩的、儿童喜爱的、又是他们力所能及的课余活动,对孩子成长所起的作用是不可低估的。在活动中,使孩子们学会活动、学会生活、学会管理,是再好不过了。因为活动是实际操作,它不是纸上谈兵;活动把听听、说说,变成了想想、做做,孩子们把想到的就付诸实践。所以每项活动,他们都能得到满意的收获,甚至还促进了他们有所创新。我们过去开展的"红领巾告诉我""当我一个人的时候",都是指导孩子"慎独",指导孩子学会自我教育、自我要求。

现在实行双休日,孩子们课余活动的时间更多了,活动的天地更大了,这对锻炼孩子们独立生活能力和提高组织活动能力都是好事。但是谁来组织与安排?由学校全包下来,这显然不可能。我们还是把"假日怎么过"的问题,提给孩子们,并且发动广大家长一起来帮忙,孩子们独立自主了,事情就好办了,于是出现了许多成功的、我们称之为"五花八门"的小队会。从下面一组小文章中,我们就可以充分地看出——

### 五花八门的小队会

学校把放学以后的时间交给我们支配,我们高兴极了。小胡请小队的同学到她家去吃糖。十来个同学来到小胡家,小胡当小队长。她拿出一盆糖果给大家尝:"你们知道吗? 这是什么糖?""夹心糖。"大家齐声回答。小胡又问:"你们知道不知道夹心糖里的夹心是怎么放进去的?""它的生产过程是怎样的?"同学们傻眼了,糖很好吃,可这些从没想过。小胡让在糖果厂工作的妈妈讲了夹心糖的诞生、生产过程及糖果发展的前景。小胡的妈妈说:"设计人员、工人叔叔为了让大家能吃到各种味道的糖果(桃子、荔枝、哈密瓜等夹心糖),改进技术,研究工艺,不断增设新品种。"同学们说:"今天放学以后我们去小胡家开小队会真有收获,知道了一粒糖得来不容易,感受到科学技术在发展,新的必定代替旧的。"

小韩热情地邀请小队同学到他家去搞小队活动。小韩让大家看了一个大玻璃橱。"橱里放着什么？我们怎么没看见过？"队员们纷纷问小韩，他们好奇地看着这件并不起眼，看起来又很陈旧的东西。小韩告诉大家这些都是古代文物。"古代文物？""哪里来的？什么年代的？"一个个问题朝着小韩。小韩向大家介绍了每一件文物的历史年代。有8000年前用来宰肉的古刀，有汉、明、清朝代的钱，有璧玉、瓷器等珍贵的装饰品。小韩说，要了解这一件件文物的年代，大家来翻阅一下字典吧，查一下每个朝代离我们现在有多少年了。大家翻查字典了，真是比上课还专心，从中让我们知道了我国历史悠久，文化灿烂，劳动人民的聪明和智慧。小韩让收藏家爸爸讲了许多古代文物方面的知识，让我们看了许多画和印章，使我们大开眼界。小韩爸爸要求我们保护文物，对我们进行了爱国主义教育，他还亲自作画、书写，让我们过了一个愉快的下午。

小杨知道各种汽车的牌号，我们真佩服他。今天他请我们放学后到他家去作客，我们兴致勃勃地去了。

来到小杨家，小杨拿着各种汽车的图纸，介绍这是什么车，什么牌号，哪国生产的及各种汽车的作用。他告诉我们，我国也有许多汽车厂，最大的汽车厂在长春，几分钟就可以造出一辆汽车。这位平时言语不多的小杨今天滔滔不绝，他扬着手中的广告本说："外国人爱做生意，所以广告样本特别多。我收集了许多广告样本，还设计了一种汽车，你们看看我是不是汽车设计师？"他让大家看了广告样本和自己设计汽车的图纸，要求每个同学自己也设计一辆汽车，写上牌号、功能等。同学们纷纷拿起笔，在纸上画了起来。

小杨妈妈说："要当好设计师，必须从小留心观察，愿你们能设计出比外国更先进更完美的汽车来。相信将来会有你们设计的汽车。"还提醒大家，要考虑造怎样的高速公路。

另外，孩子们自己设计的假日活动还有很多："给自己画像""做小制作猫头鹰""参观建筑工地""听英雄讲故事""访问革命老妈妈""到图书馆去"……都是孩子们喜欢的小队活动。

总起来看，活动多了，锻炼也多了，孩子们也在学会管理自己的课余活动中逐渐成长起来，达到了愉快活动、愉快生活促进学生愉快发展、愉快成长的目的。

# 五　我与附小老师

18. 我的首要工作：教师的教育思想建设

19. 把创造的主动权交给老师和学生

20. 重视组织教师搞好总结

21. 寄希望于青年教师

22. 以诚相待，建设好领导班子

## 18. 我的首要工作：教师的教育思想建设

我当校长，最重要的是依靠两支队伍，一是一个团结合作的领导班子，另一个是素质良好的教师集体。而好的教师集体又是在好的领导班子带动下形成的。俗话说，独木不成林。办学校，搞教育，尤其如此。

愉快教育的实施与发展，是全体教师的共同努力的结果；愉快教育的实践，也锻炼提高了全校教师。市、区领导一直鼓励我们，要求我们，办学校要出经验，出人才，出科研成果，像附小这样的学校，尤其应该这样。出人才，包括教师和学生两方面，我衷心期望附小的学生个个都成长为有用之材；我也希望附小的教师都能成为专家型、学者型的教师，爱事业、爱学生，钻研教学业务，也深入研究学生。

附小是一片沃土，愉快教育是一个好课题，培养人，也锻炼人，从 1978 年至今，附小出了 6 位特级教师，4 位全国和市的劳模，3 位全国优秀教师，3 位市、区青年教师标兵，12 位中学高级教师，14 位上海市优秀园丁，还有全国及市、区的少先队优秀辅导员，全国及市、区的优秀班主任、优秀红十字工作者、优秀体育教师。全国及市、区各项教学竞赛，我们都争取派教师参加。从 80 年代初起，市教育局教研室曾先后组织过多次思品、语文、数学、体育、音乐、科常学科的教学竞赛，新教材试点及全面推开后,还新辟了外语学科和活动板块的教学竞赛及展示活动,我们每次都代表区参加,几乎每门学科都夺得了大奖,与其说是教学竞赛还不如说是一次次大规模的教学研究。促进我们学校出了一茬又一茬的教学能手、革新闯将,提高了教学质量,也提高了教育科研水平,锻炼培养了教师。就愉快教育这个课题的实验,全校教师就写出了400多篇大、小论文,先后在全国各种报刊杂志上发表。《论愉快教育》《愉快教学法》先后评为上海市普教科研一等奖、二等奖。另外,还有49篇获区教育科研奖。同时,还由我主编出版了《愉快教育》《愉快的儿童创造教育》《愉快教育设计100例》《愉快活动丛书》等书籍。《上海教育》《少先队活动》还为附小出版过专辑。我常常为有这样一支教师队伍感到欣慰。

回想初当校长时,一下子从"孩子王"转到了管理整个学校的岗位上,真有点不知所措。为了当好校长,曾学习了一些管理理论。当时世界上一些国家提出了很多管理的理论,有过程理论、系统理论、素质理论等。如过程理论,把管理说成是一种过程,并把过程分为七个步骤:计划——为完成目标而制订的工作纲要和做法;组织——为实现目标而建立的组织体系;人事——培训配备人员;指挥——对下属的领导;协调——使各部门之间工作和谐;报告——上下级互通情报;预算——财政计划。系统理论则认为各级组织都是一个协作系统,包括协作的意愿、共同的目标、信息联系三要素。这些学校管理的理论,当然都是可以借鉴的,但是,我想,我们更要重视自己的传统和经验,探索中国学校管理的规律。

党中央对于经济建设提出"对外开放、对内搞活",对我很有启发。我认为,学校管理也应该搞得活一点。这是因为——

第一,形势在不断发展,教育要适应新形势的需要,教材、学制、教育内容、教育方法、教学手段都要不断地变化,作为校长更要不断地树立新的观念,探索新的管理和领导的方法。

第二,教育是一种动态过程,教学双方都是活生生的人。过去讲教育质量的高低,往往习惯于纵向的比较。今天我们培养的人才,则不能只与自己国家的过去比,还要与世界各国的现状作横向的比。因此,作为校长要管理好学校,不能凝固静止,而应该努力求发展,把学校管理搞得活一点;不能只习惯于过去的传统做法,而要继承好传统,在继承基础上不断创新。

　　第三,学校教育是一个系统工程,光靠少数人是搞不好的,只有全体师生都发动起来,人人都成为这个工程的主人,学校才会不断有新的发展。

　　要把学校管理搞得活一点,目的是为了有一个新的起点,出新的质量,出新的经验,出新的教师,培养出新的人才;要出"新",就一定要"动",一定要"活"。怎样才能"动"起来、"活"起来呢? 我当校长的首要工作,就是加强教师的教育思想建设。

　　然而,校长不可能是全才,不可能样样精通。尤其像我是从少先队辅导员的岗位上转过来当校长的,对教育理论,对课堂教学的规律,毕竟掌握不多。当了校长后,我就强迫自己样样都要去作了解,紧紧抓住学校里领导班子和教师这两支基本的队伍,面对着五六十位第一线的教师,我一直想怎样去提高他们,让他们不仅熟悉教材,熟悉学生,也要不断地端正教育思想。我当校长后,十分重视教育思想的建设,对党的方针、指示、政策,总是花大力气,反复讲,组织老师们反复学,做到师生员工人人皆知,并且让大家弄清楚这些指导思想的时代性和重要性,使教师们的认识与时代前进的脉搏息息相通。如 80 年代初,认真学习小平同志的"教育要三个面向"和培养"四有新人"的指示。1985 年全国教育工作会议后,我们又认真组织老师们学习全教会提出的新时期人才的标准。90 年代起,我们又进一步学习《义务教育法》和《中国教育改革和发展纲要》的精神,树立百年大计、教育为本,为振兴中华、培养跨世纪的人才的新思想,同时联系江泽民同志为我校的题词,把"祖国的明天,民族的希望"看作是党和人民给予附小全体教工的历史重任。

　　我们经常有针对性地组织老师们阅读教育书刊,学习教育理论和教育经验,举办各种专题讲座,吸收古今中外的好东西,并化为附小教师的思想作风和经验。80 年代,我们从附小教师实际出发提出"两爱、两全、两适应"的办学指导思想和"三严、四认真"的教风。90 年代起,我们着重在教师中树立四种精神——奉献、实干、进取、创造,更把教师的指导思想引向面向 21 世纪上来,思考面向 21 世纪的教育模式,研究如何为 21 世纪培养人才。

　　加强教师的教育思想建设,不仅要提高认识,还要让教师有亲身的感受,才会自觉地贯彻新的教育思想。今天,现代科学及国家生活中的许多大事,如"一国两制",城市经济体制改革中的一些新概念,都已经在小学基础教育中反映出来。因此，我们每年都挤出时间，创造条件，让老师们多接触现代化的东西，如星际旅行、考察南极、电脑的更新换代、绿色科技革命等。只要有展览会，我们就组织老师们去观看，有的就请进学校来给老师作介绍。

有一年，第一次担负考察南极的向阳红 10 号船在上海港检修。我们知道了，就想方设法组织老师们登上向阳红 10 号实地参观，船长亲自给大家作介绍。我们了解到，原先仅在电视里看到的那架直升飞机，机上才 3 个人，担负驾驶、检修、联络、科研等各种任务，非常精干。老师们听了很受启发，深感培养多面手的重要。听了船长生动的介绍，看到了被南极巨大风浪打断的桅杆，老师们深深体会到新时代培养具有勇敢精神、不怕牺牲，又能刻苦钻研掌握现代科学技术的人才的重要性和迫切性。

80 年代，老师们是在考察金山和宝钢的崛起中受到鼓舞，90 年代则在一次又一次地考察浦东的发展中，体会到什么是浦东规模、浦东速度，大大激励了全体教工努力在自己的教育岗位上为上海的腾飞、为中华的腾飞而奋斗。

看上海，学形势，不断认识祖国社会主义建设在飞速前进，最终还是为了激励老师们积极投身教育改革。为此，我时时不忘组织老师们学习上海以及全国各地教育改革中涌现出来的先进人物和新生事物。80 年代初，学习全国模范班主任刘纯朴、毛蓓蕾。毛老师就在上海，我带着老师访问虹口区第三中心小学，听毛老师讲课，又几次请毛老师来附小传经送宝。毛老师的班主任工作经验专著出版了，我们又组织全体班主任认真阅读，以毛老师的班主任工作经验为镜子，对照自己的工作，边学习边吸收。上海青浦的顾泠沅老师大面积提高数学教学质量的经验发表后，我们也及时组织学习，还让全体数学老师去青浦访问顾老师，听顾老师详细讲述他成功的奥秘，并请他现场作指导。

随着教学改革深入到教学领域，又涌现了优秀数学教师马芯兰教学法、邱学华教授倡导的尝试教学法与发现法，我们都及时结合数学教学，进行学习和实践，还请邱老师担任我校数学教研组的指导老师。每次邱老师来上海，都亲临附小听课研究。一时间，我校数学教学发展很快。语文则吸收佳木斯"注音识字、提前读写"的经验。同时，我们从上海学生的实际出发，学习叶圣陶先生的语文教学思想，把重点放在激励学生喜欢读书、主动学习上。另外，音乐教学，则学习国外的奥尔夫教学法;英语课则引进视、听、说、玩的教学结构。

一时间,教学改革各种尝试在各科教学中先后出台,老师们被发动起来了,我依靠和运用教代会,专题举行了一次"愉快教学信息发布会",每人讲 5 分钟,每人都讲在自己的学科中怎样借鉴别人的经验,设想自己学科怎样改革怎样办出特色来。

80 年代初,全国教育工作有邓小平同志的"三个面向"指引,又有规模空前的全国教育工作会议的全方位的发动,教育改革的空气普遍高涨起来。少先队工作学会、全国小学管理学会、整体改革研究会相继在教育学会之后建立起来,这些都是交流教改信息的好机会,我们都争取去参加。1990 年,由我带头发起的愉快教育研讨会,目的也是为就一个共同感兴趣的课题,团结更多的学校共同研究,以求更广泛吸收人家的经验,提高全校老师的科研水平。近年来,还积极争取加入了国家教委的重点课题——面向 21 世纪教育模式的研究行列,使自己和全校干部、教师的思想经常与整个教育改革的大形势联系起来。我在学校里经常提倡教师要思想开阔、不闭塞、不固步自封,学科之间要交流、要横向联系,要努力学做多面手。市、区甚至是全国举行的教学观摩交流或者竞赛,都争取组织老师去参加,让老师们亮出自己的风格和特点,取得专家和同行的评议,也努力学习别人丰富的可资借鉴的经验。通过比较,一方面知道自己处于什么水平线上,更重要的是要找到自己的弱点,找到自己前进的方向。中国传统的教学,一个教师一个班,关起门来一个人教、一个人管。我把它叫做私塾式的教学。在现在改革开放的年代里,再也不能继续下去了。所以我主张开着门办学,欢迎同行们常来看看,不是为展示自己,而是为接受别人的评论,请大家来挑疵。为此,领导给任务,我们总是乐意接受,还常常主动邀请领导、专家、同行们来调查、蹲点。很多同志对我说,"你们的教师来源好"。这点我承认,但要紧的是在实践中多给予锻炼,要不,再好的新教师分配到校后,过不了多久,也会落伍的。

我的指导思想上是让大家多看、多学,得到启示,有利于借鉴,但反对照抄和移植。学了人家的,一定要化为自己的,结合自己的实际情况进行再创造。新教师刚来,不会上课,照着师傅的教案去上课,这是可以的,但一旦自己熟悉了,就要学会独立备课,独立上课。我们请老教师当师傅,他们也都明白,开始时让徒弟照着做;过一段,就改成扶着走;最后就放手让徒弟独立思考。师傅是在徒弟独立思考的基础上给以指导点拨。

总之,要办好学校,得依靠教师;而要依靠教师,其首要工作,则是加强教师的教育思想建设。

## 19. 把创造的主动权交给老师和学生

要老师们多看、多听、多读,是为了要他们人人能主动实践、主动创造。我在学校,一贯主张把创造的主动权交给老师和学生。

教育要改革、要发展,要创造,按我的理解,改革就是创造。鲁迅先生说:路是人走出来的。要改革,就要敢于闯新路,敢于想,敢于标新立异,别人没有做过的,敢于去试试,并且乐意自讨苦吃,乐意去担点风险,不背什么包袱。一切奖励都只是对昨天的肯定。教育事业总是要向前发展的,学校总是要朝着新的目标前进的。我常常鼓励老师们,在教育科研上要敢于去闯,在各种教育教学工作和各种活动中都要敢于闯。十几年来的愉快教育研究与实践,就是这样闯过来的。

师生都是学校的主人,一定要让他们真正行使主人的权利。我们对教师的工作,不是实行自上而下的控制监督,也不要求大家一字不改地执行学校的计划,而是十分注意给予每个部门、每个人以相应的自主权限,实行自我调控,以发挥各个组室及每个成员的主动性和积极性。当老师们明确了指导思想后,就放手让他们按总目标去制订一个个分散的小目标、小课题,并以最佳方案与总目标联系起来。

学校对总的指导思想、重大教改、重大课题的确定以及对学生思想教育的基本要求等方面,都十分注意和大家共同商量,发动大家共同研究。具体执行时,更强调并鼓励大家各显神通,进行创造,不求一律,不加限制。

把创造的主动权交给老师和学生,校长该怎样做呢?小平同志说:"领导就是服务。"校长的责任在于帮助他们去创造。通常我从以下几个方面去努力。

用正确的教育思想领导学校工作,这是校长工作的核心。但教育思想与学校实际毕竟还不是一回事,校长要按照校情在帮助教师具体实践正确的教育思想中多出主意、多想办法。要做一个受师生们欢迎的领导,不仅要立足于提要求,检查效果,更要立足于帮助教师和学生出主意,想办法。

校长学习教育方针和教育思想的机会要比教师多，了解的教育信息也比教师多，这些都要在如何贯彻上体现出来。勤于出主意，我常常化作这几方面的行动。

第一，积极向老师们和同学们介绍前人的经验和当今的新事物。

我平时喜欢读书、看报，读的东西比较杂，各种教育杂志，各种经验总结，教学的、教育的，少先队的、家庭教育的，还特别爱看伟人的传记。接触的方面也比较多，教育局系统的，共青团系统的，还有妇联系统的，还有各种学会的，使我经常能了解不少新事物。我在学习了解这些历史的和新鲜的事物时，立足点比较清楚，三句不离本行，一切为了办好学校。我每每看到什么，听到什么，都联系学校想想。在南通认识了王遐方，请到学校来当校外辅导员。自己去参观了金山石化城，回来发动和组织全校师生去考察。我读书听报告有个习惯，凡是有所启发的地方，喜欢记下来，喜欢联想，常常是一边在听，在看，一边已经在想自己可以怎样做，哪些可以介绍给老师学，哪些可以介绍给学生，我的笔记本红线上面写的，差不多都是联想，我称之为及时迁移。凡是动不出脑子时，我不冥思苦想，总是先找书来看，或者到教师和学生中间去走走、看看、问问和议议，这样灵感就来了，并不是我脑子灵，而是我比较善于发现并且喜欢传播。我们的前辈和同辈人都为教育事业创造了丰富宝贵的经验，确实是取之不尽的，可以说是天天在受到启发，只是常常感到来不及学，更感到来不及做。

在学校，参与教育实践的主体是教师和学生。对他们来说，教学工作是非常繁忙的，要看很多资料是有困难的。凡是我觉得很有价值的经验，就及时向老师们作介绍，我不要求老师们整本读教育学，而是经常为他们介绍一些古今中外教育家的名言，一些通俗、可读性强的短篇，如苏霍姆林斯基的《给教师的一百条建议》，陈鹤琴先生的《十七条教学原则》，以及充满师生之情、父子之爱的小故事《爱的教育》，还有各种成功的实验报告，如南京琅琊路小学的三个小主人教育，无锡师范附小关于乐学的构建，北京一师附小的研究学生的学以及上海各兄弟学校的成功教育、兴趣教育、休闲教育，等等，这些都比较具体，接近教育教学实际，老师们读后可以直接受到启迪，有所借鉴。

第二，校长要早作计划，勤作安排。

勤于出主意，当然也不能东敲一榔头，西敲一锤子，弄得老师们无所适从。这就要勤于作计划。我订计划,力求一个"早"字、一个"新"字,还力求一个"实"字。

"早",每学年的计划,实际是于上一学年结束时就开始酝酿。总结过去了的一个学年,就是计划新学年、新学期工作的开始。有什么设想,这学期来不及了,在学年结束时,就放入新学年的计划中去。假期里,老师们放假了,领导班子就开始讨论研究。计划新学年(期)的工作,绝对保证开学前部署新计划。有时甚至在老师放假前就作布置,以便他们在备新课时一起思考规划新学年工作。

"新",我们订计划,总要在继承与发展上做文章。继承是基础,一切新的工作开始都要看原有基础如何。发展就是创新,每年订计划,对校长来说,实际都是一次创造,力求给老师和学生有新的启示,新的追求,鼓励大家进行新的登攀。例如强化德育,我们年年提出新的教育主题,组织学生进行新的实践。这些年里,我们曾以"播种明天"为教育的主题,对学生进行了解过去、认识现在,为建设明天作好准备的教育,以"敬礼,人民的利益高于一切""学雷锋、学赖宁,从身边的小事做起""当我一个人的时候""红领巾告诉我"等为主题,对学生进行小学生守则和小学生行为规范教育。我们所以年年变换教育主题,就是为师生们提供创造的角度和切入口。

1992 年,学校评上了"上海红旗集体",在这么高的荣誉面前怎么办? 1992 新学年制订计划,我向大家提出了 5 个"新"字:教师队伍要有新的面貌,获得红旗集体的荣誉后不能停留;德育要有"新"的特色,表现在少先队改革上,在教育学生自主与创造上,在评估学生的品德行为上都要有新的特色;教学改革要有新的发展,按上海市新课程改革方案的精神,坚持原则性与灵活性相结合,既把必修课教活、教扎实,又要创造性地建设活动课板块;体育卫生要创造新的学校记录;教育科研要攀登新的高度。这 5 个"新",把全校各部门、各组室和所有成员都动员起来了,充分发挥了全体教师的主动性和积极性。人人都在考虑自己所负责的工作和部门怎样更上一层楼,经过交流、丰富和补充,学校计划更充实了。

"实",学校的计划是一个大框架,真正要落到实处,还得要全校教师大家努力。每人都结合自己的工作实情,创造性地制订可以操作的执行计划。我们领导班子的成员则分工分组具体参与并发挥指导作用。每项工作都做到有具体要求,有具体抓手,有时间控制、有检查效果的措施。这样,所有教师都是计划的设计者、制订者，又是执行者。人人都拥有创造的主动权，人人都不是被动地贯彻校长的要求，而是作为学校的主人，主动地、自觉地、创造性地工作。保证把各项要求落到实处，并且提高了老师们的工作水平。

在计划执行的过程中，当校长的不是浮在上面，而是沉到第一线，到教室里听课，参与教研组的教研活动，参加各年级各中队的一个个教育活动，发现师生中的先进苗子，就及时大力加以扶植，发现经验，哪怕是点滴的小经验，也及时交流与推广，并且注意搭舞台让他们唱戏——让他们上公开课、研究课，并把校内外的各种力量组织起来，运用起来，共同对这些研究课进行点评、分析，提高教师的教学水平。我还常常争取机会，把师生们的教育、教学活动推到更大范围去进行交流与观摩。实际是对一个个教师进行锤炼，促进老师们不断改革，不断创造。把创造的主动权交给老师，其实就是把不断改革提高的任务交给老师。不断给任务，老师们也就不断有创造，使我们学校的教育、教学永远是一潭活水。我们的老师确实天天都在谱写爱生敬业的诗篇，在谱写新的、活的教育学。

## 20. 重视组织教师搞好总结

搞好学校工作，制订计划是第一步。按计划做好了一项项工作之后，及时加以总结也是件十分重要的工作。从整个学校来说，总结是检查计划执行和评价工作成效的一个重要环节。老师和同学们天天都在创造性地劳动，天天都在取得进步、成绩和创造新鲜的经验，这些是学校的宝贵财富。作为校长，一定要发动大家，好好加以收集整理，分析评价，从中找出规律性的东西，上升为理论。我们认为，总结不是工作的结束，而是工作的延伸，做好了总结，就有了新的工作的基础和起点。

学校工作的面是很广的，总结要贯穿于经常。总结和计划一样，要从实际出发。每次总结做法也不尽相同，有时是集中总结共同研究的专题，有时让各人自选题目，有时则进行全面回顾。总结的规模也可大可小。

怎样写总结，校长要指导。全校老师的水平差异较大，有的老师善于思考，乐于总结，而有的老师则不善于归纳分析，我们要注意区别对待。对于能独立思考和撰写的，领导只要出些点子，鼓励他们自己拿主意、自己写；对于有困难的老师，则要逐个谈心,一起议论,列出提纲,筛选材料。在每次总结前,校长对每位老师工作的实绩,可以总结什么经验,要做到大致心中有数。在具体做法上,如是一个组或几位老师共同实验的课题,那就要专门组织有关教师来讨论和总结;若是某位老师单独实验的课题,就要求其写出单项的总结;有的是组室或部门的工作,那就由组长们进行研究和总结。校长也不例外,要对全校工作写出总结。

80年代以来,我们曾经搞过三次规模较大的总结。

第一次是1980年,当时学校处于建立正确的教育思想阶段。面对着新来的好多青年教师,我们组织大家读了《爱的教育》,学了毛蓓蕾老师爱学生的先进事迹,开展了爱生活动,确定了3月5日为爱生日(后来确定为附小的"爱生节"),教工团支部制订了"爱生守则",还举行了多次"爱的教育"讨论会。我们决定这一年的总结就围绕"爱生"这个主题来进行,发动老师们人人写爱生故事,以自己的爱生实践谱写爱的篇章。这次专题总结,我们把文章做足,在总结基础上,全校隆重地召开了"爱生故事会",举办爱生故事展览会,还装订成"爱生故事集",做到了人人都找,人人都写,人人都讲。这次总结没有泛泛地评论工作的优缺点,而是抓住了教育思想建设这条主线,总结交流了老师们的思想、感情和经验。在老师的心目中,留下了深刻的印象。

第二次专题性的总结是1983年,在开展"发展智力"实验进行了一个阶段以后,我们深感发展儿童智力除靠课堂教学外,还必须重视开展课外活动和少先队活动。我们在过去工作的基础上,提出专题总结内容:"在发展儿童智力的研究中,怎样充分发挥少先队的作用,怎样让少先队的活动更加蓬勃地开展起来。"经个别交谈、调查,促使每位老师都从自己的角度思考各自学科或部门与少先队的关系,并总结支持少先队或发挥少先队作用的经验。如"少先队与课堂教学""少先队与自然课""数学是少先队的朋友""让美术为少先队活动锦上添花""少先队与音乐教学""少先队与体育活动""少先队与教导工作""少先队与总务工作"等,我们把这些体会和经验加上调查报告,汇编成册。之后,各科老师就经常考虑如何结合学科开展多种少先队活动,又注意在各项队活动中发挥教学因素,这不仅对发展儿童智力大有帮助,也使我校重视少先队工作的传统更加扎根于教师。

第三次专题性总结就是"愉快教育"。这是一次较大的总结活动,跨越的时间较长，涉及的面较广。我们采用的办法是"边实验、边总结、边交流"，做一段，总结一段，交流推广一段，不断深化，不断前进。1987年前，我们为大家出了几个总结"愉快教育"的小题目，从各个侧面、各个方面反映这个主题，通过总结交流，使"愉快教育"深入人心，大家的教育思想和教学水平都有了新的提高。1987年市教育局、市教科所全面深入附小，开始了教育行政、科研人员与基层第一线实践工作者三结合总结"愉快教育"的历程。写出了《论愉快教育》。因为这一次不是总结一项项具体的工作经验，而是从教育观上作新的认识，我发动全校老师个个参与讨论，人人联系实际总结寻找规律，使老师们的思想达到了一个新的飞跃，认识到要培养完美和谐的人，首先要有完美和谐的教育。我们的教育观，要从单纯对学生传授知识发展智力的智能教育，发展为尊重学生，从培养学生个性完美发展着眼，坚持让学生身心全面发展的教育；我们的办学观，要摈弃单一的课堂教学形式，建立起以课堂教学为基础，学校教育与少先队教育相结合，课堂教学与课外活动相结合，学习活动与课余生活相结合的综合的教育组织形式；我们的教学观，要改变过去那种单纯教师灌输的教学方法，坚持以教师为主导、以学生为主体的师生双边活动，即教学相长的教学观；我们的学习观应该是，摈弃学生被动地苦学，积极倡导学生主动地、生动活泼地乐学。

通过这样的总结，具体的点滴的好经验、好思想上升到观念与规律，提高了大家的认识，使教师群体达到了一个新的水平。这样的总结对每位老师来说，又好比是参加了一次教育思想、教育理论的学习，更自觉地把"愉快教育"的要素、特征、原则与方法在教育教学实践中贯彻运用。

总结只有推广才有价值，运用又成了推广的起点。附小的愉快教育就是在不断总结、不断推广中发展前进的，一代代教师也在不断总结不断发展中成长起来。

我作为校长，既要着力于发动教师改革与创造，还要重视发扬老师们的先进思想、先进经验，并且敢于在教师队伍中树立一个个先进典型。因为这些先进人物就在自己学校，就在大家身边，大家看得见、摸得着，也容易被大家学得到。

从1978年，臧慧芬老师光荣被上海市评选为第一批特级教师起，我们就在校内全面推广臧老师严格认真的教风和坚持求活、求实的教学方法。

80年代初，又大力发扬了数学特级教师李兰英"教得科学、学得主动"的教学风格,推广她重视开发学生的智能,培养学生自己探索知识的能力,善于把教具转化为学生手中的学具,寓教书于育人之中的经验。

接着,我们又在教师中树立了不断学习、不断改革、勇于创造,被同行们誉为跳跃不止的音符的音乐特级教师陈蓓蕾。

全校研究愉快教育如何在教学领域里实施,首先就是请全校老师都去听他们三位老师的课——臧慧芬老师的语文课;李兰英老师的算术课;陈蓓蕾老师的音乐课。既是示范,又是引子,掀起了研究愉快教学的热潮。

80年代中期,我们又树立了爱生的榜样——宋珠凤,学习她带头实验"情感加温法",用人类最崇高的感情——爱,播种春天,播种理想,播种力量。她以当好学生启蒙教师的职责,塑造孩子们美好的心灵,培养孩子自信自理的能力。

在青年教师中,我们也先后树立了勇于改革的鲁慧茹,好辅导员谢咏,积极参加新教材实验的蔡骏。

在教学改革中,推出了各学科的带头人:徐大全、毛宗范、曹美霖、陈玲棣、陈贤通,还有带领孩子们积极参加数学竞赛、俳句比赛的潘纪生、陆韵华。近年来,我们又树立了孩子们的贴心人章怡、颜秀珍;还有在第二线默默奉献的方之桦、陈菊芳……其实,我在这里只是列举了教师中的一些代表,还有许多好园丁、好班主任、好教师,要是把他们的故事都写出来,就是一部附小教育改革的光辉乐章。

## 21. 寄希望于青年教师

80年代以来,在小学的教师队伍里,增加了许多新同志。就我们附小来说,现在青年教师的人数已超过了原有的教师数,这是我们教育事业发展的标志,是提高教育质量的重要力量,也是附小的希望所在。面对着这些虎虎生气的青年人,想着学校的未来,我羡慕他们,期望他们能够迅速地接上班,能够继承发扬附小的优良传统。即使老教师不断放下教鞭,离开附小,而附小的风格、特色不丢,附小的校风、教风常在。

应该说,近年来师范学校输送给附小的新教师是不错的,他们思想活跃,精力充沛,要求上进,有一定的文化专业基础,也有各种爱好和特长。但毕竟他们都很年轻,刚刚走上工作岗位,他们在师范学校读书时受到的专业训练与面对着几十名活生生的学生上课终究不完全是一回事。班班情况有所不同,学生素质各有差异,工作中会遇到困难和挫折。情绪波动、志向动摇的事时有发生。古人云:"玉不琢,不成器。"要使青年教师成才,使他们从稚嫩走向成熟,必须认真研究他们成长的规律。如何使他们成长得快一点、好一点,这是我们经常要考虑的问题,也是校长的责任所在。我们的做法是:

一、寄予希望。

我们对每位青年教师都寄予希望。每当新教师分配来校,及时告知师范附小的性质和任务,告诉他们附小的教师队伍一直是潭活水,"新来老退"是个规律,青年教师始终是学校的主力和多数,是大有可为的;还告诉他们,我校的特级教师臧慧芬、李兰英、陈蓓蕾、宋珠凤等都是从青年时期就立志献身教育事业,并在附小这片教学园地上开始起飞的。要使自己成为一位优秀教师,一是要立志献身教育事业,二是要刻苦钻研教学业务,辛勤耕耘。讲这些,是想让青年教师踏进校园,就明白自己肩负的责任,就感到自己受到信任,是这所学校的主人,就感到自己担负着继往开来的使命,有长期执教的思想准备,并把个人的追求与学校的前途紧密地联系在一起。

二、教给传统。

附小建校 50 多年,先后有 350 多位教师在此辛勤工作,共同创造了好教风、好校风,还有许多行之有效的教学原则、教学方法和教书育人的动人事迹,日积月累形成了传统。如何使之代代相传是建设师资队伍的重要课题。每当新教师来校,我们都对他们讲校史,组织和引导他们学习附小创办人陈鹤琴老校长的教育思想,重温附小的办学宗旨、"两爱两全"(即爱教育事业、爱学生,全面贯彻党的教育方针,面向全体学生)的教育思想和"三严、四认真"的优良教风。同时,我们还向他们具体介绍附小老教师严谨的工作态度和精神,阅读历年来老师们谱写的爱生故事、教育科研的成果和少先队活动经验等。此外,我们还重视抓住有利时机,组织各种忆传统的活动。如 50 周年校庆时,举办校史展览,让青年教师形象地、系统地学习了解附小的过去。第一届教师节时,举行"红烛颂",让 40 年代到 80 年代的老师们欢聚一堂,讲述自己教改的特色。我们还依靠教工团支部开展各种继承传统的自我教育活动。如制订"爱生守则""给差生以更多的尊重和关心",以及访问老教师、建立师徒对子等。去年教师节，教工团支部又举行了别开生面的"附小教育传统"智力竞赛，让每一个青年教师都知道附小在教育教学、课内课外各个领域里的优良传统和风格。在教育教学中，我们还组织青年教师观摩有经验的老教师的教学活动和班队活动。榜样的力量是无穷的。传统就是榜样，它对青年教师起着潜移默化的影响和作用。

三、切实培养。

实践出真知。对青年教师最好的锻炼，莫过于让他们亲自去尝一尝梨子的滋味。教师天天都在教育教学第一线，每一位有经验的教师都是从备课、上课、批改作业、进行家庭访问、组织少先队活动、找学生个别谈话等一件件具体工作中锻炼成长的。我们对青年教师的培养，也切切实实从具体工作抓起。每当新学期开始，我们都检查他们的备课簿和班级工作计划。老教师的备课笔记可以免检，但对青年教师的一定要从严，请教导主任、教研组长一起来检查、评论和指导，逐一提出意见。开学初，我们就随堂听青年教师上课，发现他们的板书、朗读、表达、作业批改等基本功不够好，就请有经验的老教师示范、指点，并组织青年教师举行板书比赛、演讲比赛、朗读比赛和教学研究活动，推动和促进新教师提高教学业务能力。我们还经常面对面地听他们叙述班级工作，尽量多接触他们所带班级的学生，取得第一手资料，便于针对实际进行帮助。

我校外来的教学观摩任务较多，有公开教学、演示教学、新教材试教、教学专题研究以及各种少先队活动等。我们尽早地让青年教师担当这些任务，提倡在独立钻研基础上的集体备课，多听试教课，先扶后放，逐步提高要求。有一次，我校接受三年级思想品德课新教材的试教任务，我们就让一至四年级所有的班主任都参加试教，新老结合，使每个人都得到锻炼。又如，有一次接待外省市参观听课，我们让老教师作指导，组织语、算、外、自然常识、音、体、美15位青年教师公开教学。

平时，我们十分注意运用各种机会与条件，分期分批选送青年教师读大专班、参加备课班、研究班或行政班学习，提高专业素质。

四、重在鼓励。

青年时期，是一个人精力最旺盛的时期。每个新老师，都有美好的愿望，都想干一番事业,都有闪光点。学校领导,特别是校长,要注意保护他们的主动精神,支持他们的实践,经常听他们的课,参加他们组织的教育活动,让他们参加科研组活动,让他们在教代会和班主任会上作介绍,督促他们及时总结点滴经验并组织交流。

青年人是可爱的,在附小这个教师集体中成长也是很快的。七十年代末、八十年代初来到附小的30来岁的青年教师已经逐渐地接上了班,他们中大多数都爱上了教师这个岗位。全国优秀辅导员谢咏这样说:"我生活在孩子们中间,当我漫步在美丽的校园,扑面而来的是孩子们天真的芬芳,感受到的是颗颗童心的纯真。我庆幸自己选择了人生中最高尚的职业。我愿意做红领巾事业的采蜜人。"在教育改革中,青年教师们学习老教师的榜样,孜孜不倦地刻苦钻研,勇于创新。各个学科的"小字辈"都在市区的青年教师教学比赛中,得到优良的成绩。他们所教的学生也常在全国书信接力赛、童话创作、演讲、书法、绘画等比赛中获胜,他们任教的毕业班,教学质量也较好。有的还担任了教研组长、团队和基层工会的干部。

现在的一师附小,青年教师已成为中坚力量,他们在老教师的带动下,自觉成立了教改课题突击队、青年教师教学研究组。他们表示:"立志做冬天的'暖阳',不做夏天的'骄阳'。"这些青年人,找对象、谈朋友的条件之一,就是爱不爱孩子、支不支持教育事业。新教材实验组5个20岁左右的漂亮能干的女孩子,在新教材教研活动中,人人争担了一个课题。有一年年初,她们面对来附小考察的300多位老师,分别上了一堂公开课。以她们的讲课美、教具美、板书美和青春美给所有来听课的人留下了美好的印象。被大家喻为一师附小五朵金花。

40多年前,我也像今天的"小字辈"一样,加入了人民教师的行列,受到了老同志、老教师的热情关怀和帮助,至今难忘。现在为了祖国的明天,为了教育事业的发展,也为了学校的前途,我衷心期望青年一代快快成长。

## 22. 以诚相待,建设好领导班子

最后说一说建设一个团结和谐的领导班子。

小学的领导班子,是由校长、党支部书记、教导主任、总务主任、少先队大队辅导员等人员组成的。学校各项工作能否顺利进行,关键是看领导班子的思想水平、工作能力,看他们能否团结一致。我当班长,经常想的是怎样提高这"一班人"的认识水平和组织能力,怎样使全班人团结一致,共同把事情做好。

班子合作贵在"诚",相互之间,以诚相待。我初任校长时,组织上要我组建领导班子,我从学校实情出发,请求教育局派来了支部书记沈雅兰同志,她是一位很有经验的基层党的干部,此外,都是从附小教师队伍中抽调的。史慧芳同志是我的老同学,50年代就是优秀教师,熟悉各门学科的教学,由她先当教导,不久任副校长,又从教研组长中选拔了富有组织管理才能的周其洁同志任教导,总管教导处,另外还配有好几位专家型的副教导,不脱离教学第一线,分工把管各门学科,各个部门,并带领各学科不断创新。从校长、书记起,人人都兼课,连总务主任也是熟悉教学的。形成了一个扎根于教育教学、紧密联系教师和学生的领导班子。我虽是班长,但很尊重大家,我出主意,也习惯于征得大家同意后,才放到全校师生中去。因为人人都紧密联系着教育教学实际,我怎么想的,与大家很快就能沟通,他们也都能主动独立地开展工作,对于他们创造性的设想,我都大力支持他们去实现,更立足于发现他们,总结他们,提高他们。愉快教育的研究与实践,使我们全班人形成了一个志同道合的集体。袁是人局长夸我和史慧芳是"纽子"和"纽襻"的关系,其实我和全班人都是这样,不能分离。

第一,重视加强学习,做到认识一致。

我校领导班子的有利条件是所有成员都来自教学第一线,有教语文的,教数学的,教音乐的,教自然常识的,有当过班主任的,有带过教研组的,每人都有自己熟悉的学科和工作。分开来看,一个个都是好教师。但是,几乎都没有经过校长、教导主任的岗位培训。想问题,订计划,往往局部考虑多,整体考虑少。熟悉语文的,只考虑字词教学,阅读教学,其他学科关心不够。分管思想教育和课外活动的,不很了解各科教学改革的情况。做一件事,常常觉得与其动员和组织大家做,还不如自己去做,甚至布置一个会场,搬几十只椅子,也常常会包办代替。亲自动手固然好,但不是一种好的领导方法。为了提高一班人的领导水平,我重视组织大家多学习,学习党在新时期的路线方针,学习"教育要为四个现代化建设服务"的指导思想,学习当今国内外教育改革的动态,学习兄弟学校教改的新思路、新特色,联系自己学校的实际,让所有领导班子成员都站到教育改革的大局上来,站到整个学校发展的大局上来,考虑问题,把大家的认识统一到教育要三个面向、全面贯彻党的教育方针、办好学校、教好全部学生的基点上来。

1990年,第一次全国愉快教育研讨会在上海举行,会址就在我们学校,我们让全班子的人都参与这次研讨会的筹备及研讨,学习议论研讨会纪要,进一步统一对愉快教育实质的认识:"以提高学生的整体素质为工作目标,自觉地革除单纯的升学教育给小学带来的弊端,使学生生动活泼、主动地得到发展。"进一步明确实施愉快教育的核心是"激发学生的学习兴趣和学习自觉性,使他们都能成为学习的主人,满怀信心地进取、向上"。

1994年3月,上海市教育局普教处和静安区教育局联合组织邀请市教科所、教研室、课改办、督导室的领导和专家,华师大叶澜教授,上师大燕国材、吴立岗、卢家楣等教授,上海青少所段镇所长,上海智力开发所王厥轩副所长,上海师专小学研究所的领导和专家,以及师资培训中心、第一师范的领导和老师,还有各兄弟区教育局和学校的局长、校长共50多人来附小,进行连续三天的"愉快教育"专题蹲点研讨,吕型伟同志、刘元璋同志和市教育局夏秀蓉副局长都赶来参加,对"愉快教育"已经形成的专题论文进行深层次的研讨,还对正在进行的张声远老师负责的论文《愉快教育的课程研究》和卢家楣老师编制的《愉快教学方法论》纲要进行了详细的讨论。这既是一个对愉快教育"检验阶段成果,探讨主攻方向"的专题研讨会,也是一个挑疵会。我把这个会看作是领导和专家们关心我们、提高我们的重要措施,我们充分运用这个大好时机,让校领导成员都参与这个专家云集的难得的研讨会学习和进修。

第二,一切以团结为重,做到互相支持。

我们领导班子成员毕竟是从各学科、各部门抽调到一起来的,各人的经验不同,观点也不尽相同,工作中有不同看法是难免的,教学中有不同见解,也是正常的。我的做法是引导讨论,让大家各抒己见,以取得相互理解和支持。如课堂教学与少先队活动,运动会与毕业考试争阵地、争时间;教导处要添置各种教学设备,总务处感到经费不够……为这些事,同志间常常争得面红耳赤,但一经决定,人人全力以赴。有时接待外宾任务紧迫,每个人都被动员起来。有一年9月4

日,学期刚开始,有一位总统夫人来访,当时大家正忙着制订学科计划、筹备教师节,但是大家都把工作暂时放下,共同出力做好接待工作,并且提前把各种兴趣小组组织好,提前计划好活动内容,最后,收到了外事促内事的预期效果。

有一次,区教育局领导给我们一个示范推广的任务,要我们接待全区的老师。分学科听我们在课堂教学内如何贯彻愉快教育实、广、活、新的四个原则。我们全校总动员,在一个星期里破天荒地上了 23 节公开课,每天从早上到下午,语、算、外、思品、音、体、美、科常各学科都有任务,不仅要上课,还要执教者自己说课,讲述自己备课、上课的思路,如何设计教学过程,设计教具、学具,以及如何设计学生的练习。负责教学任务的教研组管课,总务部门则大量搞好物资供应,教室及场地安排。团结合作,胜利完成了任务。

尽管任务重,时间紧,但班子成员出现在全校教工面前,总是一个整体,意见一致。只有相互补充,而没有相互推诿埋怨的情绪。有时对某一项工作,大家意见不一致,就把矛盾提到桌面上,各抒己见。例如,对学校要不要搞校办企业一事,开始,领导班子成员各有各的看法,有的认为我们学校姓“教”不姓“钱”,不赞成办。有的同志认为,勤工俭学是我国的办学方针,对改善办学条件有利,应该办。一班人的两种意见,经过充分的讨论,各方陈述自己的观点,说服对方。最后达成一致的意见:在目前办学的条件下,办。这种争论,当然是只限于班子内部,绝对不到班子之外背后议论。凡是作出了决议,大家都努力去执行。

第三,各司其职,各展其长。

学校的工作千头万绪,不能样样都是一起动手干,一起并进。行政、支部、总务、教导,都有明确的分工,集体领导分工负责,如办学指导思想,教风与学风,学年和学期的工作计划,教育科研课题的确定,集体都认真研究。并要求每个部门都按总的指导思想、工作要求,结合自己的岗位,制订具体的执行计划。教导处按学校教改要求,对教育科研和传统的教风、学风做好教学管理工作,把教学改革落实到教师和学生;总务部门则按学校的办学思想,各科教学要求,以及校风校容的建设,提供各种物质条件。我校外来任务很多,我们坚持一个原则,只能以外来任务促进本校、本岗位的工作,而不能取代或削弱自己岗位的工作。

分工是必要的,但不分家,我要求班子的成员既要各司其职,又要各展其长。

我对教师要求他们创造性地工作,同样也把创造的主动权交给班子里每一位成员,希望各人在自己负责的工作范围内,充分发挥自己的专长。教导主任原先教语文,当班主任,对作文教学很有研究。担任教导后,不可能做专业语文老师了,但他要求去兼两节作文课,继续研究,我们积极支持他。另一位教导主任,擅长教数学,当教导后,一直让她坚持教一个班的数学课,并且带头进行教学改革。我校班子成员,原先都是好教师,我鼓励他们当了领导,专业不能丢,要继续有所发展,有所创造,更要在整个面上的工作中,施展自己的专长。全班子人,确实都是这样做的,并且都是在担任领导以后,进一步有所发展,被评为本专业的高级职称的。我让班子里的成员树立"各司其职、各展其长"的共识,不仅要把学校千头万绪的工作分工负责搞好,更要坚持在自己所负责的部门和学科进一步发展和推进愉快教育的研究。

第四,横向联系,及时反馈。

学校里,党、政、工、团、队、民主党派,样样俱全,这些组织与机构,各有其本职任务。合作共事,共同完成教育任务,为此,我们十分重视组织横向联系,使每一个机构都为完成学校的总任务发挥作用。对学生,我们常常是一套班子两套计划,教导处自上而下进行教育,少先队则着重自下而上发动与配合,在少先队与教导处之间,我们倡导你中有我,我中有你,相互支持,相互运用,使自上而下的教育与自下而上的自我教育有机结合。

教工的师德教育,党支部抓、行政抓、工会和教工团支部都抓。比如解放军建设精神文明标兵王遐方同志的事迹,使老师和学生都很感动。工会抓住这个有利时机,对教师进行爱生教育;党支部用来对共产党员进行党性教育;少先队组织,则用来对学生进行革命传统教育。这样,一项活动,发挥了多种教育作用。

其实,这种横向联系,不仅在校内,还扩大到校外,依靠社会,依靠广大家长,依靠家长联谊会。学校与社区是紧密关联的,我校所在的社区,有许多有利的教育资源,南京路上好八连的连部驻地,就在我校的对马路,上海市少年宫离学校很近,南京路西端日益繁荣,我们充分利用这些社区条件,与上海警备区、静安区环卫局、静安区工业局、与上海市绿地公司结成"建设精神文明的共建单位",又与周围的街道出版社、少年宫、少科站以及很多商店取得了紧密联系,为我们开展社区教育提供帮助。

多年学校工作,我还结交了许多家长朋友,发现过许多成功的家庭教育范例,我们通过家长会、家长联谊会进行广泛的交流与宣传,并依靠他们一起来开发运用家庭教育这片重要的矿区。

广泛的横向联系和及时反馈,使学校各项工作收到了良好的效果,促使我们班子的每一位成员打开思路,朝着新的目标前进。

# 结束语

愉快教育在上海一师附小，从孕育到诞生到全面实施，至今已有十五六个年头，我常常感到愉快教育是时代呼唤的产物，我从许多场合，感受到了时代对教育的呼唤，对教育科研的呼唤，于是我抓住了这个有利的契机，发动了附小全体师生，以"愉快教育"为切入口，开始了我们学校新的教育改革。

附小是幸运儿，诞生在附小的愉快教育，受到了市、区历任教育局领导的关怀和扶植，从老领导杭苇、吕型伟、姚庄行、袁采、刘元璋等各位教育局长，到教委现任领导张民生、夏秀蓉两位副主任，以及静安区的历任教育局长都把附小抱在怀里，也把"愉快教育"时刻挂在心上。还有上海教科所、华东师大、上海师大的很多专家学者，也都对"愉快教育"备加爱护，张声远、卢家楣等教育理论工作者，更长期深入附小，帮助我们对"愉快教育"作系统的研究，进行理论阐述。我写本书时，在理性思考上，得益于这些宝贵的研究成果。本书的编写与定稿，特别要感谢金正扬同志，他是我的老朋友，也是我工作上的好指导，写作这本小册子，得到了他的具体指点和帮助。我衷心感谢所有关心和支持我的同志们，感谢一师附小的全体师生们。

十几年愉快教育的研究与实践，给附小带来了朝气与活力，培养了学生，锻炼了教师，鼓起了小学教师投身教育科研的勇气和信心。

"愉快教育"已经取得了可喜的成果，但课题的研究没有完，围绕"愉快教育"研究还需做很多事，"愉快的各学科教学法""愉快的儿童德育""愉快的儿童科技教育""愉快的儿童艺术教育""愉快的家庭教育""愉快的儿童组织建设"，还有"愉快教育与全面培养学生素质""愉快教育与整体改革""愉快教育与新课程教材实验""愉快教育与儿童创造"等都需要进一步研究与实践。当这本小册子脱稿的时候,我们已经向第二个高度前进。

人生如爬坡,一个高度接着一个高度,好心的朋友劝我:"你年纪大了,该歇歇了。"但我想,我从1952年走上教育岗位,1953年入党,教龄44年,党龄也已43年了,老教师、老党员仍然要努力奋进。我已作好了准备,要是健康状况允许,我将为附小奋斗满50年,为"愉快教育"奋斗20年,十年磨一剑,我则决心花20年,争取使愉快教育的研究有个比较理想的结果。

**图书在版编目（CIP）数据**

上海教育丛书：典藏版.综合卷 / 上海教育丛书编
辑委员会编. — 上海：上海教育出版社，2023.8
　ISBN 978-7-5720-2197-8

　Ⅰ.①上… Ⅱ.①上… Ⅲ.①地方教育 – 基础教育
– 教育改革 – 上海 – 丛书 Ⅳ.①G639.2-51

中国国家版本馆CIP数据核字(2023)第234567号

总 策 划　缪宏才

执行策划　刘　芳

统　　筹　公雯雯

责任编辑　徐凤娇　　王为松

整体设计　陆　弦